대한민국은 공정한가?

1PK 연구총서 13-1

대한민국은 공정한가?

이 종 수

도서출판 대영문화사

머리말

사회적 불공정성에 대한 구성원들의 불만이 임계점을 넘고 있다. 우리 사회의 젊은이들 가운데 78.8%는 "부모의 지위로 인해 자녀의 계층 상승 기회가 닫혀 있는 폐쇄적 사회"로 우리 사회를 인식하고 있으며, 75.5%는 노력한 만큼 보상과 인정을 받을 수 없는 '불공정한 사회'로 인식하고 있다. 이같은 불만은 역설적이게도 번영의 시대가 끝나고 사회적 계층이 어느 정도 안정된 사회에서는 어느 시대 어느 사회에서나 찾아볼 수 있다. 계층 상승 통로가 봉쇄된 불공정한 사회 구조는 젊은이들의 좌절과 가난한 자들의 분노를 불러일으킨다.

공정한 사회를 만들기 위해서는 권력, 부, 명예와 같은 사회적 가치를 다투는 경쟁 규칙이 공정하게 설계되고 운영되어야 한다. '대한민국은 공정한가?'라는 물음을 제기한 이 책에서는 우선 가치 배분 장치로서의 정부 정책 및 사회적 제도의 기능과 특성 및 그 왜곡 과정을 살펴보았다. 또한 사회적 제도 설계의 기본 원칙과 관련된 정치철학자들의 다양한 논의를 고찰했다. 마지막으로 사회적 공정성에 관한 논의는 궁극적으로 평등사회를 겨냥하고 있다는 관점에서, "평등을 향한 진보는 인류 사회의 운명인가?"라는 주제를 거시적 관점에서 덧붙여 논해 보았다.

이 책의 주된 내용은 당초 『정부는 공정한가?』라는 제목으로 출판되었으나, 일반인들이 쉽게 읽을 수 있도록 다시 쓰면 좋겠다는 요청들이 있어, 몇 개 장(章)을 덧붙이고 제목도 『대한민국은 공정한가?』로 바꾸어 출판하게 된 것이다.

이 책이 나오기까지 귀중한 조언을 아끼지 않은 여러 친구와 선배 · 동료 학자들께, 그리고 이 책의 집필 과정에서 다양한 논점과 방향을 함께 의논하고 제시해 준 집사람에게도 감사드린다. 또한 어려운 여건 속에서도 이 책을 기꺼이 출판해 준 대영문화사 임춘환 사장님께 깊이 감사드린다.

2013년 정초

칼바위능선 자락에서

宇林 識

차 례

제 **1** 부

로마는 왜 위대한가?

제 1 장

로마의 위대함은 평민 국가 건설에 있다

로마가 위대한 것은 세계 역사상 유례가 없는 넓은 영토에, 2천 년 동안 지속된 강력한 대제국을 형성한 데 있는 것이 아니다. 그것은 로마에 대한 표면적 이해에 불과하다. 로마의 위대함은 세계 최초로 '평민 국가'를 건설한 데 있다. 로마는 경쟁과 기회 균등의 '공정한 규칙'을 평민에게까지 개방, 평민들의 넘쳐나는 에너지를 국가사회 발전에 활용함으로써 위대한 로마를 건설할 수 있었다. 그것이 로마에 대한 올바른 이해다.

기원전 753년 건국한 로마는 기원전 509년 에트루리아계 왕정을 끝내고 공화 정부(Res Public Roman)를 수립하면서 이후 2세기 동안 귀족(patricius)과 평민(plebs) 계급 간의 갈등으로 끊임없는 내분을 겪었다. 로마에서 '평민 계급'은 당초 병역과 납세 의무를 지닌 피지배계급이었다. 그러나 그들은 재산권을 인정받는다는 점에서 노예와 구별되었다. 평민들은 당초 원로원 의원이 될 수 없었고, 군사 호민관을 제외한 어떤 공직에도 오를 수 없었다. 귀족과의 혼인도 법적으로 금지된 신분이었다.[1)]

로마 평민층의 참정권 쟁취의 획기적 계기가 된 것은 성산(聖山) 사건이었다. 기원전 494년과 449년에 있었던 성산 사건은 로마의 평민이 귀족의 독점 정치에 반대하여 무장한 채, 로마 북동쪽에 있던 몬스 사케르(Mons Sarcer: 성산이라는 뜻을 지님)에 진을 치고 로마와는 별도의 '새로운 도시' 건설을 선언한 사건으로, 이 사건을 계기로 로마에 평민 호민관(護民官) 제도가 정착되었다.

평민들의 권리가 크게 신장된 것은 특히 기원전 390년에 있었던 켈트족 침입 이후의 일이다. 로마시를 7개월간 무법천지로 만든 켈트족은 금괴 300kg을 받고 로마를 떠났으나, 로마는 이후 평민에게까지 주요 공직을 개방함으로써 귀족과 평민 간의 오랜 갈등을 종식시켰다. 평민들은 로마 군대의 주력인 중무장 보병으로, 이민족 및 이탈리아 내의 다른 민족과의 전쟁을 수행해야 할 입장에 있었던 로마에서 평민들의 협조는 절대적으로 필요했기 때문이다.

기원전 366~367년에 제정된 리키니우스-섹스티우스 법은 특히 평민에게도 집정관(consul)이 될 수 있는 길을 열어주었다. 그리고 기원전 287년에는 호르텐시우스 법(Lex Hortensia)에 의해 평민층의 국정 참여가 법적으로 최대한 인정되었다. 이로써 평등을 향한 로마 평민들의 오랜 기간에 걸친 신분 투쟁이 종결되었으며, 로마 대제국 건설

1) 기원전 445년 카눌레이아 법이 제정되면서 귀족과 평민의 혼인은 인정받게 되었다.

의 사회적 기반이 마련된 것이다.

국가 사회 발전의 에너지원이 될 수 있는 주요 사회 구성원을 '체제' 바깥으로 내모는 사회에서는, 이들 소외된 잠재적 엘리트들의 끊임없는 도전으로 발전은커녕 사회적 갈등이 그치지 않게 된다. 사회적 갈등은 국가 사회의 발전을 정체시킬 뿐만 아니라, 궁극적으로 체제 자체의 붕괴를 초래하게 된다. 따라서 체제의 유지를 위해서도 재능 있는 평민 계급이 사회의 상층부로 진입할 수 있는 사다리를 열어두어야 한다. 그것은 로마에서 비약적 국가 발전의 에너지가 되었다.

로마 공화정 말기(기원전 1세기)에 이르러서는 귀족과 평민의 구분이 정치적인 면에서 그렇게 중요하지 않을 정도로 평민의 국가가 되었다. 귀족 가운데는 스스로 평민의 양자로 들어간 뒤 평민으로 신분을 바꾼 경우도 있을 정도였다. 마무리하자면 유럽 변방의 조그만 도시국가에 불과했던 로마는 평민에게까지 신분 상승의 기회를 폭넓게 개방함으로써 평민들의 넘쳐나는 에너지를 세계 제국 건설에 활용했던 것이다. 2천 년도 전의 고대 국가 로마가 세계적인 대제국으로 발전할 수 있었던 주된 원인 가운데 하나는 로마가 이와같이 평민에게도 공정한 계층 상승 기회를 부여한 능력주의 사회였다는 데서 찾을 수 있다.

제 2 장

'기회 균등'과 '능력주의'에 바탕한 아메리칸 드림

지금은 그 의미가 많이 퇴색했지만, 미국을 생각할 때 떠오르는 단어가 '아메리칸 드림(American dream)'이다. 2012년 미국 대선에서도 미셸 오바마 영부인이 오바마 대통령을 '아메리칸 드림'의 한 본보기로 내세웠었다. 1989년 버클리대학에 교환 교수로 가 있을 때 샌프란시스코에서 발행되는 한 신문에 '아메리칸 드림'을 주제로 칼럼을 쓴 적이 있다. 20년도 더 된 옛 일이라 기억이 잘 나지 않지만, 그 당시에 느낀 아메리칸 드림은, 일확천금을 꿈꾸면서 주말이면 편의점에 가서 '로또'를 사 맞춰보는 고달픈 보통 사람들의 헛된 꿈이 아닌가 하는 취지로 글을 썼던 기억이 난다.

그 당시 샌프란시스코에서 만난 30대 중반의 한 중동 출신 변호사는 "이제 돈은 벌만큼 벌었으니, 2~3년 내에 은퇴하여 앞으로는 세계 여러 도시로 크루즈 여행을 다니는 여유 있는 삶을 살고 싶다"고 말했지만, 다른 한편에는 직업을 두세 개씩 가지고도 고달픈 삶을 이어가는 교민들도 적지 않았다. 당시의 내 눈에 비친 미국 사회는 계층 간의 소득 격차가 지나치게 크고, 계층 상승의 기회가 그렇게 넓게 열려 있지 않은 폐쇄된 사회였다.

그렇다 하더라도 미국은 아직까지도 세계에서 가장 부강한 나라다. 나라를 부강하게 만드는 요인은 여러 가지가 있다. 미국의 경우 '기회 균등'과 '능력주의' 원칙을 그 요인으로 드는 사람들이 많다. 누구나 열심히 노력하면 계층 상승을 할 수 있는 '꿈과 기회'의 나라가 미국이며, 이러한 사회적 조건이 미국의 번영을 초래한 주된 요인이라는 것이다.

'아메리칸 드림'이라는 용어는 미국의 역사와 문화를 이해하는 중심 개념이다. 이 용어는 1931년 미국의 역사가이자 문필가인 애덤스(James Truslow Adams)가 그의 저서 『미국의 서사시(*The Epic of America*)』에서 처음 사용한 말이다. 애덤스는 이 책에서 아메리칸 드림을 "모든 사회 구성원이 능력에 따라 더 나은 삶과 부를 이룩할 수 있는 나라의 꿈"이라고 규정했다. 이 용어는 그 뒤 진화를 거듭하여 유럽과 대비된 신세계, 즉 '젖과 꿀이 흐르는 지상 낙원'으로서의 '신화적 이미지(mythic images)'와, 하느님에 의해 선택된 청교도의 나라라는 '종교적 이미지(religious images)', 그리고 '자연법(natural laws)'과 '자연적 권리(natural rights)'가 구현된 나라로서의 '정치적 이미지(political images)' 등 여러 의미를 지닌 용어로 그 뜻이 다양하게 분화되었다.

어떻든 '아메리칸 드림'은 '기회 균등'과 '능력주의'를 바탕으로 하여 사회 구성원 누구나 열심히 노력하면 계층 상승을 이룩할 수 있다는 미국인들의 꿈을 잘 나타낸 개념이다. 그러나 오늘날 아메리칸 드림은 고장 났다는 비판을 받고 있다. 아무리 열심히 노력해 봤자 그동안 수백만 이민자를 매혹시켰던 그런 계층 상승을 이제는 기대할 수 없게 되었다고 적지 않은 미국인들은 불평한다. 기득권 계층이 사회 구석구석에 특권 장치를 제도화한, 막힌 사회가 오늘날의 미국이라는 것이다.

소득 양극화 현상만을 단순히 아메리칸 드림이 고장 난 증거로 내세울 수는 없겠으나, 미국의 계층 간 소득 격차는 시간이 흐를수록 늘어나고 있다. 미국 의회예산처(CBO)의 분석에 의하면, 1979년부터 2007년 사이 소득 하위 80~99%의 소득은 65% 증가하는데 그친 데 비해, 상위 1%의 소득은 무려 281% 상승한 것으로 드러났다.

2008년도 노벨 경제학상 수상자인 크루그먼(Paul Krugman)의 분석에 의하면, 1967년부터 2008년까지 미국 가계 소득의 최상위 5%와 20%의 소득은 크게 증가했으나 3분위(소득 41~60% 구간) 가구, 즉 중산층의 소득은 1980년 이후 오히려 정체된 것으로 드러났다. 특히 최하위 20%(81%~100%)의 소득은 오히려 감소한 것으로 나타났다. 결국 1980년대 이후 미국의 경제 성장 과실은 최상위 계층 일부에 집중된 것으로 나타난 것이다(Krugman, 2012). 이러한 소득 격차의 심화가 2011년 미국의 여러 도시로 들불같이 번진, '점령하라(Occupy !)'는 시위의 원인 가운데 하나가 된 것으로 해석할 수 있다.

그러나 어떻든 '아메리칸 드림'의 바탕을 이룬 '기회 균등'과 '능력주의'의 규범이 그동안 미국을 세계에서 가장 부강한 나라로 만든 데 크게 기여한 것은 사실이다. 앞 장에서 살펴본 바, 평민에게까지 신분 상승의 기회를 폭넓게 열어준 로마의 정책이 세계 제국 건설에 기여했듯이. 미국 사회는 아직도 엘리트의 순환이 이루어지는 비교적 공정한 사회라고 할 수 있다. 특히 기업 환경이라는 측면에서 본다면 그렇게 판단할 수 있다. 한국에서는 2006년 공정거래위원회가 지정한 기업집단 상위 40위 안에 든 신생 기업이 1960년 이후 하나도 없는데 비해(1967년 창업한 대우그룹 제외), 미국에서는 시가 총액 상위 40개 회사 중 13개가 1970년 이후에 설립되었다. 미국의 사회 환경, 그 가운데서도 특히 기업 환경은 그만큼 건강하고 공정하다고 하겠다.

제 3 장

계층 고착화 수렁에 빠진 한국 사회

한국 사회는 오늘날 사회 여러 분야에서 전방위적 계층 고착화가 시도되고 있다. 경제 부문에서는 이미 되돌이킬 수 없을 정도로 계층 구조가 굳어졌다. 특히 대기업과 중소기업의 하도급 관계는 착취를 일삼는 엄격한 '갑을 관계'로 구조화되었다. 사회의 여타 부문에서는 기득권층의 특권을 굳히기 위한 다양한 시도들이 끊임없이 꾀해지고 있다. 1998년의 외환 위기와 2008년 세계적 불경기를 극복하는 과정을 지켜본 외국의 언론들은 '역동적 한국(dynamic Korea)'을 찬양해 마지않았다. 그러나 지금과 같은 추세로 계층 고착화가 진행된다면 한국 사회에 대한 기대는 몇 년 안에 사그라지고 말 것이다.

2012년 9월 19일 한국의 온라인 커뮤니티를 뜨겁게 달군 주제는 '한국 부자 vs 미국 부자'였다. 2011년도 미국의 포브스 자료와 한국의 재벌닷컴(www.chaebul.com) 자료를 인용한 내용을 보면, 미국의 부자 100명 가운데 자수성가한 사람이 74명인데 비해, 한국에서는 23명에 불과한 것으로 나타났다. 그리고 빌 게이츠, 워렌 버핏 등 미국의 부자 상위 5명 모두가 '자수성가'한 사람인데 비해, 한국의 부자 상위 5명 모두는 '상속 증식'한 것으로 분류되었다. 이러한 통계치는, 한국에서 1960년 이후 태어난 신생 기업 가운데 기업집단 상위 40위 안에 든 기업이 하나도 없는데 비해, 미국에서는 시가 총액 상위 40개 회사 중 13개가 1970년 이후에 설립되었다는 앞 장의 내용과 맥을 같이한다. 기업 환경에만 초점을 둔다면, 미국 사회는 아직도 '엘리트 순환'이 활발하게 이루어지는 비교적 건강한 사회인 것이다.

오늘날 우리 사회에서 주요 이슈가 되고 있는 대기업-중소기업 간의 불공정한 거래 관행(제4장의 3 및 제6장의 3 참조)이 앞으로도 지속된다면, 향후 우리 사회에서 중소기업이 대기업으로 발돋움할 수 있는 기회는 영영 없을 것으로 판단된다. 1980년대까지만 해도 우리 사회의 대기업-중소기업 관계는 대등한 관계를 유지해 왔다, 그러나 오늘날의 대기업-중소기업 관계는 영원한 갑과 을의 '착취 구조'로 변해 버렸다.

그리고 우리 사회에서 그동안 계층 상승의 주요 통로 역할을 해오던 교육 사다리와 시험 사다리들이 무너지고 있다. 공무원 사회에서 객관성이 담보되는 공개채용이 축소되고, 특권이 개입할 여지가 많은 특별채용이 확대되는 것도 그 한 예로 들 수 있다(제4장의 2 및 제6장의 1 참조). 외무고시 대신 국립외교원 수료자를 대상으로 외무공무원이 채용되고, 대학입시에서 전형 과정이 암상자(black box) 속에서 이루어지는 '입학사정관제'가 확대되는 것도 그러한 시각에서 볼 수 있다.

지난 세기 하반기 한국 사회는 세계 역사상 유례없는 발전을 이룩했다. 별다른 자원이 없는 나라에서, 그것도 일제의 잔혹한 수탈과 전쟁의 폐허를 딛고 반세기 만에 세계 10위권의 경제대국으로 도약한 것은 문자 그대로 한강의 기적을 이룬 것이다. 한국전쟁이 끝난 1953년 우리나라의 1인당 GNP는 67달러로 기록돼 있다. 1998년의 외환위기로 국제통화기금(IMF)의 구제금융을 받는 등 우여곡절을 겪은 끝에 2007년 우리나라의 1인당 GNP는 2만 1,655달러로, 마(魔)의 '2만 달러 고지'를 넘어섰다. 반세기 만에 1인당 GNP가 323배 늘어난 것이다. 한국전쟁 당시 미군들의 에피소드를 모은 영화 〈매쉬(MASH)〉에서 마음껏 조롱당한 한국 사회가 사상 유례가 없는 경이적인 압축 성장을 이룬 것이다.

한국 사회의 주된 발전 원인이 무엇이냐 하는 문제를 두고 국내외에서 다양한 주장이 제기된다. 국내에서는 한국 사회의 경이적 발전이 특정한 국가 지도자의 리더십에 힘입은 것이라느니 그렇지 않다느니 하는, 정치적 입장에 따라 상반되는 관점들이 제시되고 있다. 좀 더 중립적 입장에서 경제학자들은 물적 · 인적 자본의 축적률과 같은 객관적 지표를 사용하여 한국의 발전을 설명하고자 한다.

한편 『문명의 충돌(*Clash of Civilizations*)』(1993 및 1996)이란 저서로 유명한 미국 하버드대학의 헌팅턴(Samuel Phillips Huntington, 1927-2008) 교수는 한국 발전의 결정적 원인을 독특한 '문화'에서 찾는다. 그는 2001년 9월 해리슨(Lawrence E. Harrison)과 공편(共編)한 『문화가 중요하다(*Culture Matters*)』라는 저서에서, 1960년대에 아프리카 가나

(Republic of Ghana)의 경제 상황과 비슷했던 한국이 30년 뒤 세계 14위의 산업 강국으로 발전한 결정적 요인을 '문화'로 진단했다. 헌팅턴은 '한국인의 검약, 투자, 근면, 교육, 조직, 기강, 극기(克己) 정신 등이 하나의 가치로 시너지 효과를 발휘'함으로써, 한국이 세계적 경제 대국으로 발전하는 결정적 계기가 마련되었다고 진단한 것이다.

한국 사회의 발전 원인으로는 여러 학자가 다양한 요인을 제시하나, 이 책에서는 주된 성장 요인을, 다른 나라에 비해 상대적으로 공평했던 '기회 균등'과 '사회적 게임의 공정성'에서 찾고자 한다.

우리나라는 일제 강점기와 한국동란기를 거치면서 구체제의 기득권 계층이 두 차례에 걸쳐 완전히 붕괴됨으로써 다른 나라에 비해 상대적으로 출발점이 공평하게 됐다고 할 수 있다. 그리고 짧은 압축 성장 기간을 거치면서 기득권 계층이 미처 특권 장치를 고착화시킬 시간적 여유를 갖지 못함으로써 비교적 공정한 사회적 게임이 벌어질 수 있는 사회적 여건이 마련된 셈이다. 이러한 여건 속에서 재능 있는 젊은이들이 치열한 사회경제적 게임을 통해 개인적으로는 계층 상승의 기회를 갖게 되고, 사회 전체적으로는 국가 사회 발전의 에너지로 승화되는 계기를 맞게 된다는 것이다.

개발연대(development decades) 동안 계층 상승을 위한 우리 사회의 시험 사다리와 시장 사다리는 다른 나라에 비해 비교적 공정하게 작동된 것으로 볼 수 있다. 그러나 어느 사회도 그러하듯이 일정한 발전 단계를 거쳐 기득권 계층이 특권 고착화를 시도하게 되면 사회 발전 에너지는 소진되고 계층 간 갈등이 표출되게 마련이다. 다시 말하면, 먼저 상류층에 다다른 기득권 집단이 후발 계층의 상류층 진입을 가로막고 계층 상승 사다리를 걷어차 버리게 되면, 소외 집단이 사회적 게임의 공정성에 대해 시비를 걸게 되면서 사회적 갈등이 심화된다. 이른바 '중진국의 함정'에 빠지게 되는 것이다.

경제학자들은 일정한 발전 단계에서 성장을 멈추게 되는 '중진국 함정'의 원인을, 자본의 투입이 줄어든다든가 기술 혁신이 정체되는 데서 찾으려 하나, 필자는 이러한 요인은 경제 지표상의 원인, 즉 '근인(近因, proximate causes)'에 불과하다고 생각하며, 좀 더 심층적인 원인, 즉 '심인(深因, 'deeper' determinants)'은 사회적 게임의 공정성이 훼손됨으로써 사회 구성원들이 계층 상승의 희망을 포기하고 제로섬(zero-sum) 게임에 몰두하게 되는 데서 찾을 수 있다고 생각한다. 다시 말하면, 한 사회가 고도 성장기를 지나 계층 상승의 기회가 줄어들게 되면 소외 계층은 열심히 노력하여 입신양명(立身揚名)의 길을 찾기보다는 부유 계층의 자산을 나눠 갖기 위한 제로섬 게임에 관심을 갖게 된다. 이와 같은 상황이 벌어지게 되면 사회적 갈등이 증폭되고, 따라서 사회 발전이 정체되기 마련이다.

보편적 복지니 선별적 복지니 하면서 사회적 갈등이 증폭되고 있는 우리 사회가 새로운 도약의 에너지를 얻기 위해서는 무엇보다 우선적으로 사회적 게임의 공정성이 담보되어야 한다. 그런데 현재 우리 사회에는 기득권층의 특권을 공고히 하기 위한, 불공정한 제도 구축의 조짐들이 사회 곳곳에서 나타나고 있다. 비록 기득권층이 의식적 · 의도적 · 집단적으로 그렇게 하는 것이 아니라 하더라도.

우리 사회는 오늘날 불공정한 게임 규칙들이 제도로 골화(骨化)되느냐 아니냐 하는 변곡점(變曲點)에 놓여 있다. 기득권층의 특권을 공고히 하기 위한 제도들이 뿌리내리게 되면, 사회 구성원 대다수가 계층 상승의 기대를 접고 제로섬 게임에 몰두하게 되면서 사회적 갈등이 증폭, 국가 사회의 발전은 정체되고 말 것이다. 특권 옹호 장치들이 제도로 굳게 뿌리내리기 전에 그 방향을 돌려놓아야 한다. 이 책을 펴내게 된 주요 이유 가운데 하나다.

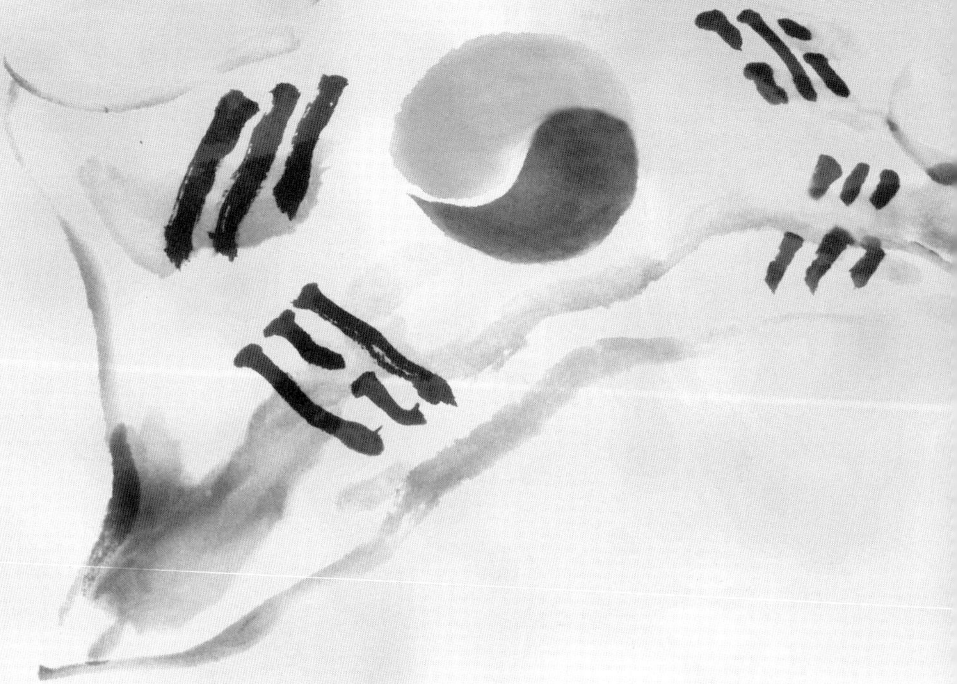

제 2 부

대한민국, 무너지는 계층 상승 사다리

제 4 장

한국 사회 전반에 뿌리내리는 불공정 구조

1 흔들리는 교육 사다리

아시아적 가치(Asian values)를 강조하는 일단의 학자들은 동아시아 경제 성장의 주요 요인의 하나로 '높은 교육열'을 내세운다. 전통적으로 동양 사회에서는 교육이 주요 신분 상승 통로로 작용했다. '기회 균등'을 중시하는 미국 사회에서도 사회적 계층 형성의 주요 기반이라는 관점에서 교육 기회의 형평성 제고를 강조한다. 우리 사회가 그 동안 다른 사회에 비해 상대적으로 공정한 사회로 인식되었던 것은 계층 상승 통로로서의 교육 사다리와 시험 사다리가 비교적 공정하게 작동했기 때문이라고 할 수 있다.

21세기 들어 우리 사회의 교육 사다리는 큰 변화의 계기를 맞고 있다. 변화의 방향은 두 갈래로 나뉜다. 기회 균등이라는 관점에서 볼 때 긍정적 방향으로의 변화와 부정적 방향으로의 변화가 그것이다. 교육의 공공성이 강조되면서 대학에 대한 국가의 재정 지원이 늘어나고 가난한 학생들에 대한 장학금이 확대되는 것은 긍정적 방향으로의 변화다. 그러나 다른 한편 중등 교육 과정의 공교육이 황폐화되고 사교육이 활성화되며, 대학입시가 시험 성적 위주의 선발 방식에서 다양한 요소를 고려하는 복합적 선발 방식으로 바뀌는 것은, '형평성' 기준에 초점을 맞출 경우, 부정적 방향으로의 변화라 하겠다.

국가 사회의 미래를 결정할 교육의 영역에서는 '수월성'과 '형평성'의 기준이 함께 고려되어야 한다. 우리나라에서는 지난 10여 년간 대학입시에서 본고사 · 기여입학제 · 고교등급제의 허용 여부를 둘러싼 이른바 '3불 정책'이 끊임없는 사회적 논쟁을 불러일으켰다. '개인의 발전', '국가경쟁력 강화', '대학의 자치와 자율'을 강조하는 측에서는 국가 사회의 발전을 위해서는 우수한 학생들에게 그들의 창의력과 잠재력을 길러주는 수월성 교육을 제공해야 한다고 주장한다. 한편 '형평성'의 기준을 중시하는 반대 진영에서는 학벌이 신분 상승 및 소득 수준 결정의 주요 수단이 되는 현실에서 계층 고착화 및 부의 세습으로 연결될 수 있는 기여입학제 · 고교등급제 · 본고사가 결코 허용되어서는 아니 된다는 주장을 펴고 있다. 그들은 '3불 정책'의 포기가 초래할 '기회 평등 원칙'의 훼손, 상대적 박탈감과 분노의 확대로 인한 사회적 갈등의 확산, 공동체 연대 의식의 붕괴, 자본의 논리에 의한 교육적 가치의 침해 문제 등을 강조한다.

미리 말하자면, 교육에서의 '수월성'과 '형평성' 기준은 상호 배타적이기보다는 보완적인 기준으로, 조화를 이루어야 한다. 국가 사회의 발전과 개인의 발전을 위해 교육에서의 '수월성' 기준은 결코 포기되어서는 아니 될 것이다. 그러나 함께 살아가는 공동체의 유지를 위해 '형평성' 기준도 소홀히 되어서는 아니 된다. 문제의 초점은 '수월성' 기준이 소득과 지위 등 중요한 사회적 가치의 배분 기준으로 곧바로 연결되는 사회적 시스템에 있다고 하겠다. 학벌의 차이가 곧바로 사회적 가치 배분의 기준으로 작용하지 않도록 사회 시스템을 바꾸고 계층 간에 분배되는 몫의 차이를 크게 하지 않을 경우, '형평성'과 '수월성'의 기준은 얼마든지 조화를 이룰 수 있다. '형평성'과 '수월성'을 일원적(一元的) 기준으로 삼기 위해 서로 다투는 우리 사회의 논쟁 수준은 그만큼 낮다고 할 수 있다. 그리고 그러한 일원적 접근으로는 올바른 문제 해결책을 찾을 수도 없다.

어느 사회에서나 일정한 경제 발전 단계를 거치면 계층 구조의 고착화가 시도된다. 오늘날 우리 사회에서 시도되고 있는 교육 시스템의 변화는 계층 구조의 고착화 움직임과 맞물려 있다는 점에서 우려를 자아낸다. 우리 사회에서 대학 교육은 신분 상승의 주된 통로가 된다는 점에서 특별한 중요성을 지닌다. '3불 정책' 등 대학입시 제도에 대해 사회 구성원들이 지대한 관심을 가지는 이유가 여기에 있다.

지난 10여 년간 한국의 대학입시 제도는 큰 방향 전환을 모색해 왔다. 시험 성적 위주의 단순한 선발 방식에서, 입학사정관제와 같이 다양한 재능과 잠재 능력을 함께 고려하는 복합적 선발 방식으로 바뀌고 있다. 복합적 선발 기준은 학생들의 다양한 잠재적 역량을 측정 · 반영하고자 한다는 점에서 많은 장점을 지닌다. 그러나 입학사정관제와 같이 복합적 기준을 적용하여 신입생을 선발하는 입시 제도는 가난한 학생보다는 부유한 학생들에게 더 많은 기회를 주게 된다는 측면에서 문제가 될 수 있다. 입학사정관 제도는, 그동안의 입시 결과를 통해 드러났듯이, 외국어 능력, 경시대회 성적, 사회봉사 등 다양한 스펙(specification)을 폭넓게 쌓을 수 있는 부유한 집안 자녀들에게 유리한 제도다. 이러한 스펙을 구비하는 데 필요한 사회적 자원은 상류층 자녀들이 훨씬 많이 지니고 있기 때문이다. 한 조사에 따르면, 2013학년도 4년제 대학 입학전형에서 전형의 종류가 무려 3,100 여 가지에 달한다. 각 대학의 입학전형 제도가 복잡하기 짝이 없어, 진학지도 교사도 수강료를 내고 특강을 받아야 할 지경이라고 한다. 입학사정관 제도는 또한 전형 과정이 상대적으로 덜 투명할 수밖에 없다는 문제점을 지닌다.

연합뉴스는 2010년 10월 19일자 기사에서 교수와 교사 가운데 60~70%는 입학사정관제의 확대가 특혜 시비로 이어질 수 있음을 우려하고 있다고 보도했다. 한국교원단체총연합회가 한국행정학회, 한국정책학회, 한국교육학회, 한국교육행정학회 소속 교수 · 학자 203명과 현장 교원 773명을 대상으로 실시한 설문조사 결과에 따르면, 교수 · 학자 그룹의 61.6%, 교원 그룹의 70.4%가 입학사정관제 확대에 대해 '특혜 시비 등의 우려가 있다'고 응답한 것이다.

우리나라의 일부 명문 사립대학에서는 그리 오래되지 않은 과거에 해당 대학 교직원 자녀들에게 일정한 가산점을 부여하는 입학 특전을 베풀기도 했다. 심지어는 서울대학에서도 1970년대 말 교직원 자녀들에게 입학상의 특전을 제도화하는 문제를 구체적으로 검토한 적이 있다. 비록 박정희 전 대통령의 사망으로 중도에 중단되고 말았으나, 제도 설계 과정에서 특혜의 대상을 '교직원 자녀'로 좁게 한정하는 데 따른 문제점이 지적되자 '서울대학 발전에 크게 기여한 사람'으로 폭넓게 규정하자는 안이 대두되었다. 이렇게 되자 교육부 등 관계 부처 공무원 자녀는 물론 서울대 인근 군부대의 지휘관 자녀까지도 특혜 대상에 포함시켜야 한다는 의견이 대두되기도 했다. 이러한 경험으로 미루어 볼 때 국가 사회의 각 부문에 대한 사회적 감시가 조금이라도 소홀해지면 사회적 강자집단을 위한 특혜 장치는 순식간에 확산될 우려가 있다.

우리 사회에서 교육 양극화 현상은 근년 들어 더 심각해진 것으로 나타나고 있다. 시민단체 '함께하는 시민행동'이 교육 부문의 5분위 분배율(소득 상위 20% 계층의 지출을 하위 20% 계층의 지출로 나눈 것)을 분석한 결과, 이명박 행정부 들어 '교육 양극화' 현상이 훨씬 더 심각해진 것으로 나타났다. 노무현 행정부 시절의 분배지수를 100으로 할 때, 이명박 행정부의 교육비 분배지수는 평균 62.6점에 그친 것으로 나타났다. 이러한 상황을 고려할 때 교육 기회의 공정성 확보에 초점을 둔다면, 대학입시 제도는 성적 중심으로 단순화하는 것이 바람직하다고 하겠다. 일부 전문가는 성적 중심으로 입학 전형을 하게 되면 사교육비를 많이 지출하는 부유 계층에 유리하게 된다는 주장을 펴나, 다양한 스펙을 활용하는 전형 제도보다는 그래도 객관성이 담보된 성적 위주의 평가 제도가 혜택받지 못하는 집단(the less-advantaged group)에 더 많은 기회를 줄 수 있을 것이다.

1990년 봄 미국 버클리대학은 대학입학 자격시험(Scholastic Aptitude Test: SAT) 성적만으로 선발하는 신입생의 비중을 향후 10년 안에 40%

수준까지 높이겠다는 방침을 발표한 바 있다. 버클리대학은 주립대학임에도 불구하고 그때까지 신입생의 60% 이상을 성적 이외의 요인, 즉 대학 발전에의 기여도, 부모의 자산, 인종적 혈통 등 다른 기준에 의해 선발해 왔다. 한국 사회에 새롭게 도입된 '입학사정관' 제도가 성공적으로 운용되도록 하기 위해서는 선발 기준의 타당성에 대한 사회 구성원들의 동의가 뒷받침되어야 한다. 그리고 무엇보다 선발 기준과 과정에 대한 투명성이 확보되어야 할 것이다.

한국 사회가 공정한 사회적 경쟁을 통해 21세기에도 역동적 발전을 지속하기 위해서는 특권층 자녀들에게 더 많은 기회를 제공할 입학사정관제보다는 기존의 성적 기준 전형 제도를 더 확고하게 지키고 발전시키는 것이 바람직하다. 한국 사회에서 교육 사다리와 시험 사다리는 그나마 아직도 남아 있는 공정 경쟁 장치이기 때문이다.

2 사회 각 부문으로 확산되는 인사 특혜 구조

오늘날 우리 사회의 인사상 불공정성은 공공 부문은 물론 민간 부문에까지 널리 만연되고 있다. 특권집단 자녀들이 공사(公私) 부문을 가리지 않고 '낙하산'을 타고 들어와 온갖 특혜와 특권을 누리는, 이른바 '똥돼지'[1] 사회가 된 것이다.

---

1) 원래 '똥돼지'는 1970년 5월 『사상계』에 발표된 김지하의 담시(譚詩) 「오적(五賊)」에 묘사된 특권층을 지칭하는 말이었다. 오늘날 이 말은 공사(公私) 조직에 '낙하산'으로 입직하여 각종 특혜를 받고 있는 고위 · 특권층 자제를 비꼬는 말로 일부 언론에서 사용하고 있다.

특권적 관행이 '제도'로 굳어지게 되면, 수명이 다된 왕조(王朝) 말기와 같이 다이내믹한 발전 에너지를 상실한, 정체된 사회가 된다. 불평등 구조의 고착화는 비단 발전의 정체를 가져올 뿐만 아니라 분노한 민중의 저항을 초래, 기득권 구조가 전면적으로 해체되는 혁명적 상황을 초래할 수 있다. 사회적 강자집단을 위한 특혜 장치의 확산을 경계해야 하는 이유가 여기에 있다.

민간 부문에서의 인사 특혜 상황에 대해 좀 더 구체적으로 살펴보자. 몇 년 전 한 재벌그룹 자회사에서 대졸 신입사원을 채용할 때의 일이다. 신입 직원 50명을 채용하는데 청와대와 국세청 등 권력기관으로부터 인사 청탁을 받은 건수가 100건이 넘었다고 한다. 청와대와 경제부처 등 기업의 사활에 직접적인 영향을 미치는 권력기관의 청탁을 기업의 입장에서 거절하기란 여간 어려운 일이 아니다. 간부회의를 거쳐 청탁을 넣은 기관장의 직계비속만을 배려하기로 결론을 내렸더니 수용해야 할 청탁 건수가 3분의 1 정도로 줄었다는 것이다.

우리 사회가 고도 성장을 지속하던 개발연대 동안에는 기업체에서 신규 직원을 채용할 때, 필기고사를 통해 먼저 일정 배수를 걸러낸 뒤 면접을 통해 최종 합격자를 가리는 선발 절차를 활용했다. 그러나 근년 들어 대부분의 기업은 서류전형과 면접을 통해 신입 직원을 채용한다. 서류전형과 면접만으로 신입 직원을 채용할 경우 외부의 인사 청탁을 거절할 절차상의 장치와 명분이 없어지는 셈이다. 오늘날 대부분의 기업에서는 권력층 자녀뿐만 아니라 해당 기업 임직원 자녀도 채용상의 특혜를 받는 것으로 알려지고 있다. 심지어 일부 노동조합 간부 자녀들까지도 입사상의 특혜를 받는 것으로 보도되고 있다.

한국개발연구원(KDI)이 2003~2007년 채용된 청년 6,165명을 상대로 조사한 결과, 전체의 56.4%인 3,477명이 친구 · 친척 · 가족 등 인맥(人脈) 덕분에 일자리를 구한 것으로 나타났다. 순수하게 공개경쟁 절차를 거쳐 채용되는 인력의 비율은 이 수치보다 훨씬 낮을 것으로 추정된다. 물론 특권 구조가 뿌리깊이 내린 일부 서구 사회의 채용 관행은 우리보다 더 심한 것으로 알려지고 있다. 이탈리아 상공회의소의 조사 결과에 의하면 사기업의 신규 채용에서 15%만 공개채용 절차를 거쳐 선발되고 나머지는 '연줄'로 채용된다는 것이다. 명문대 법대를 나와도 판사 · 검사 부모를 두지 못한 학생은 법조인이 되거나 유명 로펌에 들어가기 어려우며, '배경' 없는 서민 청년이 정규직 일자리 잡기란 하늘의 별 따기처럼 어려운 것으로 알려지고 있다(조선일보, 2011.11.8).

청년 실업은 오늘날 전 세계적인 문제가 되고 있다. 리프킨(Jeremy Rifkin)이 예측하듯이 산업구조가 고도화됨에 따라 '일자리' 자체가 없어지는 『노동의 종말(*The End of Work*)』 시대에 우리는 살고 있는 것이다. 산업시설의 자동화와 컴퓨터 및 로봇 사용의 증가에 따라 총체적으로 일자리가 줄어드는 것은 어쩔 수 없다 하더라도, 젊은 세대가 더욱 절망하는 이유는 기득권 구조의 공고화로 그나마 있는 일자리에 서민들이 접근할 기회가 현저하게 줄어들기 때문이라고 할 수 있다. 사회 양극화와 청년 실업에 항의하는 대규모 시위 등 사회적 갈등 수준을 근본적으로 낮추기 위해서는 새로운 일자리 자체를 더 많이 만들어야 하겠으나, 구성원들의 상대적 박탈감을 줄이기 위해서는 공개경쟁채용 제도의 확산을 통해 사회적 공정성을 제고해야 할 것이다.

3 한국 사회는 19세기적 독점자본주의 시대로 회귀하는가?

미국에서는 1970년대 이후 마이크로소프트와 같은 거대 신생 기업들이 상당수 등장했으나, 한국에서는 1960년대 이후 대형 기업이 단 하나도 새롭게 태어나지 못했다. 2006년 『포춘』 500(Annual ranking of America's largest corporations) 발표에 따르면 미국의 시가 총액 상위 40개 회사 중 13개가 1970년 이후에 설립됐다. 시가 총액 3위의 마이크로소프트를 비롯하여, 월마트(6위), 시스코(14위), 인텔(17위), 구글(21위), 암젠(27위), 퀄컴(30위) 등이 그 회사들이다. 이러한 수치는 미국 기업의 생태 환경이 그만큼 경쟁적이라는 것을 나타낸다.

그에 비해 한국의 경우에는 1960년 이후 태어난 신생 기업 가운데 기업집단 상위 40위(2006년 공정거래위원회가 지정) 안에 든 기업이 하나도 없다. 이는 한국의 경우 중소기업이 대기업으로 성장할 수 있는 통로가 거의 막혀 있다는 것을 의미한다. 달리 표현하자면 대기업 중심의 독과점 체제가 중소기업의 성장을 철저하게 가로막고 있는 형국이라고 하겠다.

독점(獨占, monopoly)이란 특정 자본이 시장을 지배하고 있는 상태를 말한다. 현실 경제에서 문제가 되는 상황은 소수의 대기업이 제품 생산 및 공급의 대부분을 차지하여 신참 기업의 진입을 방해하고 시장 가격을 유리하게 책정함으로써 독점 이윤을 누리는 상황이다. 독점은 자유 경쟁에 기초한 공정 거래를 억제함으로써 균형 있는 국민경제의 발전을 저해하는 부작용을 초래한다.

시장에서 독점 체제가 구축되면 자본주의 체제는 독점자본주의

(monopoly capitalism)로 바뀐다. 자본주의 체제는 자본이 집적·집중됨에 따라 자유 경쟁이 지배하는 산업자본주의의 단계에서, 거대한 소수의 독점기업이 지배적인 힘을 가지는 독점자본주의 단계로 이행한다. 역사적으로 볼 때 19세기 말에서 20세기 초에 걸쳐 미국 등 일부 서구 사회에 구축된 경제 질서가 독점자본주의 체제로 규정된다. 독점자본주의 단계가 되면 거대한 소수기업이 경제적 지배력을 가질 뿐만 아니라 정치·사회·문화 등 모든 분야에 걸쳐 강력한 영향력을 행사하게 된다. 독점자본주의의 단계에 이르면 또한 빈부의 현격한 차이가 발생하게 된다.

근년 들어 우리나라의 경제력 집중 현상은 점점 더 심화되는 것으로 나타나고 있다. 통계청에 따르면, 삼성·현대차·SK·LG 등 4대 그룹의 2010년도 매출 규모는 603조 3천억 원으로, 우리나라 전체 GDP의 51% 수준에 이른다. 경제력의 쏠림 현상이 그만큼 심화된 것이다. 또한 상위 10대 그룹의 계열사 숫자는 2008년 405개에서 2011년 4월 현재 617개로 늘었다. 10대 그룹의 계열 회사가 최근 3년간 5일마다 하나씩 새로 생긴 셈이다.

산업 부문별로 보면, 우리나라의 휘발유·경유 시장은 SK와 GS 등 4개 정유 회사가 98%의 시장점유율을 수십 년째 유지하고 있으며, 제당업계는 CJ와 삼양사, 대한제당 등 3개 회사가 내수시장을 100% 점유하고 있다. 공정거래위원회 자료에 의하면 이들 기업은 시장을 분할 지배하면서 출고량과 가격을 담합, 지난 수십 년간 막대한 부당 이득을 챙겨 왔다.

자본주의 체제에서 대기업의 매출 규모가 단순히 커진 것이나 대기업이 신규 사업에 진출하는 것 자체를 비난할 수는 없다. 그러나 대기업이 계열사에 일감을 몰아주면서 경쟁 사업자의 기회를 박탈하거나, 중소기업이 개척해 놓은 시장에 뒤늦게 뛰어들어 막강한 자본력을 바탕으로 시장을 장악해 버리는 등 우리나라 대기업의 사업 방식은 공정한 시장 경쟁 질서의 확립이라는 차원에서 적지 않은 문제점을 야기하고 있다.

예를 들어, 1995년 한국에 김치냉장고 시장을 창출, 2002년 매출 6,340억 원, 영업 이익 1,317억 원을 기록한 유망 업체 위니아만도는 2002년 삼성전자와 LG전자가 김치냉장고 시장에 뛰어들게 되면서 2011년 현재 기업 인수 · 합병(M&A) 시장에 매물로 나오게 되었다. 삼성 · LG와 같은 대기업 그룹이 공정 경쟁을 통해 시장지배력을 확보했다기보다는 계열 건설사가 짓는 아파트마다 자사(自社) 제품을 빌트인(built-in) 옵션으로 집어넣는 것과 같은 불공정한 방식으로 시장을 장악하게 된 것이다. 2006년 중소기업 고유 업종 지정 제도가 폐지되자, 대기업들이 폐타이어 재생 사업에까지 너도나도 진출한 것으로 알려지고 있다.

우리나라에서 대기업으로 경제력이 급격하게 집중된 것은 정부의 방임과 정책 기조 변경에 힘입은 바 크다. 재벌기업들의 자산과 계열사가 폭발적으로 증가한 것은 2007년 출자총액제한 제도가 사실상 폐지되면서 두드러지게 나타난 현상이다. 재벌의 경제력 집중 현상이 가속화하면서, 중소기업과 자영업자가 함께 사는 산업 생태계가 붕괴할 수 있다는 우려가 커져 가고 있는 것이 현실이다.

독점자본의 영향력이 커지게 되면 독점자본은 국가기관의 종속화를 통해 자신의 지배 체제를 더욱 공고화하고자 한다. 독점자본은 막강한 자본력을 바탕으로 경제 정책의 기조를 바꾸도록 영향력을 발휘하고 시장의 경쟁 질서를 왜곡하는 것은 물론, 신규 또는 경쟁 사업자의 배제 장치를 마련토록 정부에 유무형의 압력을 행사하게 된다. 전경련과 같은 대기업 중심의 경제단체들이 정권 교체를 계기로 금융자본과 산업자본의 분리 정책을 완화하고, 출자총액제한 제도를 폐지하며, 중소기업 고유 업종 제도를 폐지토록 정부에 압력을 행사한 것 등을 사례로 들 수 있다. 시장 지배적 기업들이 관료들과 결탁하여 장치산업 등 특정 산업의 시설 기준을 강화토록 하거나 품질 규격을 까다롭게 하고, 설탕 시장을 과점하고 있는 제당업체들이 담합하여 수입관세를 대폭적으로 인상토록 하는 행위 등도 신규 경쟁사의 시장 진입을 어렵게 하기 위한 불공정 경제 행위의 사례로 볼 수 있다.

소수의 대기업에 경제력이 집중되고 있는 오늘의 우리나라 경제 상황은 독점자본(monopolistic capital)의 횡포가 극심했던 19세기 말~20세기 초의 서구 상황에 비견될 수 있다. 문제의 심각성은 중소기업에 대한 대기업의 착취 행위를 정부가 방관하거나 심지어 방조하기까지 한다는 데 있다. 자본주의 체제에서 정부에 영향력을 행사할 수 있는 수단은 중소기업보다 대자본이 훨씬 많이 장악하고 있다. 관료집단을 포획(capture)할 자원이 풍부할 뿐 아니라 지식인 용병(intellectual mercenary)과 언론을 동원해 대중 조작을 할 수단도 다양하게 보유하고 있다. 공익 보호를 위한 사회적 감시가 조금이라도 소홀해지거나 공정한 시장 질서 확립에 대한 정부의 의지가 약해지면, 곧바로 약탈 경제 체제로 바뀌는 것이 자본주의 시장의 생리다.

제 5 장

사회적 공정성에 대한 구성원들의 인식

1 국민 대다수는 우리 사회가 공정하지 않다고 생각한다

우리 사회는 어느 정도 공정한 사회인가? 사회 구성원 10명 가운데 7~8명은 우리 사회를 공정하지 않은 사회로 본다. 그리고 우리 사회는 계층 간 이동 가능성이 크게 낮은 사회로 인식하고 있다. 한국보건사회연구원과 한겨레사회정책연구소가 2012년 2월 20~40대 1,500명을 대상으로 벌인 여론조사 결과, 조사 대상자의 78.8%는 우리 사회를 '부모의 지위에 의해 계층 상승 기회가 결정되는 폐쇄적 사회'라고 응답했으며, 75.5%는 '노력한 만큼 보상과 인정을 받을 수 없는 불공정한 사회'로 인식하는 것으로 나타났다.

정부가 공정 사회 구현을 위한 정책 방향 설정을 위해 2010년도에 실시한 여론조사 결과에 의하면 응답자의 72.6%는 "우리 사회가 공정하지 않다"고 답했다. 또한 서울방송과 갤럽이 2010년 9월 실시한 여론조사에서는 응답자의 77%가 행정 처리 과정에서 아는 사람에게 부탁하면 더 유리한 결과를 얻을 것이라고 응답했다. 심지어 재판 과정에서도 아는 사람이 있어 부탁하면 유리한 결과를 얻을 수 있다고 응답한 사람이 63.6%에 달했다. 그리고 국민의 79.1%는 연줄과 인맥을 성공의 주요 요인으로 꼽았으며, 71.8%는 원칙대로 살면 손해를 본다고 응답했다. 한마디로 말해 국민의 대다수는 우리 사회가 공정하지 않다고 생각한다.

'소득 분배의 불공평성'에 대한 인식도 사회 전반의 공정성에 대한 인식과 유사하게 국민의 약 70%는 우리 사회의 소득 분배가 불공평한 것으로 평가하고 있다. 통계청이 2009년 15세 이상 인구 3만 7,000명을 대상으로 조사한 결과를 보면, 우리 사회의 소득 분배가 불공평하다고 생각하는 사람이 70.1%에 달했다. '경제적 불공평성'이 아닌 '소득의 차이'를 묻는 다른 조사에서는 국민의 92.8%가 한국 사회에서 소득의 차이가 크다고 생각하고 있는 것으로 밝혀졌다. 소득 분배가 '공평하다'고 여기는 사람은 4.1%에 불과했다.

한국종합사회조사(Korean General Social Survey: KGSS)에서 주기적으로 실시하는 조사 결과는 국민들의 이러한 인식이 해마다 큰 변화를 보이지 않고 있음을 나타낸다. 소득 격차를 줄이는 것이 정부의 책임이라고 생각하는 사람도 79.8%에 달했다(장인성, 2009: 26, 29-32). 소득 격차에 대한 인식이 라트비아(96%), 러시아(93.9%) 등 사회주의권 국가에서와 같이 매우 높게 나타난다는 것은 우리 국민의 평등에 대한 욕구가 그만큼 높다는 것을 나타낸 것이다.

객관적인 통계치를 통해 나타난 우리 사회의 불평등도는 어느 정도인가? 통계청이 2010년 12월 29일 발표한 '2010년 가계금융조사' 결과에 의하면 우리 사회의 보유자산 불평등도는 갈수록 심화되고 있다. 보유자산 상위 20%와 하위 20% 계층 간 보유자산 격차는 무려 474배에 달하는 것으로 나타났다. 특히 상위 10%는 우리나라 전체 자산의 절반 가까이를 차지하고 있는 것으로 밝혀졌다. 우리나라의 소득 지니계수가 0.293인데 비해 순자산 지니계수[1]가 0.63을 기록했다는 것은 자산 불평등이 소득 불평등보다 훨씬 심각하다는 것을 보여준다(한국일보, 2010.12.29).

대한상공회의소가 2005년 6월 발표한 「우리나라 분배 효과의 현황과 시사점」에 따르면, 한국의 소득 분배 개선도[2]는 4.5%로 OECD 평균 29.2%의 7분의 1 수준인 것으로 드러났다. OECD 국가의 소득 분배 개선도는 스웨덴의 경우 54.9%, 프랑스 48.2%, 미국 24.6%, 일본 15.3%인 것으로 나타났다. 대한상공회의소는 이처럼 우리나라 복지제도의 소득 재분배 효과가 특히 낮은 주된 원인은 국민기초생활보장제도, 공적연금 제도 등 현행 사회보장 제도의 재분배 기능이 취약한 데 있다고 지적했다. 이 보고서는 빈곤층 지원을 위한 국민기초생활보장 제도의 경우 대상자가 전체 인구의 3% 내외에 불과하여 국민의 전반적인 소득 분배를 개선하는 데는 구조적으로 한계가 있다고 지적했다.

1) 지니계수(Gini's coefficient)는 1에 가까울수록 불평등도가 심하다는 것을 나타낸다.
2) '소득 분배 개선도'란 가처분 소득의 지니계수를 각각 계산해 그 변화 정도를 산정한 것으로, 변화율이 클수록 복지 제도를 통한 소득 분배 개선 효과가 크다는 것을 의미한다.

우리나라의 소득 양극화의 원인은 여러 곳에서 찾을 수 있다. 대한상공회의소 분석과 같이, 미시적 차원에서 전반적인 재분배 정책이 미흡하다는 점을 지적할 수도 있을 것이다. 그러나 좀 더 근원적 측면에서 기업과 자산 계층에 유리한 경제 정책 기조에서 그 원인을 찾기도 한다. 지난 30여 년에 걸친 개발연대 동안 정부는 친기업 정책을 통해 자본의 축적을 지원해 온 것이 사실이다. 일부 학자는 또한 경제 사회의 게임 규칙이 공정하지 않다든가 경제적 기회가 구성원 간에 균등하게 주어지지 않았다는 기회 균등의 측면에서 경제적 불평등의 원인을 찾기도 한다. 어떻든 소득 양극화의 주된 원인은 가치 배분과 관련된 정부 정책과 사회 제도에서 찾을 수 있을 것이다. 소득 분배를 개선하기 위한 국가적 차원의 노력이 좀 더 적극적으로 경주되어야 하는 이유가 여기에 있다.

2 무엇이 공정하지 않은가?

우리 국민의 대다수는 한국 사회가 공정하지 않은 것으로 본다. 그러나 구체적으로 과연 무엇이 불공정한지, 그리고 공정 사회를 구현하기 위해 어떠한 사회적 · 정책적 조치가 필요한지에 대해서는 일반 국민은 물론 전문가들 사이에도 견해가 엇갈린다. '공정성'의 개념에 대한 정의(定義)가 각기 다를 뿐 아니라, 사회적 불공정성의 원인에 대한 진단도 다르고 처방 또한 상이하다. 2010년 가을 우리 사회에 '공정 사회 구현'이라는 의제가 던져졌을 때, 사회적 공론이 모아지지 않고 얘기가 여러 갈래로 나뉜 것은 각 논자들이 겨냥하는 관점과 차원이 서로 다르기 때문이다.

당시 우리 사회의 많은 전문가는 사회적 게임의 '공정성' 확보를 가장 중요한 사회적 과제로 제시했다. 그리고 대부분의 사회구성원들이 '경제적 공정성'의 확보를 공정 사회 건설의 우선 과제로 지적했다. 그러나 경제적 공정성을 강조하는 사람 가운데도 분배적 정의(distributive justice)를 강조하는 사람이 있는가 하면, 절차적 정의(procedural justice)에 초점을 두는 사람도 적지 않았다. 다른 일단의 전문가들은 또한 법치 질서의 확립을 공정사회 구현의 우선 과제로 제시했다. 그에 반해 비판적 입장의 다른 사람들은, 현행 법치 질서의 강조는 기득권 지키기에 다름 아니라고 주장하면서, 더 근본적으로 우리 사회의 사법적 · 행정적 질서 자체의 공정성을 문제삼기도 했다.

경제적 공정성 확보의 수단과 관련해서도 다양한 처방이 제시되었다. 일단의 시장주의자들은 자유시장(free market) 메커니즘에 의해 이루어지는 분배가 가장 공정하고 정의롭다고 주장하면서, 분배에 대한 정부의 사후적 · 인위적 개입을 좌파 정책으로 몰아붙였다. 그 반대편에서는 경제적 가치의 좀 더 평등한 분배를 위해 정부가 더 적극적인 재분배 정책을 펼 것을 주창했다.

사회적 공정성과 관련된 다양하고 복잡한 쟁점들은, 다툼의 대상이 되는 목적물, 즉 사회적 가치(social values)의 종류를 기준으로 범주화할 수 있다. 또한 다툼이 야기되는 과정적 지점을 기준으로 하여 분류해 볼 수도 있다. 어떤 사람들은 최종 산물의 분배 문제를 직접 겨냥하여 결과적 평등(equality of outcome, equality of results)을 강조하는가

하면, 다른 사람들은 초기 조건의 균등화에 초점을 두어 기회의 평등(equality of opportunity)을 강조한다.

공정성의 문제는, 다툼의 대상이 되는 목적물을 기준으로 할 경우, 권력과 부(富) 그리고 명예의 분배 문제로 귀결된다. 정치 영역에서는 권력의 분배가 초점이 되며, 경제 영역에서는 부의 분배가 중심이 된다. 어느 시대 어느 사회건 권력과 부는 구성원들이 그것을 차지하기 위해 목숨을 걸고 싸우는 치열한 쟁취의 대상이 된다. 그러나 명예도 사회 일반에서 중시되는 중요한 사회적 가치다.

사회적 가치의 획득을 위한 경쟁은 아주 복잡하게 전개된다. 현실 속의 다툼은 개별적인 사회적 가치를 어떻게 분배하는 것이 정의로운 것인지 그 분배 기준을 둘러싸고 벌어지기도 하지만, 그 이전 단계에서 분배 기준을 정하기 위한 의사결정 체제에 누구를 참여시키고 어떠한 절차를 거쳐 결정할 것인지를 둘러싸고 다툼이 벌어지기도 한다.[3)] 사회적 게임에서는 또한 승자에게 어떠한 보상을 어느 정도 베푸는 것이 정의로운 것인지를 둘러싸고도 많은 논란과 다툼이 벌어진다. 정글의 법칙과 같이 승자 독식의 원칙을 적용할 수도 있을 것이며, 참여자들이 기여도에 따라 전리품을 일정 비율로 나눠 갖게 할 수도 있다. 경우에 따라서는, 우리나라 남해안의 일부 어촌계(漁村契)에서 그렇게 하고 있듯이, 기여도를 따지지 않고, 즉 남녀노소 구분 없이 모든

3) 드로(Yehezkel Dror)는 정책결정 단계를 기본 결정 단계(meta-policy making stage), 정책결정 단계(policy making stage), 후결정 단계(post-policy making stage)의 세 단계로 구분한다. 정책결정 체제를 설계하는 기본 결정 단계는 이후의 결정 내용 자체를 좌우한다는 측면에서 아주 중요하다. 의회 내에서 의사결정체를 구성할 때는 여야 간의 대표성을 균형 있게 반영하고자 하는 데 비해, 행정부에서 구성하는 각종 위원회는 대표성을 적극적으로 고려하지 않는다는 점에서 많은 문제점을 지닌다.

작업 참여자에게 전리품을 똑같이 나눠 줄 수도 있을 것이다.

사회적 공정성에 관한 일체의 논란은 결국 사회적 가치를 분배할 때 결과적 평등을 지향하느냐 아니면 기회의 평등을 강조하느냐에 관한 논란으로 귀결된다. 사회 구성원들의 절대 다수가 우리 사회를 불공정하다고 생각하는 것은 사회적 가치들이 '결과적으로' 불평등하게 분배될 뿐만 아니라, 가치 획득을 위한 '기회' 또한 불공평하게 주어지는 것으로 인식한다는 것을 의미한다.

3 사회적 불평등과 기회 균등

사회적 불평등(social inequality)이란 중요한 사회적 자원이 구성원 사이에 불평등하게 배분되어 있는 상황을 말한다. 넓은 의미의 사회적 불평등 속에는 경제적 자산, 교육 · 의료 · 주거에의 접근성, 투표권, 언론의 자유 등 다양한 요소가 포함된다. 사회적 불평등은 좁은 의미로 해석될 경우 경제적 불평등(economic inequality)과 구분되나, 양자는 상호 밀접하게 연관되어 있다. 즉, 교육 · 의료 · 주거 등 사회적 자원(social resources)에의 접근성은 경제적 부에 의존하며, 반대로 이는 경제적 부를 확보하는 주요 바탕이 된다. "사회계급은 주로 재산의 상속과 근로 소득의 차이를 통해서 존속"하게 된다는 보토모어(Thomas B. Bottomore)의 말과 같이 자본주의 사회에서 경제적 요인은 사회계층 형성의 주요 기반이 된다. 이와 반대로 경제적 계층의 상승에는 교육과 같은 사회적 자원이 중요한 지렛대의 기능을 하게 된다. 여기서 말하는 이른바 '사회적 자원에의 접근성'은 '기회 균등(equal opportunity)'의 개념으로 환원될 수 있다.

기회 균등의 개념은 논자에 따라 다양한 의미로 사용되는데, 그에 관한 합의된 정의(定義)는 없다. 전통적 의미의 기회 균등은 '법 앞의 평등(equality before the law)' 및 '능력주의 사회(meritocracy)'[4]의 아이디어와 밀접하게 연관되어 있다. '법 앞의 평등' 또는 '법 평등주의(legal egalitarianism)'는 모든 개인이 동일한 법률에 따라야 하며, 어떠한 개인이나 집단도 '법적 특권(special legal privileges)'을 가져서는 아니 된다는 원칙을 말한다. 이러한 '법 앞의 평등' 원칙이 기회 균등의 원칙으로 그 의미가 확대된 것이다.

'능력주의 사회'는 신분과 계급이 아닌 능력과 재능에 따라 사회적 가치를 보상받는 체제를 말한다. 능력주의 원칙의 바탕에는 사회적 조건이 평등해야 한다는 기회 균등의 전제가 놓여 있다. 이러한 '능력주의'와 '기회 균등'의 원칙은 '결과적 불평등'을 예기(豫期)하고 수용(受容)한다는 점에서 자유주의 경제 체제를 지향하는 미국의 국가 이데올로기로 선택되었다. 에머슨(Emerson, 1968: 541)이 감탄했듯이, "우리나라의 천재들은 진정한 정책, 즉 기회를 창안한 것이다(the genius of our country has worked out our true policy — opportunity)." 기회가 모든 구성원에게 공평하게 열려 있는 사회에서 '경쟁'을 통해 가

---

4) 'meritocracy'는, 영국의 사회학자 영(Michael Young)이 1958년의 풍자적 에세이 「능력주의 사회의 대두(The Rise of the Meritocracy)」에서 정의한 바, 재능과 적성 즉 실적(merit)을 가장 우선시하는 정부를 지칭한다. 즉, 공무원 임용의 기준을 신분과 출신 계급보다는 능력과 재능에 두는 정부를 지칭한 것이다. 그러나 사전에서는 이러한 의미 이외에 능력과 재능을 지닌 사람이 보상을 받는 '능력주의 체제'로 풀이되기도 한다.

장 지혜롭고 애써 노력하는 사람에게 성공의 기회가 주어진다면 그것이 바로 공정한 사회라고 일반적인 미국인들은 믿고 있다.

대다수의 미국인은 많은 사회적 갈등과 큰 변혁을 초래할 결과적 평등을 추구하기보다 이들 가치재에 접근할 기회의 평등을 강조하는 이념적 선택을 한 것이다. 미국인들은 특히 교육 기회의 평등을 중시한다. 미국의 많은 정치인, 교육 정책 결정자, 학부모는 '좋은 교육'이 곧 식권(食券, meal ticket)을 보장해 주는 수단이 된다는 믿음을 공유하고 있다. '좋은 교육'이 불우집단에게 경제적 기회로 다가갈 수 있는 문을 열어 준다는 신념은 오랫동안 아메리칸 드림의 한 부분을 이루어 왔다.

미국의 지배적 이데올로기는 미국 사회를 개방된 경쟁 사회로 가정한다. 기회가 모든 사람에게 공평하게 열려 있는 개방 사회에서 개인의 사회 · 경제적 지위는 개개인의 재능과 노력 여하에 따라 결정된다고 믿는다. 다시 말하면, 개방된 경쟁 사회에서 개인의 지위는 귀속적 요인(ascriptive characteristics)과 연계된 특권, 연고 그리고 상속된 지위에 의해 결정되는 것이 아니다. 이러한 사회에서 공정 경쟁을 보장하기 위해서는 모든 사람이 가족 배경과 성별, 그리고 인종적 차이에 구애받지 않고 공평하게 교육에 접근할 수 있어야 한다. 20세기 중반 이래 미국 정부는 여러 인종집단에게 좀 더 공평한 교육 기회를 제공하기 위한 다양한 교육 개혁 프로그램을 도입 · 운영하고 있다.

노직(Robert Nozick)과 같은 자유근본주의 정치철학자들은 그러나 결과적 평등은 물론, 기회 균등의 규범에 대해서까지 분명한 반대 입장을 취한다. 그들은 기회 균등의 규범이 자신의 재산을 마음대로 사용할 수 있는 소유권을 제약함으로써 사유재산권을 침해하게 된다는 논거에서 반대 입장을 취한다. 하이에크(Friedrich August von Hayek)와 같은 자유주의 경제학자도 '사회적 정의'는 물론 '기회 균등'의 이데올로기도 마찬가지로 '덧없는 희망(mirage)'일 뿐이라고 폄하한다. 그에 반해 결과적 평등을 강조하는 진보 진영에서는 기회 균등의 규범만으로는 심화된 양극화를 치유할 수 없다는 한계를 지적하면서 좀 더 직접적인 재분배 정책을 강조한다.

기회 균등의 규범은 어떻든 공정 사회 구현을 지향하는 중요한 출발점이 될 수 있다. 그러나 기득권 구조가 깊이 뿌리내린 계서제 사회에서 기회 균등의 이념은 사회적 약자집단의 도전을 호도(糊塗)하기 위한 정치적 수사(修辭)에 그칠 가능성이 크다. 공정 사회의 구현을 위해서는 기회 균등의 원칙이 실질적 규범으로 제도화되어야 하며, 아울러 사회적 불평등을 심화시키는 기득권 집단의 법적 · 제도적 특권을 폐지하기 위한 노력이 지속적으로 이루어져야 할 것이다.

제 6 장

행정부의 불공정 행태

1 부서지는 시험 사다리

> "일체의 특채 제도는 기득권 강화의 도구로 이용된다. 공정 사회 구현은 일차적으로 공개 경쟁(open competition) 제도의 확산을 통해 이룩될 수 있다."

어느 사회건 구성원들이 계층 상승을 할 수 있는 '기회의 문'은 일정하게 열려 있다. 역동적 발전이 지속되는 사회에서는 신분 상승의 통로가 활짝 열려 있는데 반해, 성장이 정체된 사회에서는 그것이 좁게 닫혀 있다. 사회가 일정한 발전 단계를 지나 성숙 단계에 접어들게 되면 계층 이동의 통로는 좁아지고, 이미 상류계층에 진입한 특권집단은 자신들의 이익을 지키기 위해 기존의 게임 방식을 바꾸려 시도

한다. 선진 사회 진입을 앞두고 있는 우리 사회가 바로 그 변곡점(變曲點)에 서 있는 것이다.

지난 세기 동안 우리 사회에서는 시험 사다리와 교육 사다리, 그리고 시장 메커니즘이 계층 상승의 주된 통로로 활용되었다. 그러나 고도성장기를 지나 사회가 안정화되면서 이러한 계층 상승의 통로들이 좁아지거나 봉쇄되고 사회적 게임의 방식이 불공정하게 변질되는 조짐을 나타내고 있다. 상류계층에 이미 진입한 기득권 집단이 과거 자신들이 신분 상승 통로로 활용했던 사다리를 뒤처진 하위계층이 이용하지 못하도록 '사다리 걷어차기(kicking away the ladder)' 전략을 구사하기 때문이다.

어느 시대 어느 사회건 사회가 안정될수록 기득권 구조는 공고해지게 마련이다. 기득권 구조의 공고화는 특히 사회적 가치 배분의 주요 역할을 담당하는 공공 부문 인사의 특권화로부터 시작된다. 공공 부문의 인력은 선거를 통해 주권자로부터 공적 권한을 직접 위임받는 정치적 공무원과, 정치 권력에 의해 임명되는 임명직 공무원들로 구성된다. 공공 인력 충원 과정에서 공정성 문제는 선거 제도가 공정하다고 가정할 경우, 임명직 공무원의 선발 과정에 초점이 모아진다. 동양 사회에서는 수천 년 전부터 과거(科擧)라는 공개채용 제도를 통해 공공 부문의 인력을 선발해 왔다. 서구 사회는 19세기 말에 이르러서야 공개경쟁채용시험(open competitive examination)을 통해 공무원을 선발하는 실적주의 인사 제도(merit system)를 확립했다.

건국 후 공개경쟁채용시험 절차를 엄격하게 시행해 온 우리나라의 인사 제도는 근년 들어 그 골간이 크게 흔들리고 있어 적지 않은 우려를 자아내고 있다. 특별채용의 영역이 확산되면서 공개 채용의 영역이 크게 좁아지는가 하면, 객관성이 담보되는 필기시험보다는 주관성이 개재되기 쉬운 면접시험의 비중이 높아지는 현상을 그 증거로 들 수 있다. 또한 '공개 경쟁'을 핵심으로 하는 고시 제도가 폐지되는 대신 특별한 교육과정 이수자 가운데 공직 후보자를 선발하는 '제한 경쟁' 채용 제도가 확산되는 것도 그 증거로 들 수 있다.

2012년 3월 1일부터 우리나라에서는 외무공무원의 충원 경로를 근본적으로 바꾸는 「국립외교원법」이 시행되고 있다. 「국립외교원법」에서는 공개경쟁채용 제도로서의 외무고시제를 폐지하고 그 대신 국립외교원의 교육과정 이수자 가운데 외무공무원을 채용하도록 규정하고 있다. 이 제도는 외무공무원의 전문성을 제고할 수 있다는 측면에서는 긍정적 효과를 기대할 수 있겠으나, '제한 경쟁'에 의존하는 선발 과정에서 특권집단의 영향력이 행사될 통로가 넓어진다는 측면에서 우려를 자아내고 있다. 사법고시 제도가 법학전문대학원 제도로 바뀐 것도 이러한 관점에서 볼 수 있다.

우리나라 공무원 선발 제도의 핵을 이루는 공개경쟁채용시험 제도는 2010년 근본적으로 허물어질 큰 위기에 봉착한 바 있다. 2010년 8월 12일 행정안전부 장관은 건국 이래 60년간 시행되어 온 공무원 선발 방식을 근본적으로 수술하는 '공무원 채용제도 선진화 방안'을 발표했다. 2010년 연말까지 공무원임용령 등 관련 법령의 개정 작업을 모두 끝낼 계획으로 추진된 이 방안은 5급 및 7급 공무원의 절반을 필기시험이 없이 서류전형과 면접에 의존하여 선발하는 방안을 골자로 하고 있다. 이 안에 따르면 2015년에는 5급 신규 채용 인원의 절반을

'필기시험 없이 서류 전형과 면접만으로 선발'하는 '전문가 채용'으로 대체하며, 7급 공채 인원도 단계적으로 줄여 '공채'와 '추천'(지역인재 추천채용 제도)이 절반씩 차지하도록 한다는 것이다. 그리고 신규 채용 인원의 절반으로 줄어든 5급 공채시험에서도 면접을 대폭 강화한다는 내용을 담고 있다.

2010년 당시 우리 사회를 뒤흔든 공직 사회의 특채 비리가 때맞추어 불거지지 않았다면, 실무적 준비까지 끝낸 '공무원 채용제도 선진화 방안'은 큰 저항 없이 시행되었을 것이다. 공무원 선발 방식을 근본적으로 바꾸고자 하는 이 방안은 당시의 추진 여건상 잠정적으로 보류되었을 뿐 언제든 다시 추진될 가능성이 크다. '공무원 채용제도 선진화 방안'의 연장선상에서 2011년에 입법화된 「국립외교원법」이 그 증거다. '공무원 채용 제도 선진화 방안'은 시대 변화에 적합한 전문인력을 확보해 줄 수 있으며, 채용 경로를 다양화해 준다는 등 적지 않은 장점을 지닌다. 그러나 공정 사회 구현에 초점을 맞출 때, 객관성이 담보되는 필기시험보다 주관성이 개재될 가능성이 높은 서류전형과 면접 그리고 추천에 의존하는 선발 방안은, 막강한 사회적 권한을 행사하는 공무원의 전형 과정에 기득권 집단의 영향력이 개재될 여지가 많다는 점에서 크게 우려하지 않을 수 없다.

2 특채공화국의 만화경

2010년 우리 사회를 떠들썩하게 한 유 아무개 외교부 장관 자녀의 특별채용 비리 사건은 사회적 가치 배분의 중요한 권한을 행사하는 공무원의 채용 비리라는 차원에서 많은 사회적 관심을 끌었다. 이 사건을 계기로 우리나라 공직 사회에 널리 확산된, 특별채용 방식을 이용한 기득권 집단의 인사 비리가 드러나게 되었다. 공무원의 자녀가 공무원으로 특채되고 사기업 임원 자녀가 해당 기업 직원으로 특별채용되는 세태를 비꼬아 우리 사회가 신라 시대의 골품제, 인도의 카스트(caste) 제도와 같은 계급 사회로 바뀌고 있다고 일부 인사들은 비아냥거렸다.

2010년 국정감사를 즈음하여 한 의원이 밝힌 내용에 의하면 2006년부터 2010년까지 5년간 외교통상부에 신규 채용된 698명의 공무원 가운데 무려 63%가 특별채용을 통해 들어왔다. 행정부의 다른 부처와 비교해 볼 때[1] 외교부의 이와 같은 특채 비율은 지나치게 높은 것을 알 수 있다. 특채의 규모도 그러하거니와 특채 과정의 비리를 보면 정부의 인사 절차가 어떻게 이렇게까지 문란해질 수 있는지 입이 다물어지지 않을 정도다.

행정안전부의 감사 결과를 보면 외교통상부가 유 아무개 전 외교부 장관과 전 아무개 전 감사원장 등 고위 공무원의 자녀를 특별채용하면서, 전형 요건 가운데 하나인 영어 성적표를 아예 제출하지도 않은 응시생을 채용하거나 특정인에게 유리하도록 면접위원을 자의적으로 선정 · 위촉한 사실이 확인됐다. 2006년 5급 공무원 특별채용에서는 전직 외교관의 딸 홍 아무개 씨가 탈락하자 합격권에 든 다른 응시생

1) 2009년도 행정부 일반직 국가공무원 중 특별채용은 총 6,018명 가운데 2,124명으로 35.3%를 차지하고 있다(2010 행안부통계연보: 146).

을 아예 한 급수 낮은 6급으로 임용한 다음, 새로운 전형 절차를 거쳐 홍씨를 결국 5급 공무원으로 특별채용한 사실도 밝혀졌다. 또한 전직 외교관의 아들 김 아무개 씨는 '계약직 공무원' 경력만 갖고 있었는데도, 2007년 일반직 공무원을 대상으로 한 5급 특별채용 시험에서 합격했고, 같은 해 계약직 5급에 채용된 강 아무개 씨는 서류전형도 거치지 않은 채 채용됐다는 것이다. 공정해야 할 공무원 채용이 그야말로 복마전 속에서 이루어진 것이다.

특별채용 비리 사건은 비단 외교부에만 국한된 것이 아니라 다른 여러 중앙부처와 국회 그리고 지방자치단체와 공기업에 이르기까지 광범위하게 자행된 것으로 드러났다. 기초자치단체인 성남시는 전 시장의 비서와 선거캠프 관련자, 시의원과 공단 이사장 자녀 등 20여 명을 특별채용한 것으로 드러났다. 부천시의 경우는 아예 '특별채용 해방구'로 묘사될 정도로 그 정도가 심했다. 부천시 산하 부천문화재단의 경우에는 전체 직원 165명 중 30%에 달하는 46명이 전 시장의 친인척이나 측근, 시의원의 자녀로 채워졌으며, 시설공단 역시 직원 150명 중 24명이 도의원과 국회의원의 친인척으로 구성된 바, 채용 당시 기본적인 채용 절차도 생략되었다는 것이다. 심지어 2010년 5월에는 모집 공고도 없이 직원 8명을 뽑았는데, 서류심사나 면접 절차조차 거치지 않았다고 한다. 이러한 사정은 서울·부산과 경기·강원·전남에서도 마찬가지였다.

특별채용 비리는 대학 사회도 예외가 아닌 것으로 밝혀졌다. 서울대학교는 2007년부터 4년간 직원을 특별채용하는 과정에서, 면접위원의 과반수는 외부 인사로 구성해야 한다는 규정에도 불구하고 서울대 교직원들로만 면접위원을 구성한 것으로 드러났다. 이와같이 법규를 위반한 채용 절차를 통해 선발된 인원이 전체 특별채용 인원의 82%에 이른다는 것이다.

물론 특별채용 제도 자체가 위법하거나 잘못된 제도는 아니다. 급격하게 변하는 현대 사회에서 다양한 인력 수요에 효율적으로 대응하기 위해서는 획일적인 공개경쟁 채용의 방법보다 자격을 갖춘 후보자 간의 제한된 경쟁을 통해 특별채용하는 것이 능률적일 수 있다. 우리나라는 국제화 · 세계화의 조류 속에서 국제 관계 전문 국가공무원을 특별채용하는 등 특별채용 직종의 범위를 크게 넓혀가고 있다. 문제는 절차의 투명성이나 기회의 균등성을 무너뜨리고 특권층 자제들에게 특혜를 준 데 있는 것이다.

특채와 관련된 비리를 뿌리 뽑고 투명성과 공정성을 확보하기 위해서는 특별채용 제도를 전면적으로 재정비해야 한다. 이를 위해서는 각 부처에서 개별적으로 관리해 온 특별채용 전형을 중앙인사부처가 일괄적으로 관리하면서 비리가 스며들 여지가 없도록 채용 과정을 투명하고 공정하게 운영해야 한다. 그리고 불가피한 경우를 제외하고는 가능하다면 특혜의 소지가 있는 특별채용보다는 공개경쟁채용 제도를 확산시키도록 노력해야 한다. 인사 채용의 공정성을 확보하는 가장 훌륭한 제도는 공개경쟁 채용시험임을 역사적 경험이 증언해 주고 있다. 공개경쟁 채용시험 제도는 동양에서는 과거(科擧) 제도의 형태로 수천 년간 지속되어 왔으며, 영국에서는 1870년의 추밀원령(樞密院令)에 의해, 그리고 미국에서는 1883년 제정된 「펜들턴 법(Pendleton Act)」에 의해 공공 부문의 인사 원칙으로 정착되어 왔다.

사회적으로 큰 권한을 행사하는 관료집단이 특권 계층의 자녀들로 대를 이어 채워진다면, 우리 사회는 특권집단이 모든 사회적 가치를 차지하는 신분 사회로 전락하게 될 것이다. 많은 젊은이가 선망하는 공공 부문의 신규 채용이 공정 경쟁이 아닌 특혜 비리로 얼룩진다면 공정 사회 구현은 애당초 기대할 수 없다. 사기업체의 경우에는 인사 청탁에 의한 무능력자의 채용으로 기업 발전에 장애가 초래된다 하더라도 기업주의 자업자득으로 돌리면 그만이지만, 국민의 신탁에 의해 운영되는 공공 부문에서는 공개 경쟁을 통해 가장 유능한 인재를 선발해야 할 공적 책무가 부여되어 있다.

사회 전반적으로 볼 때 공개경쟁채용 제도의 골간이 흔들린다는 것은 그간 우리 사회에서 주요 계층 이동 통로 가운데 하나로 기능해 온 '시험 사다리'가 허물어진다는 것을 의미한다.

3 작동되지 않는 공정 경쟁 메커니즘

우리 사회는 20세기 후반 이래 자본주의적 시장 메커니즘을 바탕으로 눈부신 경제 발전을 이룩했다. 물론 우리나라는 자유방임적 자본주의 국가라기보다는 국가가 민간 경제에 일정한 간섭을 하는 산업정책 국가의 유형으로 분류되기는 하나, 기본적으로 시장 메커니즘이 작동하는 경제 시스템을 유지해 왔다. 그러나 개발연대 동안 비교적 공정한 경쟁이 유지되어 왔던 우리나라의 경제 시스템은 국제 경쟁력이 강조되는 세계화의 격랑 속에서 대기업 중심 체제로 급격히 재편

되었다. 대기업 중심의 경제 시스템은 '공정 경쟁'을 핵심 가치로 삼는 자본주의적 경제 질서의 기반을 해치게 됨으로써 '부익부 빈익빈', '사회 양극화'와 같은 적지 않은 부작용을 초래하게 된다.

1960~80년간의 개발연대 동안 한국에서는 시장의 경쟁 시스템이 비교적 공정하게 유지되어 왔으며, 따라서 신생 기업들이 역동적으로 성장할 수 있었다. 그 증거는 1967년 설립된 대우그룹, 1974년 설립된 '제세실업'과 '율산그룹'의 급속한 성장 과정에서 찾아볼 수 있다. 이들 기업은 현재 모두 사라지고 없다. 몰락의 원인을 두고는, 특히 1978~79년도에 몰락한 '제세실업'과 '율산그룹'의 몰락 원인에 대해서는 당시 '재계의 견제'니 '정치권의 음모'니 하는 여러 설이 나돌았다.

조그만 오퍼상으로 출발해 불과 4년여 만에 14개 계열사를 거느린 큰 그룹으로 성장한 '무서운 아이들(entants terribles)'에 대해 기존의 재계는 위협을 느꼈을 수 있을 것이다. 특히 기성복 시장(1970년대 당시 주력 산업 가운데 하나였음) 등 특정 산업 분야에서 신생 기업과 서로 부딪칠 경우(1978년의 '밤빔' 사건 참조), 기존의 관련 업계는 사활을 건 견제를 하지 않을 수 없었을 것이다. 한국의 기업들이 자본의 대부분을 외부 금융기관에 의존하는 '차입 경영'을 하는 상황에서는 기존의 재벌그룹들이 정치 권력과 결탁할 경우 한두 개 신생 기업을 부도로 몰아가는 것은 식은 죽 먹기와 같이 쉬울 수 있다. 제세그룹과 율산그룹의 몰락도 그러한 관점에서 볼 수 있다.

문제는 제세그룹과 율산그룹 그리고 대우그룹의 교훈 이후, 재계 질서가 기존의 재벌집단 중심으로 고착화되었다는 점이다. 신생 기업이 대기업 그룹으로 발돋움할 수 있는 길이 거의 막힌 셈이다. 신생 기업의 업종이 기존 기업과 부딪치는 경우에는 더욱 그러하다. 한국의 기업 환경이, 신생 기업이 성장할 수 없는 불모지로 변한 데는 정치 권력과 정부의 책임이 크다. 신생 기업이 활발하게 태어나고 대기업으로 성장할 수 있는 '공정 경쟁'의 여건을 만들기 위해서는 정부의 비상한 각오가 필요하다.

우리나라의 대기업과 중소기업의 관계는 협상력의 격차가 큰 '갑과 을의 관계'로 흔히 묘사된다. 그러나 중소기업인들은 양자 관계를 '착취 관계'로 인식하고 있다. 대기업의 하도급 거래에 관한 10년간의 조사 경험을 책으로 펴낸 공정거래위원회의 한 중견 간부는 우리나라의 대 · 중소기업 관계를 "약육강식의 비정한 정글"에 비유하면서, 대기업을 자신에게 부품을 공급하는 중소기업을 잡아먹는 괴물로 묘사했다. 그는 대기업이 중소기업을 잡아먹는 수법으로 전속 거래, 핵심 기술 유출, 핵심 인재 이탈, 납품가 인하 요구로 인한 실속 없는 매출, 갑의 구매처 교체, 대기업의 중소기업 영역 진출을 통한 시장 잠식, 입찰 경쟁 등 일곱 가지를 제시했다. 그는 대기업들이 전속 계약이라는 미끼를 통해 중소기업을 예속화시키기도 하며, 거래 조건으로 원천 기술 도면이나 CD(compact disc)를 요구하여 중소기업이 보유한 기술을 통째로 탈취하기도 한다고 지적한다(이경만, 2011).

대기업이 우월적 지위를 이용하여 중소기업에 강제하는 부당거래의 유형은 설계에서부터 납품, 사후 서비스에 이르기까지 광범위하게 찾아볼 수 있다. 그 가운데 중소기업을 괴롭히는 부당거래의 대표적인 사례로는 '불공정한 단가 인하'와 '기술 탈취'를 들 수 있다. 대기업은 단가 협상 때 영업 비밀에 해당하는 원가계산서를 중소기업에 공공연히 요구하여 중소기업의 이윤을 한계 수준까지 떨어뜨리는가 하면, 구두로 한 납품 계약을 갑자기 취소함으로써 중소기업을 부도 위기로 몰아넣기도 한다.

석유화학 관련 원자재 공급을 과점(寡占)하고 있는 대기업은 또한 중소업체에 원자재를 먼저 공급한 뒤 가격을 추후에 일방적으로 통보하는 이상한 거래를 지속해 온 것으로 알려지고 있다. 이와 같이 상규(常規)를 벗어난 불공정한 거래 관행과 과도한 가격 인상에 항의하는 중소기업에 대해 대기업은 공공연하게 원자재 공급 중단을 위협해 온 것으로 밝혀지고 있다. 또한 기술 공유를 명분으로 중소기업이 개발한 특허 기술을 탈취하는 사례도 빈번하게 이루어지고 있다.[2] 심한 경우에는 대기업이 거래 개시 조건으로 공유하기로 한 특허를 이용하여 다른 경쟁사를 육성, 해당 중소기업과 경쟁시키는 몰염치한 사례도 상당수 있는 것으로 밝혀지고 있다.

중소기업중앙회에서 매년 발간하는 '중소기업 실태조사' 통계에 따르면, 2009년 현재 우리나라 중소 제조업체 중 43%가 하도급업체다. 하도급 거래에서 교섭력 우위에 있는 대기업이 납품 단가를 내리면 중소기업은 기술개발비 회수는커녕 인건비조차 제대로 지급하기 어렵다. 원자재 가격이 올라도 대기업은 납품 단가에 제대로 반영시켜 주지 않는다. 대기업과 중소기업 간 이익률 차이를 보면, 삼성전자와 현대차의 2010년 1/4분기 이익률이 12.78%와 11.39%를 기록하고

2) 대기업 · 중소기업 관계에 대한 2009년도 실태조사에 따르면 기술 자료를 요구받은 중소기업의 22%가 기술 자료 탈취 · 유용을 경험한 것으로 드러나고 있다(공정거래위원회, 2010: 6).

있는데 비해 삼성전자 부품업체와 현대차 부품업체의 기업 이익률은 3.0%와 0.16%를 각각 나타내고 있다. 변화 추이를 보더라도 지난 수년간 대기업의 이익률은 10%대로 증가한 반면 중소기업의 이익률은 3% 이하로 감소하고 있다.

물론 대기업 이익의 상당 부분은 기술 혁신과 경영 개선의 결과로 해석 · 주장될 수도 있을 것이다. 그러나 산업 현장에서는 대기업 · 중소기업 간의 착취 구조가 만들어낸 결과로 보고 있다. 상당수의 경제 전문가들은 한국 대기업의 눈부신 성장의 이면에는 관련 중소 · 벤처기업들의 눈물겨운 희생이 있는 것으로 분석한다. 삼성과 LG의 LCD(liquid crystal display: 液晶表示裝置) 제품이 세계 시장을 석권하고 있는 이면에는 교세라, 3M, 코닝 등 외국의 유수 기업에 결코 뒤떨어지지 않는 수준 높은 기술력을 지니고 있으면서도 그들보다 훨씬 낮은 가격에 제품을 공급하는 국내 중소 · 벤처기업들의 희생이 있는 것이다(이민화, 2010).

공정거래 제도의 기본 목적은 「독점규제 및 공정거래에 관한 법률」 제1조에 규정되어 있듯이 "사업자의 시장 지배적 지위의 남용과 과도한 경제력의 집중을 방지하고, 부당한 공동행위 및 불공정 거래행위를 규제하여 공정하고 자유로운 경쟁을 촉진함으로써 창의적인 기업 활동을 조장하고 소비자를 보호함과 아울러 국민 경제의 균형 있는 발전을 도모함을 목적"으로 한다. 공정거래위원회는 이러한 취지에 따라 매년 연초 작성하는 업무 추진 계획에 대기업의 불공정 행위를 시정하겠다는 업무 목표를 빠뜨리지 않고 넣고 있다. 그러나 이듬해 발간하는 업무 추진 실적평가 보고서에는 '미흡'이라는 평가 결과를 또한 변함없이 싣고 있다. 2010년도에도 공정거래위원회는 '불공정 하도급 행위의 철저한 감시 · 시정'을 주요 정책 목표로 제시했으나, 차년도 실적 평가에서 '단가 인하 · 기술 탈취 등 핵심 애로 사항이 상존'하고, '시장 경쟁을 제한하고 가격을 교란하는 담합 및 독과점 사업자의 남용 행위' 역시 지속되고 있는 것으로 스스로 평가하고 있다. 이와같이 공정거래위원회 스스로가 '미흡'한 것으로 평가한 실적 보고가 지난 10여 년간 하나도 바뀌지 않고 똑같이 되풀이되고 있는 것을 보면, 공정거래위원회가 불공정 거래 관행을 개선하기 위해 과연 얼마나 노력하고 있는지, 도대체 그러한 노력을 기울이고나 있는지 의심하지 않을 수 없다.

공정거래위원회는 기회 있을 때마다 공정거래 위반 업체에 대한 강력한 제재 방침을 밝히고 있다. 2011년에도 '납품 단가 인하', '핵심 기술 탈취 · 유용' 등 불공정 거래 기업에 대해서는 고발을 확대하고, 상습 위반업체 명단을 공표하겠다는 방침을 발표했다. 문제는 불공정 거래 관행을 근절하기 위한 이와 같은 정책들이 지난 10여 년간 지속적으로 추진되었음에도 불구하고 그 성과가 미미했을 뿐만 아니라 부분적으로는 대기업의 횡포가 더욱 심해졌다는 점이다.

2011년 2월 28일 공정거래위원회가 공개한 2010년 하도급 거래 서면 실태조사 결과를 보면, 하도급 거래가 있었던 업체의 47%(1,682개)가 '하도급법을 위반했다'고 응답했다. 그리고 서면(書面) 계약 비율도 크게 개선되지 않은 것으로 나타났다. 2009년 하도급 서면 계약 비율은 78.3%로 2003년의 69.0%, 2005년의 75.6%보다는 개선됐지만 2007년 80.8%, 2008년 83.1%보다는 더 나빠진 것으로 나타났다.

정부의 불공정 거래 억제 정책이 큰 효과를 거두지 못하는 원인은 여러 곳에서 찾을 수 있다. 보복을 두려워한 중소기업이 대기업의 횡포를 함부로 신고할 수 없는 현실적 어려움에서도 원인을 찾을 수 있으며, 대기업을 감싸고 도는 경제부처 관료들의 행태에서도 원인을 찾을 수 있을 것이다. 그러나 가장 근본적인 원인은 위반 기업에 대한 정부 조치가 지나치게 미온적이라는 데서 찾을 수 있다.

「하도급 거래 공정화에 관한 법률」(19조)은 "원사업자가 이 법을 위반하였음을 관계 기관 등에 신고한 행위"에 대해 보복할 경우 형사 처벌을 하도록 규정하고 있다. 하지만 "회사 문을 닫을 각오"를 하지 않고는 중소기업이 대기업을 제소하는 것은 현실적으로 어렵다. 그리고 중소기업의 신고에 의해 대기업이 형사 처벌을 받은 사례도 거의 없다. 또한 시장 지배적 대기업의 부당한 납품가 인하와 정당한 사유 없는 기술 자료 요구 행위를 금지하고 위반 시에는 시정명령 · 과징금 부과 등 강력한 제재 방침을 밝히고 있으나, 위반 업체에 부과되는 과징금이 미미하여 실효성이 없는 것이 현실이다. 특정 산업 부문을 과점하고 있는 일부 대기업은 과징금을 물고도 그 몇 배에 달하는 이득을 얻고 있음을 공공연하게 자랑하기도 한다.

우리나라는 2011년 3월 「하도급 거래 공정화에 관한 법률」 개정을 통해 기업 간 기술 도용에 대해 '징벌적 손해배상(punitive damages) 제도'를 도입했다. 징벌적 손해배상 제도는 민사상 가해자가 피해자에게 '악의를 가지고' 불법행위를 행한 경우에, 이에 대한 손해배상 청구 시 가해자에게 손해 원금과 이자만이 아니라 형벌적인 요소로서의 금액을 추가적으로 포함시켜서 배상받을 수 있게 한 제도를 말한다. 즉, 피고의 불법행위가 폭행, 협박, 고의, 사기 또는 중대한 손실 등 특별히 그 책임을 과중케 한다고 인정되는 사유를 수반하는 때에는 원고가 입은 재산상의 손해를 훨씬 초월한 손해배상액의 지급을 피고에게 명할 때가 있는데 이것이 징벌적 손해배상 제도다. 이 제도는 미국 등 영미법 국가에서는 오래전부터 시행되어 왔으나, 우리나라에서는 2011년에 들어서야 도입했다.

우리나라에 도입된 징벌적 손해배상 제도의 내용은 대기업이 중소기업의 유망 기술을 가로챘을 때 "발생한 손해의 3배를 넘지 아니하는 범위에서" 배상 책임을 지도록 하고 있다(제35조). 의원 입법 형태로 발의된 개정안에 대해 재계는 물론 정부 관련 부처도 이 제도가 헌법상 과잉 금지 원칙에 위배될 수 있다는 이유에서 반대했다. 특히 주무부처인 공정거래위원회는 "징벌적 손해배상 제도가 도입되면 소송 남용 가능성이 증가해 기업 활동이 위축될 우려가 있다"는 이유 등으로 이 제도의 도입에 적극적으로 반대 의사를 표명해 왔다.

'과잉 금지의 원칙' 또는 '비례의 원칙'은 국가가 국민의 기본권을 제한할 경우의 한계를 명시한 것으로, 그 하위 개념으로는 목적의 정당성, 수단의 적합성, 침해의 최소성, 법익의 균형성 등이 있다. 우리나라 헌법 제37조 2항은 과잉 금지의 원칙을 '필요한 경우에 한하여' 기본권을 제한할 수 있다고 표현하고 있다.

사회 일각에서는 중소기업에 대한 대기업의 횡포가 기술 탈취에 국한되지 않고 일방적인 계약 취소, 일방적인 납품 단가 인하, 경쟁 관계에 있는 다른 대기업과의 거래 중단 강요 등 광범위하므로 징벌적 손해배상 제도의 적용 범위를 대폭 확대해야 한다고 주장한다. 공정거래위원회 소속 공무원들이 퇴직 후 관련 대기업에 대거 진출하여 로비스트로 활동하는 풍토 속에서, 그리고 재벌 그룹의 법 위반에 대한 처벌 수준이 미흡한 사법부의 풍토 속에서 이러한 제도가 과연 얼마나 실효성을 거둘 수 있을지는 두고 볼 일이다.

2010년 새롭게 도입된 상습 위반업체 명단 공표 제도(법 제25조의4) 또한 그 실효성이 의심스럽기는 마찬가지다. 명단 공개 제도는 비록 기업의 평판(reputation)에 영향을 주어 기업 활동을 위축시키는 간접적 효과는 있을지언정, 경제적 이윤에 최우선적 가치를 부여하는 기업의 입장에서는 별다른 타격으로 여기지 않는 것이 현실이다. 우리나라 휘발유 · 경유 시장의 98%를 차지하고 있는 SK와 GS 등 4개 정유회사는 1997년 이후 공정거래법 위반으로 경고 이상의 조치를 22차례나 받았다. 그러나 이들 회사가 여전히 건재하면서 크고 작은 법 위반을 지속하고 있다는 것은 그만큼 정부 조치가 지나치게 미온적이라는 것을 나타낸다. 미국에서와 같이 공정거래법 위반 기업에 대해 파산할 정도의 강력한 제재 조치가 가해진다면 어떻게 이러한 행태가 지속될 수 있을 것인가?

공정거래법 위반 사건에 대한 정부의 처리 실적을 보더라도 정부의 미온적 자세를 볼 수 있다. 〈표 6-1〉은 공정거래법 위반 사건에 대한 연도별 처리 결과를 나타낸 것이다.

공정거래법 위반에 대한 조치는 고발, 시정명령, 시정권고, 경고 등으로 구분된다. 〈표 6-1〉에 의하면, 공정거래위원회가 취하는 조치 가운데 가장 가벼운 조치인 경고가 전체의 70~80%를 차지하고 있다. 그리고 연도별 처리 결과를 보면 이명박 행정부 들어 전체 처리 건수도

표 6-1 공정거래법 위반 사건에 대한 연도별 처리 결과

	2006년	2007년	2008년	2009년
고발(과징금)	47(3)	48(11)	33(9)	43(8)
시정명령(과징금)	644(154)	928(315)	737(132)	487(70)
시정권고(시정 요청)	179(1)	124(-)	77(1)	85(-)
경고	2,516	2,124	2,223	2,469
계	3,385건	3,224건	3,070건	3,084건

자료: 공정거래위원회.「공정거래백서」. 2010: 68.

줄어들었을 뿐 아니라, 시정명령 건수와 과징금 부과 건수가 대폭 줄어들고 있다. 경제 규모와 기업들의 행태로 미루어 볼 때 이러한 수치는 위반 사건이 줄어들었다기보다는 공정거래위원회의 법 집행이 느슨해진 것을 나타낸 것으로 해석될 수 있다(최정표, 2011: 126).

결론적으로 얘기하자면, 대기업의 불공정 관행이 근절되지 않고 있는 근본 원인은 정부의 제재 조치가 지나치게 미온적이라는 데서 찾을 수 있다. 공정거래법을 위반하여 자본주의 경제 질서의 기반을 해치는 기업에 대해서는 파산할 정도의 가혹한 제재를 가하는 미국 정부에 비해 위반 기업에 별 충격을 주지 못하는 미적지근한 제재만을 일삼는 한국 정부의 태도는 결국 불공정 관행 근절의 진정한 의지가 없는 것으로 해석될 수 있다. 법규에 최저임금제를 규정해 놓고도 위반 기업에 대한 처벌 조항을 별도로 마련하지 않거나, 환경오염 업체에 대해 미미한 과징금만을 부과하는 정부는 환경오염을 규제하거나 최저임금제를 시행할 진정한 의지가 없는 것으로 해석되는 것과 마찬가지 이유다.

4 행정부에 만연된 이해 충돌 행태

"공적 책무를 수행하기 위해 국민으로부터 신탁받은 권한이 공직자들의 사익 추구를 위한 장사밑천(stock-in-trade)으로 활용되어서는 아니 된다."

'이해 충돌(利害衝突, conflict of interest)'은 공직자의 사적 이익(individual's private interests)과 공직자가 수호해야 할 공적 이익(public interests)이 서로 부딪치는 상황을 말한다. 국토해양부 소속 공무원이 개발 정보를 이용하여 땅 투기를 하거나, 수산업체를 소유한 국회의원이 국회 농림수산식품위원회에 소속되어 자신의 업체에 유리하도록 수산 정책에 영향을 미치는 행위, 그리고 판사가 자신의 가족이나 친지가 연루된 사건의 재판을 담당하는 행위는 모두 이해 충돌 사례에 해당된다. 경제부처 관료가 특정 지역에 대량의 농지를 사들인 뒤 그 지역을 개발특구로 지정하는 행위도 이해 충돌 사례에 해당되며, 특정 주식의 가치에 영향을 끼칠 수 있는 위치의 공무원이 해당 주식을 대량으로 사들이는 행위도 이해 충돌의 전형적 사례라 할 것이다. 공공 사무를 공정하게 처리해야 할 공적 책무(public obligation)를 지고 있는 공직자들이 자신의 지위를 이용하여 사적 이익을 추구할 수 있도록 방치된다면 그러한 사회를 구성원들은 결코 공정한 사회로 보지 않을 것이다.

공직자들이 맞닥뜨리는 이해 충돌 상황은 그러한 상황이 발생하기 이전에 제도적으로 회피시켜 주어야 한다. 우리나라의 「공직자윤리법」은 "국가 또는 지방자치단체는 공직자가 수행하는 직무가 공직자의 재산상 이해와 관련되어 공정한 직무 수행이 어려운 상황이 야기되지 아니하도록 이해 충돌의 방지에 노력하여야 한다."는 원칙(제2조의 2)을 규정하고 있다. 공직자들의 이해 충돌을 방지하기 위해 우리나라의 「공직자윤리법」은 '주식 백지신탁(blind trust)' 제도(제14조의 4)를 도입하고 있다. 주식 백지신탁 제도란 고위공직자들이 직무와 관련된 주식을 보유하고 있을 때 해당 주식을 매각하거나 수탁기관에 위탁해 관리하는 제도를 말한다. 그러나 우리 사회의 '이해 충돌 방지' 원칙의 제도화 수준은 아직 크게 미흡하다. 「공직자윤리법」에서 기본 원칙은 천명하고 있으나, 각종 업무 처리 규정에 그 기준이 구체적으로 명시되어 있지 않다.

우리나라 공직자들의 부적절한 행태가 공개적으로 드러나기 시작한 것은 고위공직자에 대한 국회 인사청문회가 국무위원에까지 확대된 2005년 이후의 일이다.[3] 물론 그 이전에도 대법원장 · 헌법재판소장 · 국무총리 · 감사원장 · 대법관 등 임명 절차에서 국회의 동의를 요하는 공직 후보자에 대한 인사청문특별위원회를 통해 공직자들의 부적절한 행태가 부분적으로 드러나긴 했다.

그동안 언론을 통해 드러난 대표적인 이해 충돌 사례를 보면 다음과 같다. 2004년 12월 당시 이 아무개 경제부총리가 위원장을 맡고 있

3) 「국회법」은 2003년 2월의 개정을 통해, 제65조의2 ②항을 신설, 대통령이 다른 법률에 의하여 국가정보원장 · 국세청장 · 검찰총장 또는 경찰청장의 후보자에 대한 인사 청문을 요청한 경우에는 그 인사 청문을 실시하기 위해 소관 상임위원회별로 인사청문회를 열 수 있도록 했으며, 2005년의 개정에서는 ②항의 적용 범위를 헌법재판소 재판관 · 중앙선거관리위원회 위원 · 국무위원 등으로까지 확대했다.

는 지역특구위원회는 경제부총리의 부인 및 처남의 땅 수십만 평이 포함된 전북 고창군 공음면 일대를 경관농업특구로 지정했다. 누가 봐도 전형적인 이해 충돌 사례임에 틀림이 없다. 그리고 2006년 8월 27일에는 강 아무개 당시 건설교통부 장관이 갑작스럽게 사표를 제출하는 상황이 발생했다. 직위를 이용한 부동산 투기 의혹을 받았기 때문이다. 강 아무개 씨가 인천국제공항공사 사장으로 재직하던 1999년, 그 처제와 동창생들이 공항 인근 개발 예정 지역의 '알짜배기 땅'을 사들였는데, 그 석 달 뒤 해당 지역의 관광단지 기본계획이 확정되면서 시세가 급상승했다는 것이다. 전후 사정을 보면 개발 정보를 활용한 전형적인 부동산 투기라는 의혹을 살 수밖에 없는 사건이었다. 또한 2010년 12월 14일에는 황 아무개 육군참모총장이 재산 형성 과정에서 불거진 의혹으로 인해 갑자기 전역하는 사건이 발생했다. 황 총장은 국방부 대변인으로 재직할 당시인 2002년 8월 국방부 인근의 낡은 2층 건물을 매입했는데, 불과 4개월 뒤 이 지역의 고도 제한이 풀리면서 이 건물의 공시지가가 크게 상승한 바, 황 총장이 고도 제한 완화 정보를 미리 알고 건물을 매입했다는 의혹이 제기된 것이다.

공직자의 사적 이익과 공적 책무가 충돌하는 상황을 우리 사회는 아직 노골적 부패로 보지 않는다. 이해 충돌 상황은 인과 관계 증명이 어렵다는 차원에서 대부분 의혹으로 끝나거나 공직 후보를 사퇴하는 선에서 마무리되는 경우가 많다. 상황에 따라서는 심각한 이해 충돌 문제가 제기되었음에도 불구하고 고위 공직 임명이 강행되는 경우도 적지 않다. 그러나 이해 충돌 상황의 방치는 사회적 게임의 공정성을 해치고 공무원의 부패를 조장하는 토양이 된다는 점에서 제도적으로 엄격하게 규제되어야 한다. 이해 충돌 하에서의 직무 수행은 소위 말하는 '정직한 부패(honest graft)'를 야기할 수 있기 때문이다(이종수, 2009).

이해 충돌을 방지하는 수단 가운데 하나가 이해 충돌 회피(avoiding conflict of interest)의 제도화다. 판사는 자신이 연루된 사건의 재판을 담당하지 못하도록 하고, 교수는 자신이 근무하는 대학에 자녀나 조카들이 지원할 경우 입시 업무에서 손을 떼도록 하듯이, 공무원과 의원도 자신들의 이해 관계가 걸린 정책 사안에 관여하지 못하게 하는 것이 정의의 원칙이다. 2011년 7월의 보도에 따르면, 대입 수능고사의 출제 · 관리를 담당하는 정부기관에서 지난 4년간 대입 수험생 자녀를 둔 학부모 11명을 대학수학 능력시험 출제 위원과 검토위원으로 참여시킨 사실이 감사원 감사 결과 적발되었다. 이해 충돌 회피의 제도화 수준이 그만큼 낮다는 것을 상징적으로 나타낸 사건이라고 할 수 있다.

이해 충돌 상황은 부패와 직접적으로 연결된다는 측면에서 사회적 문제가 되나, 결과적으로 사회적 공정성을 해치게 된다는 점에서도 문제의 심각성을 찾아볼 수 있다. 이해 충돌 상황을 방지하기 위해서는 무엇보다 이때까지 도덕의 영역에 머물던 이해 충돌 행태를 법적 제재의 영역으로 끌어들일 필요가 있다. 공적 책무를 수행하기 위해 국민으로부터 신탁받은 권한을 사익 추구 수단으로 활용하는 이해 충돌 행태는 명백한 부패 행위에 해당된다(Hejka-Ekins, 1998: 482). 이해 충돌 상황에 대처하는 세계적 흐름도 관련 법규를 강화하는 추세에 있다.

만연하고 있는 이해 충돌 상황을 근본적으로 개선하기 위해서는 '이해 충돌' 사건을, 엄격한 형법이 적용되는 부패로 규정해야 마땅할 것이다. 오죽하면 플라톤(Platon)은 국가 공직자들에게 결혼과 사유재산을 허용해서는 아니 된다고까지 주장했겠는가?

5 사회적 공정성을 저해하는 신전관예우 관행

전관예우란 일반적으로 전직 판사 또는 검사가 변호사 개업을 하게 되면 그 수임 사건에 대해 초기 일정 기간 동안 옛 직장 동료들이 판결이나 기소 과정에서 유리한 처분을 해주는 법조계의 악습(惡習)을 가리키는 말이다. 최근 우리나라에는 행정부 소속 퇴직 공무원들의 유사한 행태를 가리키는 신전관예우라는 용어가 언론에 등장하고 있다.

퇴직 관료들의 역할은 대기업이나 세무법인 등에 고용되어 옛 직장 동료를 대상으로 단순한 로비 활동을 벌이는 데 그치지 않고, 고액 연봉의 법무법인에 취업하여 행정부 관련 쟁점 사건에 대해 유리한 해석을 이끌어내는 역할까지 하는 것으로 보도되고 있다. 심지어 이들은 조세 회피나 법규 회피의 범죄적 수법까지 전수하는 것으로 알려지고 있어 적지 않은 사회적 물의를 일으키고 있다. 전직 관료들의 이러한 행태는 궁극적으로 사회적 공정성을 훼손시키는 메커니즘으로 작용한다는 점에서, 그리고 대자본에 의한 관료집단의 총체적 포획(capture)을 유도한다는 점에서 문제의 심각성을 지닌다고 하겠다.

신전관예우 문제의 심각성은 2011년 불거진 저축은행 사태를 계기로 그 속살을 부분적으로 드러내게 되었다. 16개 부실 저축은행의 퇴출로 귀결된 저축은행 사건은 불법 대출, 정·관계 로비, 부실 감독, 예금·투자자 피해 등 많은 사회적 문제점을 드러냈다. 특히 120개의 페이퍼 컴퍼니를 독립사업체로 위장하여 불법 대출 등 부실 영업을 일삼아 온 부산저축은행 사건은 수많은 정·관·금융계 인사들이 비리 사건에 연루되었다는 점에서 적지 않은 충격을 주었다.

이 사건으로 은 아무개 감사원 감사위원이 현직 감사위원으로는 건국 이래 최초로 구속되었는가 하면, 현직 김 아무개 대통령 홍보수석을 비롯한 여러 명의 정·관계 핵심 인사들의 연루 사실이 드러났다. 그리고 저축은행의 비리를 조사 감독해야 할 금융감독원 직원 여러 명이 수억 원 또는 수천만 원씩의 뇌물을 받은 혐의로 체포·구속되었다.[4)]

감사의 무마와 금융권 퇴출을 막기 위해 거액의 뇌물을 주고받은 불법 사건에 대해서는 응분의 사법 처리를 하면 그만이겠지만, 이번 사건의 심각성은 감독기관과 피감기관 간의 제도화된 유착 구조에 있다. 다시 말하면, 공직 재임 중엔 피감기관과 유착해 불법 행위를 눈감아 주고 퇴임 후엔 해당 기관에 취업해 비리 은폐를 위한 로비스트로 활동하는, 우리 사회에 깊게 뿌리내린 비리 동맹 구조가 문제라고 하겠다.[5)]

---

4) 2011년 4월 23일에는 금융감독원 부산지원 소속의 수석조사역이 돈을 받고 불법 대출을 알선한 혐의로 검찰에 구속되었으며, 25일엔 보해저축은행 검사 무마 대가로 4천만 원을 받은 금감원 부국장검사역이 검찰에 체포됐다. 또한 5월 3일에는 금감원 부국장조사역 퇴직자가 재직 시절 보해저축은행 검사 무마와 관련해 3억 원을 받은 혐의로 수배령이 떨어졌다.

5) 금융감독원은 2011년 9월 19일 7개 저축은행에 대해 영업 정지 조치를 취했다. 그런데 이들 7개 저축은행 가운데 5개 저축은행의 감사는 금융감독원 출신 인사로 밝혀졌다. 이들은 비리와 위

행정부 관료 출신에 대한 전관예우 문제는 비단 금융감독원에 국한된 것이 아니다. 공정거래위원회, 국세청, 기획재정부, 지식경제부, 국토해양부와 같은 경제부처는 물론 국방부, 교육과학기술부 등 비경제부처에 이르기까지 거의 모든 부처에 연관된다고 하겠다. 경제정의실천시민연합(경실련)은 2011년 5월, 김앤장 등 국내 인수 · 합병(M&A) 전문 대형 로펌의 전문인력 96명 가운데 공정거래위원회와 금융감독원, 국세청 출신 전직 관료가 53명으로 55.2%를 차지하고 있다고 밝혔다. 특히 공직에 재직했던 전문인력 85명 가운데 72명(84.7%)은 퇴임 뒤 로펌에 재취업하기까지 1년이 걸리지 않았다. 경실련은 "공직자들이 퇴직한 지 1년도 안 돼 로펌으로 가는 것은 법조계의 고질적 병폐인 전관예우 문제와 똑같은 양상"이라며 퇴직 공무원의 취업 제한 대상 업체에 대형 로펌이나 회계법인도 포함하도록 관련 법을 개정할 필요가 있다고 주장했다.

문제의 심각성은 이들 전직 관료가 대형 로펌과 대기업 등에 취업하여 범죄적 수법의 전수까지도 서슴지 않는다는 데 있다. 2010년도 국정감사에서 한 야당 의원은 대기업에 취업한 전직 관료들이 업무상 체득한 공정거래위원회의 조사 회피 방법까지 기업에 전수하는 역할을 한다고 지적하면서, 이는 직업 윤리뿐 아니라 도덕적 해이 측면에서도 문제가 있다고 질타한 적이 있다. 실제로 2011년 3월 공정거래위원회를 떠나 한 법률회사로 자리를 옮긴 박 아무개 전 사무처장은

법 사항 감독이라는 감사 본연의 업무에 충실하기보다는 오히려 저축은행의 비리를 감싸고 은폐하는 일에 열중했다는 비판을 받고 있다. 저축은행에는 이들 감사 외에 금융감독원, 감사원, 국세청, 기획재정부 출신의 고위관료들이 사외이사로 재직 중인 것으로 드러난 바, 이러한 인적 구조는 감독기관과 피감기관의 유착 관계를 단적으로 나타낸 것으로 볼 수 있다.

짬짜미 의혹을 받고 있던 한 정유회사가 수천억 원대의 과징금을 면제받는 데 일정한 역할을 한 의혹을 받고 있다는 사실이 언론에 보도되기도 했다.

물론 은밀하게 이루어지는 이러한 사건의 특성상 사법당국에서 공식적으로 개입하기 이전에는 그 사실 여부가 쉽게 확인되지 않겠으나, 억대가 넘는 거액의 연봉을 받는 퇴직 공직자들이 로펌이나 대기업에서 이와 유사한 역할을 수행하고 있다는 사실은 관련 업계에 널리 알려져 있다. 현실적으로 후배 공무원들이 퇴직한 선배 공무원들의 청탁을 거절하기 어려운 것이 사실이다. 한국행정연구원이 2011년 5월 여론조사기관인 현대리서치에 의뢰해 중앙부처 공무원 1,676명을 대상으로 전관예우 관행에 대해 설문조사를 한 결과, 고위 공무원 24.3%가 퇴직한 전직 상관을 의식해 의사결정을 내린 경험이 있으며, 15.7%는 부당한 압력을 받은 사례가 있다고 답했다. 많은 국민이 공직사회가 부패했다고 생각하거나 정부가 공정하지 못하다고 판단하는 근거는 공직 사회에 만연된 이러한 '청탁 풍토' 때문이다.

퇴직 공직자들의 이와 같은 부당한 청탁과 야합 행태가 비록 현행 법상으로는 '위법한 행위'의 범주에 들지 않는다 하더라도, 그것이 심각한 정책 왜곡을 초래하고 공정한 직무 수행을 저해한다는 측면에서 엄격하게 규제되어야 마땅하다. 우리나라의 현행 「공직자윤리법」은 퇴직한 고위 공무원이 재직 중의 업무와 관련된 기업이나 단체에 취업하는 것을 제한하고 있다. 4급 이상 공직자가 퇴직 후 외형 거래액 150억 원 이상의 대형 로펌이나 회계법인 등에 취업하려면 공직자윤리위원회의 심사를 받도록 기준도 강화되었다. 그러나 이러한 법 규정을 회피하기 위한 대응 행태 또한 다양하게 개발되고 있다. 유관 업무 근무 경력을 세탁하기 위해 퇴직 전 일정 기간 동안 업무 관련성이 없는 부서[6]로 옮겨 근무하는 편법이 동원되기도 한다.

국민권익위원회가 2012년 8월 「부정청탁 금지 및 공직자의 이해충돌방지법(안)」을 입법 예고하면서 내놓은 보도 자료를 보면, 현행법 규정상 범죄로 규정하기 곤란한 자녀 취업 보장, 학비 대납, 장학금 지급, 고액 임대차 계약, 특허 공동 등록, 용역 발주 등 부패 행위가 다양화 · 은밀화 · 고도화되고 있음을 지적하고 있다.

전관예우 관행으로 행해지는 퇴직 공무원들의 불법 행태를 근절하기 위해서는 더욱 엄격한 제도적 개선책이 마련되어야 한다. 종이 제도화되고 있는 퇴직 공무원의 취업 심사도 실효성 있게 강화되어야 하며, 퇴직 공무원의 부정한 청탁에 대해서는 좀 더 엄정한 사법적 조치가 취해져야 할 것이다. 2011년 7월 개정된 우리나라 「공직자윤리법」은 공직자들이 퇴직 공무원으로부터 부정한 청탁 또는 알선을 받은 때에는 이를 소속기관의 장에게 신고해야 하며, 기관장은 신고된 사항에 대해 수사의 필요성이 있다고 인정되는 경우 수사기관에 통보하도록 규정되어 있다(제18조의4).

문제는 우리 사회의 온정적 풍토 속에서 이러한 제도 개선책들이 얼마나 실효성을 거둘 수 있느냐 하는 점이다. 정부 당국의 강력한 법 집행 의지가 없는 경우 이러한 제도들은 선언적 의미만 지니는 '종이

6) 우리나라의 현행 「공직자윤리법」(제17조)은 퇴직일부터 2년간 퇴직 전 5년 동안 소속했던 부서의 업무와 밀접한 관련이 있는 사기업체에 취업할 수 없도록 규정하고 있다〈개정 2011. 7.29.〉.

제도(paper institution)'로 곧바로 전락해 버리기 때문이다. 따라서 정부 당국의 강력한 법집행 의지를 추동하기 위해서는 결국 국민들이 나서서 사회적 압력을 가하는 수밖에 없다.

제 7 장

입법부의 불공정 행태

1 개념 없는 입법부의 이해 충돌 관행

"어느 누구도 그 자신이 연루된 사건의 재판관이 되어서는 아니 된다(*nemo judex in causa sua*; No one can be judge in his own case.)."

19세기 독일의 로마법학자 예링(Rudolf von Jhering)은 저서 『로마법 정신(*Geist des römischen Rechts*)』에서 다음과 같이 기술하고 있다. "로마는 세계를 세 차례 제패하고, 세 번 여러 민족을 통합시켰다. 첫 번째는 로마 민족이 융성기에 있을 때 여러 국가를 통합했고, 두 번째는 로마 민족이 이미 쇠망한 후에 교회를 통해 통합했으며, 세 번째는 중세에 로마법 체계로 법률 체계를 통합시켰다"(Jhering, 1907; 최병조,

2002: 81). 로마법 체계로 세계 각국의 법률 체계를 통합시킨 로마의 법언(法諺) 가운데 하나는 "어느 누구도 그 자신이 연루된 사건의 재판관이 되어서는 아니 된다"는 것이다. 이러한 법원칙에 따라 사법 절차에서는 재판부의 공정성이 의심될 경우 '재판부 기피(recusal)' 신청을 할 수 있도록 제도화되었다.

그런데 우리 국회에서는 '사회적 공정성'을 담보하기 위한 이러한 원칙들이 무시되기 일쑤다. 대부분 변호사로 구성된 법제사법위원회 위원들이 자신들의 사적 이익과 직결된 변호사 선발 인원 수를 결정하고 법률 시장의 개방 문제를 다루는 의사결정에 직접 참여한다. 교육과학위원회에서는 사설학원 원장 출신의 위원들이 학원 정책을 주무르고 있다. 물론 「국회법」 제40조의2는 "상임위원은 소관 상임위원회의 직무와 관련한 영리 행위를 하지 못한다"고 규정하고 있으나, 의원 자신이 직접적인 '영리 행위'만 하지 않으면 되는 만큼 실효성이 없다고 하겠다. 또한 의원 가운데는 사업체의 명의만 타인으로 바꿔 놓았을 뿐 사실상 본인이 사업체를 운영하면서 해당 상임위원회에서 활동하는 의원도 적지 않다.

의원 모두가 자신이 연루된 사건의 재판관 노릇을 하고 있는 셈이다. 공익적 관점에서 법안을 공정하게 심의 · 의결해야 할 책무를 지닌 의원들이 자신의 사적 이익을 보호하기 위한 사익적 관점에서 일을 처리해도 그것을 제재할 장치가 없는 것이다. 고양이에게 생선가게를 맡겨 놓고 있는 것과 같다. 입법부가 '불공정의 온상' 역할을 하고 있는 것은, 이해 충돌 회피(avoiding conflict of interest)를 위한 구체적인 제도적 장치가 마련되어 있지 않은 상황에서는 어쩌면 당연한 귀결이라고 하겠다.

입법부의 상임위원회 또는 특별위원회를 구성할 때 위원의 선임 기준에 관한 명시적 규정은 없으나(「국회법」 제48조), 관례적으로 '전문성'을 고려하여 위원을 선임한다. 전문성을 기준으로 할 경우 법제사법위원회에는 변호사 출신 의원들이 배치되어야 하며, 보건복지위원회에는 의사 출신 의원과 약사 출신 의원들이 배치되어야 할 것이다. 그러나 입법부 위원회가 특수 직업 영역 출신 의원들로만 구성된다면 이해 충돌 측면에서 적지 않은 문제가 발생하게 된다. 대기업의 이익을 대표하는 의원들이 지식경제위원회를 장악하여 대기업에 유리한 법안만을 통과시키고, 농림수산식품위원회를 점령한 농촌 출신 의원들이 농민에 유리한 법안만을 다루게 된다면 국민 일반(public at large)의 공공 이익은 어떻게 지켜질 수 있겠는가?

국회는 각 직능단체의 이익을 대표하는 작은 이익집단의 대변 기구가 되어서는 결코 아니 된다. 국회 설치의 기본 취지는 각 직역 출신 전문가들이 끼리끼리 모여 모태(母胎) 집단의 이익을 위해 싸우도록 하는 데 있는 것이 아니라, 건전한 상식과 도덕성을 갖춘 민주시민의 대표들이 '국익'과 '공익'의 차원에서 공공 정책을 균형 있게 결정하도록 하는 데 있다. 다른 말로 하자면, 국회는 헌법기관으로서 헤겔(Georg W. F. Hegel)의 이른바 일반 이익(general interest)을 대표하는 기관이 되어야 한다. 부족한 전문성은 의원들의 판단을 도와 주는 제도적 장치를 통해 확보하면 될 것이다.

국회에는 전문성을 확보하기 위한 다양한 제도적 장치가 마련되어 있다. 각 상임위원회에는 전문지식을 가진 '전문위원'들이 배치되어

위원회의 활동을 지원하고 있다. 또한 각종 위원회는 당해 안건에 관해 학식과 경험이 있는 3인 이내의 전문가를 심사 보조자로 위촉할 수 있도록 하고 있다(「국회법」 제43조). 그리고 의회의 여러 위원회는 공청회를 통해 관련 분야의 전문가들을 초청하여 그들의 진술을 들을 수도 있다.

이러한 관점에서 본다면 입법부의 각종 위원회에, 해당 분야의 전문성을 지닌 의원들을 굳이 배치시킬 필요는 없을 것이다. '이해 충돌 회피' 원칙에 충실하자면, 오히려 특정 직역 출신 위원들을 배제하는 것이 마땅하다. 특정 직역의 이해 관계가 걸린 사안을 다룰 때에는 특히 그러하다. 운영의 묘를 살려, 전문 직역 출신 위원들에게 의견진술권은 주되 의사결정 과정에서는 배제하는 것과 같은 기피(recusal) 제도를 활용할 수도 있다. 또한 법제사법위원회와 같이 구성원이 대부분 특정 직역 출신으로 구성되어 있는 상황에서 이해 관계 사안을 다룰 경우에는 '정무위원회'나 '특별위원회' 등 이해 관계를 벗어난 다른 위원회에서 결정하게 하는 것도 한 방안이 될 수 있다. 이렇게 할 경우 법조 출신 의원들이 변호사 일자리를 확대하기 위한 준법(遵法) 지원인제[1] 관련 법안을 일사천리로 통과시키는 것과 같은 '도둑정치(kleptocracy)'를 어느 정도 막을 수 있을 것이다.

---

1) 준법지원인 제도는 2011년 4월 14일 개정된 「상법」에 새로이 도입된 제도다. 준법지원인은 일정 규모 이상의 상장기업(법무부가 2011년 12월 28일 입법예고한 시행안에 따르면 자산가치 3,000억 원 이상의 상장기업이 해당됨)에서 준법통제 기준의 준수 여부를 점검하는 사람을 말한다. 사회 일각에서는 이미 감사, 감사위원회, 사외 이사 그리고 법률팀 등 기업의 준법 경영 감시 체제가 갖추어져 있는 상황에서 또다시 상근직 준법지원인을 1인 이상 두도록 하는 것은 '변호사의 일자리 마련에 목적을 둔' 이중 규제 제도이자 기업에 적지 않은 부담을 주는 바람직하지 않은 제도라고 비판하고 있다.

입법기관의 이해 충돌 문제를 해소하기 위한 노력은 지방의회 쪽에서 먼저 구체화되고 있다. 전주시의회와 익산시의회는 2007년 조례 개정을 통해 "의원은 본인과 배우자 및 그 직계존비속의 영리사업과 관련된 상임위원회 위원이 될 수 없다"(「전주시의회 위원회 조례」 제4조)고 명시적으로 규정했다. 그런데 「국회법」은 상임위원회 구성과 관련하여 "국무총리·국무위원·국무총리실장·처의 장, 행정 각부의 차관 기타 국가공무원의 직을 겸한 의원은 상임위원을 사임할 수 있다"는 규정 이외에 이해 충돌 회피를 위한 어떠한 제한 규정도 두지 않고 있다(「국회법」 제39조 참조). 물론 우리나라의 「공직자윤리법」은 2005년 5월의 개정을 통해 제2조의2에 이해 충돌 방지 의무를 규정하고, 제14조의4에 주식 백지신탁(blind trust)[2] 제도의 도입을 규정하고 있으나, 국회 상임위원회 구성과 관련된 이해 충돌 방지 규정은 아직 구체적으로 마련되지 않고 있다.

공정한 사회를 만들기 위해서는 사회 제도의 기본틀을 설계하는 입법부부터 공정하게 구성·운영되어야 한다. 이를 위해서는 위원회 구성 단계에서부터 제도적으로 의원들의 이해 충돌 가능성을 미리 차단할 필요가 있다.

---

2) 주식 백지신탁 제도는 공직자가 수행하는 직무가 공직자의 재산상 이해와 충돌되어 공정한 직무 수행이 어려운 상황이 야기되지 아니하도록 재임 기간 중 재산을 대리인에게 맡겨 처리하거나 관리하게 하는 제도를 말한다. 우리나라 「공직자윤리법」은 재산 공개 대상자인 1급 이상의 공무원, 재정경제부 및 금융감독위원회 소속 공무원 중 대통령령이 정하는 자 본인 및 그 이해관계자는 '직무 관련성'이 있는 일정액 이상의 주식을 보유하고 있을 경우 이 주식을 백지신탁하도록 규정하고 있다(「공직자윤리법」 14조의 4).

2 쪽지 예산과 이어마크(earmark)

우리나라 예산 국회 때마다 볼 수 있는 특이한 광경 가운데 하나는 예산결산위원회 및 계수조정소위원회 회의장에서 건네지는 '쪽지 예산' 관행이다. 그리고 예산 국회가 끝날 즈음 언론에 등장하는 의원들의 지역구 사업이 예산 확보 무용담 또한 특이한 풍경 가운데 하나다.

2011년도 예산 국회에서도 의원들의 무용담이 어김없이 등장했다. 예산결산특별위원회 야당 측 간사인 강 아무개 의원은 지역사업의 예산 확보를 위해 기획재정부 고위 관계자와 모 호텔에서 밤부터 아침까지 줄다리기를 벌여 극적으로 반영하게 됐다고 밝혔다. 그는 당시 예산실장이 "하늘이 무너져도 F1대회(국제자동차경주대회) 지원은 안 된다"고 해서 "그럼 한나라당과 잠정 합의한 새해 예산안도 무효다. 알아서 하라"고 협박한 얘기도 전했다. "지역 예산을 협조해 주면 예산안 처리 때 혼자라도 본회의에 참석하겠다"고 제안해 예산당국이 긍정적인 방향으로 돌아서게 했다고 주장한 그는 실제로 소속당 의원 모두가 퇴장한 가운데 유일하게 본회의장에 남아 있었던 것으로 보도되었다. 그 밖에 예산결산특별위원회 계수조정소위원회의 오 아무개 의원은 충청 내륙고속화도로 설계비, 중부내륙선 전철 설계비 등 충청북도의 지역사업 예산 466억 7천만 원을 자신이 증액시켰다고 밝혔으며, 경남의 신 아무개 의원도 교정시설 신축 사업비와 국도 확장 사업비를 자신이 확보했다고 주장했다.

근대 민주주의 발전 과정에서 국민의 대표들이 국왕으로부터 가장 먼저 빼앗은 것이 입법권이다. 국왕은 국민의 대표기관인 의회가 제정한 법률을, 더도 말고 덜도 말고 꼭 그만큼만 성실하게 집행하라는 것이 18~19세기 근대 입법국가 초기의 국가 운영 원리다. 정부가 의회의 승인을 얻지 않고서는 과세할 수 없다는 "대표 없이 조세 없다(no taxation without representative)"[3]는 과세 원칙도 이러한 입법국가의 이념에 뿌리를 두고 있다.

입법부 설치의 기본 목적 가운데 하나는 국민의 조세 부담을 줄이는 데 있다. 행정부가 편성한 예산안을 입법부가 심의 · 의결하는 행정부제출 예산제도(executive budget system)에서 입법부의 기본 책무는 행정부에서 편성한 예산을 삭감하는 데 있다. 우리나라의 헌법 제57조가 "국회는 정부의 동의 없이 정부가 제출한 지출예산 각 항의 금액을 증가하거나 새 비목을 설치할 수 없다."고 규정한 것은 의회의 심의 과정에서 예산을 증액해서는 아니 된다는 점을 강조한 것이다.

그런데 우리나라의 경우, 예산 심의 과정에서 매년 수천억 원씩 예산이 증액되는 것으로 나타나고 있다. 2010년 10월 여당 단독으로 강행 처리한 2011년도 최종 예산에도 당초 행정부가 편성하지 않은 예산이 3,300여억 원이나 포함돼 있는 것으로 나타났다. 이 가운데 상당 부분은 여 · 야당의 힘 있는 국회의원들이 자신의 지역구나 이해 관계 단체의 민원을 해결하기 위해 국회 예산결산특별위원회에 쪽지를 넣어 반영한 이른바 '쪽지 예산'이다.[4]

---

3) 절대군주국가의 비합리적 재정 제도와 과도한 조세에 대한 시민계급의 저항에 의해 확립된 이 과세 원칙은 1628년 '권리청원'에서 주창되었고, 1689년 '권리선언'과 1789년 '인권선언'을 통해 확인되었다.

4) 한국경제신문은 2009년 예산 국회의 풍경을 다음과 같이 보도했다:
2009년 12월 3일 한 상임위 예결소위 회의장. 예산 심사 중이던 7명의 의원 가운데 한 의원이 손을 들었다. "○○시 자전거도로 구축비 10억 원을 추가로 지원해 주셨으면 합니다. 간사님의 지역구의 선심성 사업 예산을 의미하는 이어마크(earmark)[5]는 미국 정가에서도 큰 이슈 가운데 하나가 되고 있다. 2008년 미국 대통령선거 당시 오바마(Barack Obama) 민주당 대통령 후보는 공화당의 부통령 후보 페일린(Sarah Palin)이 알래스카 주지사 시절에는 이어마크를 잔뜩 끌어가더니 갑자기 이어마크 추방의 기수가 됐다고 비판한 바 있다. 오바마 대통령은 취임 직후인 2009년 3월 예산안 관련 성명에서 "이어마크는 특정 기업에 정부 예산을 대주는 것과 마찬가지인 부패 관행"이라며 선심성 예산과의 전쟁을 선포한 바 있다. 그는 또한 2010년 11월 13일 행한 주례연설에서 의회에 대해 선심성 예산 편성을 자제해 달라고 호소했다. 오바마 대통령의 호소 이후 공화당 상원의원들은 2010년 11월 이어마크를 자발적으로 금지하기로 결의한 바 있다. 그러나 11월 30일 상원 전체회의에서는 '이어마크 금지 법안(earmark ban bill)'을 표결에 부쳐 찬성 39, 반대 56으로 부결시켰다.

아주 간곡한 부탁이 있었습니다." 한마디로 여당 간사의 지역구 예산을 증액해 달라는 요청이었다. 의원들은 머리를 긁적였다. 지난 소위에서 이미 증액하지 않기로 결정했던 데다 구체적인 내역도 부족했기 때문. 하지만 한 여당 의원이 "간사님이니까 잘 판단하고, 연구 많이 해서 올리신 거 아니겠어요?"라고 거들었고 다른 의원도 "자전거 타기 운동을 생활화하는 것은 필요해요"라고 가세했다. 야당 의원들이 침묵을 지키는 가운데 10억 원의 증액안이 금방 통과됐다. 짧게 탄식하던 한 초선 의원만이 "속기록에 '아이고' 라고 좀 남겨주세요"라고 했다.

국회 예결소위 속기록에 드러난 한 장면이다. 당시 회의에 참석했던 한 의원은 "상임위 예산을 조정하는 예결소위는 의원 몇 명끼리 비공개로 진행된다"며 "염치없이 선심성 증액을 해도 동료로서 막기 어렵다"고 고백했다. 구체적인 산정 근거 없이 '느낌으로' 증 · 감액하거나 정부 관계자들에게 모욕적인 언사를 하는 경우도 비일비재다.

'예결소위'의 예산안 심사 풍경이 이러한 데, 외부에 공개되지 않는 '계수조정소위'의 풍경이 어떨지는 짐작하고도 남을 것이다.

5) 'earmark'는 미국 의회에서 의원들이 자신의 지역구 내 도로, 교량, 공항, 상하수도 등 특정 사회간접자본에 정부 예산을 배정하는 선심성 예산을 말한다. 이 용어는 소유주를 분명히 하기 위해 양(羊)의 귀에 표시를 하던 데서 유래한 용어로 의원들이 자기 선거구를 위해 연방 예산을 특별히 할당받는 행위를 일컫는다.

그렇지만 미국 하원에서는 2010년 12월 8일 2011년도 예산안을 의결하면서 의원들이 요청한 지역구 선심성 예산(earmark) 약 4만 건을 모두 삭감하는 결정을 내렸다. '이어마크에 반대하는 납세자들 모임(Taxpayers Against Earmarks: TAE)'은 2011회계연도 예산안을 분석한 결과 상·하원 의원들이 요청한 이어마크가 모두 3만 9,294건에 금액으로는 1,310억 달러(한화 약 114조 1천억 원)에 달한 것으로 밝혔다.

쪽지 예산 및 선심성 예산 관행과 관련하여 지역구 출신 의원들은 지방적 이익을 대표할 수밖에 없다는 관점에서 접근할 수도 있다. 그러나 국회의원 개개인은 독립적 헌법기관으로 '국익' 관점에서 예산을 합리적으로 심의·의결해야 할 책무도 동시에 지고 있다. 극단적으로 얘기하여, 의원 모두가 자신의 출신 지역구 이익을 대표해야 한다는 관점에서 나눠먹기 예산을 편성하고자 한다면, 국가적 차원의 공익은 누가 대변해야 할 것인가?

지방적 이익을 앞세우는 쪽지 예산과 같은 퇴행적 관행은 제도의 개선을 통해 억제되어야 한다. 쪽지 예산 관행을 근절하기 위해서는 무엇보다 예산 심의 과정의 투명성을 제고해야 한다. 1990년대 후반부터 일부 시민단체와 국회 전문가들은 쪽지 예산 관행을 개선하기 위해 나눠먹기식 예산 심의가 주로 이루어지는 예산결산특별위원회 계수조정소위원회의 운영 방식을 '완전 공개식'으로 고쳐야 한다고 주장해 왔다.[6]

---

6) 조선일보는 2002년 11월 7일 계수조정소위원회의 쪽지 예산 관행에 대해 다음과 같이 보도했다. 계수조정소위 위원들은 이번에도 평균 50~60건씩 쪽지를 받은 것으로 알려졌다. 한나라당 이○○ 의원은 6일 오전에만 10여 건의 쪽지를 받았다. 몇 년 전 한 계수조정소위 위원은 "나에게 들어온 쪽지만 200여 건에, 금액으로 치면 1조 5,000억 원이 넘는다"고 말한 적이 있다.

경실련은 1998년 12월 4일, 국회가 계수조정소위원회에 대한 시민단체의 방청을 불허한 행위에 대해 "헌법에 위반된다"며 헌법소원을 냈다. 우리나라의 헌법 제50조 1항은 "국회의 회의는 공개한다. 다만, 출석 의원 과반수의 찬성이 있거나 의장이 국가의 안전 보장을 위하여 필요하다고 인정할 때에는 공개하지 아니할 수 있다."고 규정하고 있다. 이러한 시민단체의 저항에 부딪친 국회는 결국 2000년 2월 「국회법」을 개정, 소위원회 회의의 공개 원칙을 규정하기에 이르렀다.[7] 그러나 국회는 2000년 당해 연도에만 계수조정소위원회 회의장을 공개했을 뿐, 다음해부터는 위원회 의결의 형식을 빌려 회의장을 다시 비공개하는 방향으로 운영 방식을 되돌리고 말았다. 계수조정소위원회에 대한 시민단체의 모니터링 활동이 활발해지면서 나눠먹기 예산 행태의 추한 모습이 적나라하게 드러났기 때문이다.

국회의 이러한 그릇된 관행을 근본적으로 바로잡기 위해서는 국회법을 재개정하여 헌법 제50조에서와 같이 국가의 안전 보장을 위해 필요한 경우가 아니고는 모든 회의를 공개하도록 엄격하게 규정할 필요가 있다. 그리고 계수조정소위원회 위원들의 발언은 전문(全文)을 속기록으로 남겨 이를 공개함으로써 사후에 언론이나 시민단체 등 다른 기관의 평가를 받도록 할 필요가 있다.[8]

또한 선심성 지역구 사업으로 국가 예산이 누더기가 되는 사태를 근본적으로 방지하기 위해서는 예산 심의 과정에서 국회가 예산을 증

---

7) 「국회법」 제57조 ⑤소위원회의 회의는 공개한다. 다만, 소위원회의 의결로 공개하지 아니할 수 있다〈신설 2000.2.16.〉.

8) 계수조정소위원회의 비공개회의 결과는 예산안 처리 후 4, 5개월이 지난 뒤 간단한 요약본만 공개되고 있는 실정이다.

액하지 못하도록 관련 규정을 엄격하게 고칠 필요가 있다. 즉, "정부의 동의 없이 국회가 예산을 증액할 수 없다"는 규정이 오히려 "행정부의 동의를 얻어" 예산을 증액하는 수단으로 오용되고 있는 현실을 감안할 때, 예산 심의 과정에서는 행정부의 동의 여부에 관계없이 일체의 예산 증액이 불가능하도록 좀 더 엄격한 규정을 마련할 필요가 있다. 예산의결권이라는 막강한 권한을 지닌 의회의 예산 증액 요구에 대해 어느 행정부가 감히 동의를 거부할 수 있겠는가?

쪽지 예산은 국민의 세 부담을 늘리고 예산의 합리성을 훼손한다는 점에서, 그리고 공정성과 형평성 차원에서도 적지 않은 문제점을 야기한다는 점에서 근절되어야 할 나쁜 관행이라고 하겠다.

3 국가적 이익과 지방적 이익의 충돌

국가적 이익과 출신 지역구의 이익이 서로 충돌할 때 의원들은 선택상의 딜레마를 겪게 된다. 이러한 상황에서 정치적 선택과 관련해서는 케네디(John F. Kennedy) 전 미국 대통령의 저서 『용기 있는 사람들(*Profiles in Courage*)』(1964)에서 시사점을 얻을 수 있다. 이 책에 소개된 애덤스(John Quincy Adams) 상원의원은 출신 지역구와 소속 정당의 이익보다 국익을 먼저 생각해야 한다는 자신의 원칙과 상원의원직을 맞바꾼 인물이다. 그는 국익을 우선시해야 한다는 정치적 소신에 따라 반대당 소속인 제퍼슨(Thomas Jefferson) 대통령의 대영 금수조치(對英禁輸措置)에 찬성함으로써 지역구와 소속 정당으로부터 배

척당했다. 그 대가로 애덤스 의원은 오랜 고난의 세월을 보내게 되었으나, 결국 18년 뒤 미국의 제6대 대통령(1825~1829년)이 될 수 있었다. 그의 비지역적, 비당파적 태도는 오늘날까지 용기 있는 의원의 전범(典範)으로 칭송받고 있다.

1807년 여름 미국의 프리깃 함 체사피크 호가 버지니아 곶 외해(外海)에서 영국 전함 레오파드 호의 포격을 받는 사태가 발생했다. 애덤스는 자신의 소속 정당인 연방당(The Federalists)이 영국의 침략행위를 정당시하면서 유화 정책을 들고 나오는데 대해 분노를 표하면서, 대통령에게 나포된 미국 선박의 반환과 보상을 청구할 것을 요구했다. 이 사건을 계기로 애덤스의 반대당 소속인 제퍼슨 대통령은 1807년 9월 18일 의회를 소집하여 대영 금수 조치를 명했다. 이 조치는 미국의 상업 요충지이자 애덤스의 선거구인 매사추세츠 주에 치명적인 것이었다. 매사추세츠 주는 미국 상선대의 중심무대인 동시에 조선업 및 수산업의 근거지였다. 그럼에도 불구하고 애덤스는 상원에서 특별위원회 구성을 제안하여 그 자신이 위원장에 임명되었으며, 대영 금수 법안과 영국 선박의 입항을 금지하는 법안을 작성 · 발의했다. 대영 금수 법안이 통과되자 매사추세츠 주에서는 애덤스 의원에 대한 거센 항의가 몰아쳤다. 금수 조치는 조선업을 휴업 상태에 빠지게 하고 선적업을 붕괴시켰으며 어선의 출항을 묶었다. 불황, 파산, 곤궁이 만연했고 다른 주로 이주하는 사람들이 속출했다. 애덤스 상원의원은 결국 외톨이가 되었다(Kennedy, 1964: ch. 2). 그는 결국 그의 아버지(제2대 미국 대통령 John Adams)를 대통령직에서 물러나게 만든 정적(政敵) 제퍼슨 대통령의 정책을 지지하기 위해 상원의원직을 내던진 것이다.

자신의 정치 생명을 걸고 국가적 이익을 지방적 이익에 앞세운 애덤스 상원의원의 가치 기준은 출신 지역구의 조그만 이익을 위해 국가의 큰 이익을 희생시키는 한국 의원들의 태도와 극명하게 대비된다.

2000년 들어 수년간 지속된 한 · 중 '마늘 파동' 사태를 보자. 2000년 6월 1일 한국 정부는 값싼 중국산 마늘에 대해 315%의 관세를 부과하는 세이프가드(긴급 수입 제한)를 발동했다. 엄청난 고율의 관세 부과로 중국산 마늘의 수입을 원천적으로 막아버린 셈이 된 것이다. 중국은 일주일 후 한국산 폴리에틸렌과 휴대전화 수입을 금지한다는 방침을 발표했다. 중국에서 수입되는 마늘은 모두 합쳐봐야 600만 달러 정도에 불과했으나 중국이 막아버린 휴대전화 등의 시장 규모는 5억 달러가 넘었다. 6월 29일부터 7월 15일까지 진행된 협상의 결과 한국 정부는 결국 중국의 마늘 3만 2천 톤을 50% 이하의 저율 관세로 수입한다는 조건에 합의하지 않을 수 없었다.

2002년 들어 다시 중국산 마늘이 쏟아져 들어오자 마늘 값이 폭락하는 사태가 벌어졌다. 전국 각지에서 농민들이 들고 일어나 "중국산 마늘에 대한 긴급 수입 제한 조치를 다시 연장하라"고 요구했다. 마늘 파동이 재발한 2002년 7월 20일 제주도 애월체육관에서 개최된 민주당 지역구 개편대회에서 김대중 행정부의 실세인 한 아무개 대표는 다음과 같은 축사를 했다. "내 지역구인 전남 무안 · 신안군이 전국 마늘 생산의 25%를 차지한다. 2000년 중국산 마늘에 대해 긴급 수입 제한 조치를 취하게 된 것은 내가 주장한 것이다"라고. 2000년 총선을 앞두고 당시 여당인 민주당이 중국산 수입 마늘에 대한 긴급관세 부과안을 밀어붙이게 된 배경이 밝혀진 것이다.

한 아무개 의원의 이와 같은 정치적 판단에 대해 일간지들은 사설을 통해 다음과 같이 비판했다.

> '정책여당'임을 자부하는 민주당 한○○ 대표는 지방 유세에서 "600만 달러(마늘) 때문에 5억 달러(휴대전화)를 날리려는 바보라고 했지만, 중국산 마늘에 긴급 수입 제한 조치를 취한 것은 내 주장"이라고 자랑했다. 어느 게 더 국익에 부합하는지를 따지기보다 그저 50만 마늘 농가의 표(票)만 눈에 보인 것이다(조선일보, 2002.7.22).

> 경제 전체를 안 보고 농민표를 의식한 정치권의 논리로 3년 전 중국산 마늘에 세이프가드를 발동한 것부터가 잘못이었다. 그런데도 불구하고 마늘 주산지가 지역구인 한○○ 민주당 대표가 중국산 마늘에 대해 세이프가드가 발동되도록 힘쓴 사실을 자랑하며 이번에도 앞장서 싸워 확고한 대책이 나오도록 하겠다고 한 발언은 한심하기 짝이 없다(동아일보, 2002.7.21).

국회의원들은 지역적 이익과 국가적 이익을 동시에 배려해야 할 복대리인(複代理人)의 입장에 놓여 있다. 출신 지역구 이익과 다른 지역의 이익이 부딪칠 때는 마땅히 출신 지역구의 이익을 대표해야 할 것이다. 그러나 그때도 형평성과 공정성의 기준을 놓아서는 아니 된다. 지역적 이익과 국가적 이익이 충돌할 때 국회의원은 당연히 국가적 이익을 우선시하는 가치 기준을 따라야 한다. 국회의원 개개인은 국가적 차원의 공익 관점에서 일을 처리해야 할 독립적 헌법기관이기 때문이다. 헌법 제46조 2항은 "국회의원은 국가 이익을 우선하여 양심에 따라 직무를 행한다."고 규정하고 있다.

지방적 이익을 국가 이익에 앞세우는 일부 의원들의 행태는 다른 지역과의 형평성 차원에서도 문제가 될 수 있지만, '일반 이익'의 큰 희생 위에 조그만 지역적 이익을 탐한다는 측면에서 비판받아 마땅하다. 균형 잃은 판단 기준을 지닌 이러한 공직자들이 공공 업무를 공정하게 처리할 것으로 기대하는 국민은 많지 않을 것이다.

제 8 장

법조계의 불공정 행태

1 유전무죄와 무전유죄

돈에 오염되어 공정성을 상실한 법조계의 실망스런 풍토를 상징적으로 표현한 말이 '유전무죄 · 무전유죄(有錢無罪 · 無錢有罪)'다. 돈 많은 사람은 죄가 있더라도 판 · 검사에게 뇌물을 주거나 유력한 변호사를 고용하여 처벌을 면하거나 가벼운 처벌을 받게 된다는 것이다. 우리 사회의 재벌그룹 총수들이 저지른 비리에 비해 가벼운 처벌을 받는 사실을 기억하는 상당수의 시민은 실제로 우리 사회가 '유전무죄'의 원리에 의해 움직이는 것으로 믿고 있다. 경제력의 유무가 사법적 판단 기준이 되고, 가해자와 피해자를 뒤바꿀 수 있는 사회를 우리는 결코 공정한 사회로 볼 수 없다.

물론 법조인 가운데는 엄정한 자기 관리를 통해 사법적 정의 구현의 전범(典範)으로 칭송받는 사람이 없지 않다. 46세의 이른 나이에 타계한 '대쪽 판사' 한기택의 일화가 대표적이다. 남편이 고등법원 부장판사로 승진해 관용차를 배정받았으나 한 번도 동승의 기회를 갖지 못한 한 판사의 부인은 급기야 "동네 한 바퀴만 돌아보자"고 청했다는 것이다. 부인의 이러한 간청을 단호하게 거절한 한 판사는 자녀들조차 관용차에 한 차례도 태운 적이 없었다고 한다. 장례식 날 장지로 가는 고인의 부인에게 동료 판사가 관용차를 타도록 권했으나 부인은 "남편이 원하지 않을 것 같다"며 고개를 가로저었다는 것이다(세계일보, 2006.7.21). 이와같이 공사(公私)를 분별하는 많은 법조인은 엄정한 입장에서 공정하게 판결을 할 것으로 기대된다.

그러나 우리 사회에서는 사법적 질서의 공정성을 의심하게 하는 사건들이 너무나 많이 일어나고 있다. 법리적 측면이나 상식 차원에서 조금도 그릇됨이 없는 것으로 평가받은 1심 판결의 결과가 고등법원에서 정반대로 뒤집어지고, 그 재판을 담당한 고등법원 판사가 재판 바로 다음날 사표를 낸 뒤 자신이 손들어준 측의 법무법인(law firm)에 들어간다면 그러한 판결 결과를 누가 공정하다고 하겠는가? 실제로 이러한 일들이 드물지 않게 발생하는 것이 우리 법조계의 현실이다. 사법 개혁에 대한 사회적 요구가 임계점(臨界點)을 넘은 원인이 여기에 있다.

매일매일 언론에 비치는 법조계의 모습은 혼탁하기 그지없다. 한 일간지는 '2010 부끄러운 자화상 검찰'이라는 기사에서 중립성과 공정성을 잃은 검찰 수사의 문제점을 조목조목 지적하고 있다(한겨레신문, 2010.12.27). 이 기사는 모든 국민에게 공정해야 할 검찰 수사가 권력과 금력에 의해 어떻게 왜곡되고 있는지를 잘 밝혀 준다. 최고권력층의 사돈 기업으로 불리는 효성그룹 2세들의 회삿돈 횡령 사건이 불거졌으나 검찰은 상당 기간 손을 놓고 있었으며, 여론의 질타로 마지못해 수사가 진행됐지만 수사가 지연되는 사이 핵심 공소 사실의 공소시효가 지나 결국 법원의 면소 판결에 빌미를 줬다는 것이다.

이 기사는 또한 '그랜저 검사', '스폰서 검사'처럼 검찰 내부인사가 관여된 비리 사건은 '봐주기 수사'로 눈총을 사고 있다고 지적했다. 건설업자로부터 사건 청탁 대가로 그랜저를 선물받은 정 아무개 검사는 뇌물 수수 혐의로 고발됐지만, 서울중앙지검 형사1부는 고발된 지 1년 3개월이 지난 2010년 7월에 무혐의 처분을 했다는 것이다. 물론 이런 사건은 검찰 내부의 보편적인 현상이라기보다는 특수한 일부 사례에 불과한 것이겠으나, 일반 시민들은 이러한 특수 사례를 통해 우리 사회의 사법적 공정성을 의심할 수밖에 없다.

2011년 연말에 불거진 '벤츠 여검사' 사건은 사법적 공정성이 법조계 이면의 어두운 거래에 의해 어떻게 무너질 수 있는지 그 속살을 보여준 씁쓸한 사건이라 하지 않을 수 없다. 사건의 내용은 이렇다. 현직 여검사가 부장판사 출신의 변호사로부터 법무법인 명의의 벤츠 승용차를 수년간 빌려 타고 다니면서 법인카드도 받아 수천만 원씩 사용했다는 것이다. 서로 주고받은 문자의 내용은 더욱 가관이다. 해당 검사가 변호사에게 보낸 다음과 같은 문자 메시지에는 판사 · 검사 · 변호사 간에 이루어진 검은 거래의 과정이 그대로 드러났다.

"(사건 담당 검사에게) 뜻대로 전달했다, (해당 검사가 구속)영장 청구도 고려해 보겠다고 한다", "나쁜 인간, 둘 다 기각했다", "정의감이라곤 없는 판사들 만만한 사람만 구속하나."

문제의 여검사는 또한 고가의 샤넬 가방을 산 뒤, "백값 보내달라"며 자신의 은행계좌 번호를 알려 주면서 가방 값 540만 원을 문자로 요구하기도 했다는 것이다. 보도 내용대로라면 사법적 정의가 사건당 얼마씩의 금전적 가치로 환원되어 거래된 것이다. 법조계에 대한 신뢰를 송두리째 허물어버린 우울하기 짝이 없는 사건이다.

재판 과정에서 돈이 있는 사람이 그렇지 않은 사람에 비해 유리한 판결을 받게 된다는 것은 우리 사회 구성원들의 일반적 인식이다.[1] 피고인에 대한 형량을 정할 때도 경제력의 유무가 영향을 미치는 것으로 사람들은 믿고 있다. 현대차그룹 회장의 횡령 배임 사건에 대한 2008년 6월 판결[2]과 삼성그룹 회장의 배임 및 조세 포탈 사건에 대한 2009년 판결[3] 결과를, 많은 사람이 유전무죄의 전형으로 보고 있다.

---

1) 법무부가 2008년 '법의 날'을 맞아 수도권의 20~49세 남녀 300명을 대상으로 법의식을 설문조사한 결과, 응답자의 91%가 '법보다 재산이나 권력의 위력이 더 큰 것 같다'고 답했다. '기득권층의 위법이 더 큰 문제'라는 대답도 92.7%였다(연합뉴스, 2010.9.7).

2) 서울고등법원은 2008년 6월 3일 회사 돈 693억 원을 횡령하고 비자금 1,034억 원을 조성한 혐의(특정경제범죄가중처벌법의 횡령 배임)로 기소된 정몽구 현대차그룹 회장에 대한 파기환송심에서 정 회장에게 징역 3년에 집행유예 5년을 선고했다. 재판부는 그러나 8,400억 원의 사회공헌 이행과 강연·기고를 사회봉사명령의 내용으로 선고했던 하급심 판결과는 달리 자연·환경보호 활동을 하거나 복지시설에서의 활동 및 단체봉사 활동을 위주로 300시간 동안 사회봉사를 하도록 명령했다(세계일보, 2008.6.3).

3) 삼성 구조조정본부 법무팀장을 지낸 김용철 변호사는 2007년 10월 29일 '삼성그룹 차명계좌 50억 비자금'을 폭로하는 양심고백을 했다. 이 사건으로 이건희 삼성그룹 회장은 2009년 8월 배임과 조세 포탈 등의 혐의로 징역 3년 집행유예 5년 벌금 1,100억 원을 선고받았다. 그러나 정부는 2009년 12월 평창동계올림픽 유치를 명분으로 이건희 삼성 회장에 대해 특별사면하는 조치를 취했다.

그러나 2012년 8월 16일에 있은 서울서부지방법원 형사12부의, 한화그룹 김○○ 회장에 대한 징역 4년의 선고 및 법정구속 판결은 대기업 그룹 총수에 대한 유전무죄 판결 관행이 바뀔 수 있다는 변화의 조짐을 보였다. 이때까지 우리나라에서는 재벌 총수가 관련된 사건에서 재벌 총수들은 '경제 · 사회적 공헌도'를 구실 삼은 판결에서 한결같이 '징역 3년에 집행유예 5년'의 '정찰제 판결'을 받았다. 재벌닷컴에 따르면 1990년 이후 우리나라의 10대 재벌 그룹 총수 가운데 7명이 총 22년 6개월의 징역형 판결을 받았지만, 모두 집행유예를 선고받았다. 집행유예마저도 추후 대부분 사면으로 이어졌다. 한화그룹 총수에 대한 이번 판결은 1심 판결로, 향후 항소심 등의 결과를 지켜보아야 할 것이나, '유전 무죄' 판결의 관행이 깨어질 수 있다는 사법부의 태도 변화 가능성을 보였다는 점에서 의미를 지닐 수 있다.

근년 들어 법조계에 대한 우리 사회구성원들의 신뢰는 급격히 떨어지고 있다. 사회 각 부문의 부패도에 관한 2010년의 한 인식 조사는 사법부 71.1%, 입법부 67.7%, 행정부 64.6%의 순으로, 그동안 부패도

표 8-1 연도별 정치인 · 법조인 · 경찰 · 세무공무원의 부정부패 심각성의 정도(%)

연도	2000	2001	2004	2005	2006	2007	2008	2009	2010
정치인	95.0	96.0	95.8	94.8	91.2	94.6	92.1	94.3	94.5
법조인	76.8	82.6	76.8	72.0	72.0	80.2	81.2	71.6	84.0
경찰	78.6	63.6	69.4	66.4	55.8	60.2	59.4	64.7	67.1
세무공무원	79.6	72.3	78.8	71.8	59.6	63.0	66.1	65.1	63.8

자료: 장지원(2010: 304-318)의 여러 그림과 표를 통합하여 재작성한 것임.

가 상대적으로 낮은 것으로 인식되어 온 사법 영역의 부패도가 가장 심한 것으로 나타나 충격을 주고 있다(장지원, 2010: 294). 이 조사 결과는 또한, 〈표 8-1〉에서 보듯이, 2005년 이후 법조인의 부패도가 정치인보다는 낮으나 경찰공무원, 세무공무원의 부패도보다 크게 높은 것을 나타내고 있다.

사법부는 사회적 공정성 확보를 위한 최후의 보루다. 공정한 사회가 되기 위해서는 경제력의 유무에 관계없이 모든 국민은 법 앞에서 평등해야 한다. '정의와 형평'이 살아 있는 공정 사회는 모든 사회구성원에 대한 엄정하고 공정한 법 집행이 전제되지 않고서는 연목구어(緣木求魚)에 불과하다.

2 '전관예우' 관행으로 포장된 '범죄 행위'

사법적 공정성의 확보는 궁극적으로 독립적 판단을 하는 법관의 윤리 의식에 달려 있다. 「법관 윤리강령」 제3조 1항은 "법관은 공평무사하고 청렴하여야 하며, 공정성과 청렴성을 의심받을 행동을 하지 아니한다."고 규정하고 있으며, 2항은 "법관은 혈연 · 지연 · 학연 · 성별 · 종교 · 경제적 능력 또는 사회적 지위 등을 이유로 편견을 가지거나 차별을 하지 아니한다."고 규정하고 있다.

그럼에도 불구하고 우리 사회에서는 사법적 판결의 공정성을 의심케 하는 '전관예우' 문제가 지속적으로 제기되고 있다. 전관예우 문제는 비록 그것이 재량의 범위 내에서 이루어지는 것이라 할지라도,

전관을 변호인으로 선임했기 때문에 베풀어지는 특혜라면 이는 결코 공정한 사법적 처분이라고 할 수 없다. 전관예우의 문제는 오늘날 우리나라에서 사법 불신을 초래하는 주범으로 꼽힌다. 사법 절차는 사회적 공정성 확보를 위한 마지막 국가 장치라는 점에서 사법 정의를 위협하는 전관예우 관행을 근절하지 않고는 결코 공정한 사회를 구현할 수 없다.

전관예우의 문제는, 앞서 살펴보았듯이, 우리 사회에서 비단 법조계뿐만 아니라 관료 사회 전체로 폭넓게 확산되어 심각한 사회 문제가 되고 있다. 그러나 대부분의 언론은 전관예우 악습에 대해 별다른 문제 의식이 없이, 전직 판검사 출신 변호사들이 1년에 얼마를 벌었느냐 하는 등 흥미 위주의 지엽적 현상에 초점을 맞추어 보도하고 있다. 예를 들어 서울중앙지검의 한 부장검사 출신 변호사는 개업 1년여 만에 100억 원이 넘는 수임료를 벌었다는 등, 의뢰인에게 가장 인기 있는 형사부 부장판사 출신들은 개업 첫해에 통상 20~30억 원까지 벌게 된다는 등 흥미 위주의 보도가 주를 이루고 있다. 한 일간지는 전관예우 실태에 관해 다음과 같이 보도하고 있다.

> 법조계에서는 "20~30년 공직 생활을 2~3년 내에 보상받는다"는 말이 정설이고, 관가(官街)에선 "최소한 연봉이 3~4배 뛴다"는 얘기가 나온다. 국내 굴지 로펌에 취업한 한 검찰 고위간부 출신 변호사는 "월급을 받아보니, 공직에 있을 때보다 '0'이 하나 더 붙었더라"고 했다. 경제부처 고위관료 출신은 법조인보다는 낮지만 역시 상당한 대우를 받는다. "영입 첫해에 차관급은 3억 원 이상, 장관급은 5억

> 원 이상을 받는다"고 한다. 금감원처럼 '사정(司正)' 기능을 겸한 기관은 "국장급은 3억~5억 원, 부원장과 원장급은 5억 원 플러스 알파"라고 한 관계자가 전했다. 국세청 출신도 금감원 못지않은 돈을 받고 영입되는 것으로 전해졌다. 작년에 국내 10대 로펌이 공개한 76명의 '고문' 가운데 62%가 경제 · 금융 · 세무 · 공정거래 분야에서 일했던 고위 공직자로 알려져 있다(조선일보, 2011.1.7).

전관예우 문제는 무엇보다도 사법적 공정성을 훼손함으로써, 사법적 질서를 근본적으로 무너뜨릴 수 있다는 점에서 우려를 불러일으킨다. 2009년 국정감사에서는 대형 로펌 간의 승소율과 무죄율의 차이가 나는 원인이 무엇인지를 둘러싸고 문제가 제기된 바 있다. 김앤장 · 광장 · 태평양 · 세종 · 화우 등 5개의 대형 로펌이 2006년부터 2009년까지 3년간 1,682건을 수임해 14.3%의 무죄율을 기록했는데, 전체 형사사건의 평균 무죄율 1.4%의 10배에 달하는 무죄율을 기록한 것은 전관예우 때문이 아니냐는 문제점이 지적된 것이다. 그리고 2008년 국정감사에서는 2005년부터 2008년까지 3년간 전직 헌법재판관과 연구관이 수임한 사건의 인용률[4]이 16.7%로 전체 평균 인용률 4.8%보다 3.4배 높게 나타난 점을 두고 '헌법적 쟁점을 다루는 헌법소원 사건에서조차 전관예우가 통한다'는 개탄의 목소리가 터져 나왔다.

다른 예를 보자. 일반적으로 대법원에 올라오는 민사사건의 65%는 바로 기각된다. 그러나 담당 변호사가 대법관 출신일 경우 그 기각률

4) 인용(認容, admission)이라 함은 신청인의 주장을 받아들이는 결정을 말한다. 즉, 신청인 또는 청구인의 이의신청 · 심사청구 · 심판청구에 대해 그 신청인 또는 청구인의 주장이 이유가 있다고 판단하여 그 주장을 받아들이는 결정을 내리는 것을 인용이라고 한다.

은 6.6%로 뚝 떨어진다. 그만큼 전관예우 관행이 사법적 공정성을 해치고 있다는 증거다. 변호사들이 수임하는 사건의 성격이나 승패율이 통계적으로 유사할 것으로 가정될 경우, 수임료가 높은 전관을 변호인으로 선정하면 승소율이 10배나 높아진다는 것은 정의의 여신 디케(Dike)가 왼손에 들고 있는 저울이 엉터리라고 말할 수밖에 없다. 황금 저울추가 정의의 주된 잣대로 사용되는 사회를 우리는 어떻게 공정하고 정의로운 사회라 할 수 있겠는가?

전관예우 풍토는 '공정성'을 생명으로 하는 사법 제도의 존재 이유를 근본적으로 부정한다는 데 문제의 심각성이 있다고 하겠다. 그런데 전관 가운데 일부는 더 나아가 범죄적 수법까지 전수시켜 준다는 점에서 법조인들의 가치 규범의 황폐화라는 또 다른 문제점을 찾아볼 수 있다. 한화그룹의 비자금 사건을 담당했던 한 검찰 관계자는 일부 변호사가 피의자들에게 "합리적으로 말이 안 되더라도 계속 우겨라", "팩트(fact)는 잊으라"는 등 허위 진술을 종용하는 '진술 지침'을 준 사실을 확인했다고 밝혀 충격을 주었다. 전직 고관들이 '전관예우' 대접을 받으면서 옛 부하들에게 영향력을 행사하고, 심지어 '허위 진술'까지 종용하여 재판에서 승소하게 되는 일들이 구조적으로 벌어지는 사회를 우리는 사법적 정의가 살아 숨쉬는 공정 사회로 볼 수 없다.

검사 출신의 한 변호사는 전관예우를 전 · 현직 판 · 검사들의 합작에 의한 명백한 '범죄 행위'로 비판한다. 법조인들의 이해관계가 켜켜이 얽혀 벌어지는 전관예우를 '관행'으로 호도해서는 전관예우 문제를 근절할 수 없다. 전관예우는 전 · 현직 법조인들이 담합하여 사법 질서를 근본적으로 파괴하는 범죄 행위임에 틀림이 없다. 과장하자면 전관예우는 '사법적 정의'를 돈으로 사고파는 장사 행위에 다름 아니라고 할 수 있다. 누구보다 앞장서 법을 지켜야 할 법조인들이 관행이라는 미명 하에 저지르는 불법 · 탈법 행위를 그대로 두고 어떻게 법치 질서의 확립을 부르짖을 수 있겠는가. 법치주의의 공정성과 정당성을 내세우려면 무엇보다 먼저 전관예우와 같은 '범죄 행위'를 불식시켜 법조계의 도덕성부터 확립해야 한다.

3 향판 파문으로 드러난 법조계의 음습한 풍토

2011년 1월 드러난 광주지법 향판 선 아무개 부장판사의 부적절한 처신은 그동안 감춰져 왔던 법조계의 치부를 드러내는 계기가 되었다. 향판은 수도권 이외의 한 지역에서 퇴임 때까지 오랜 기간 근무하는 법관을 가리키는 말이다. 대법원은 2004년부터 명칭을 '지역 법관'으로 바꿔 향판 제도를 공식화했다. 향판 제도는 법관의 80%가 서울 근무를 희망하고 있는 현실에서 법관의 잦은 인사 이동과 재판부 변경 등으로 인해 재판의 충실화가 어려운 문제점을 해소하기 위한 목적으로 도입된 것이다. 향판 제도는 그러나 지역 법관이 오랜 기간 같은 지역에 머물면서 동창, 친지 등 지역 토착 세력과 유착하여 사법적 공정성을 해치게 되는 문제점을 지니고 있다.

광주 전남지역에서만 19년을 근무해 온 대표적 향판인 선 판사 사건은 당초 파산부 업무를 처리하면서 무자격자 등 부적절한 사람을 법정 관리기업의 관리인으로 선임한 데서 발단되었다. 그러나 사건이 확대되면서 선 판사에게 쏠린 의혹은 '봐주기 판결', 법정관리인 선임을 둘러싼 금품 수수 의혹 등으로 눈덩이처럼 확대되었다.

선 판사는 먼저 오랜 기간 향판으로 재직하면서 선후배 동창생 등과 밀착하여 적지 않은 봐주기 판결을 한 의혹을 샀다. 그의 중·고교·대학 동창생인 강 아무개 변호사는 선 판사가 담당한 행정재판 등에서 100% 승소율을 기록한 것으로 알려졌다. 그는 선 판사가 행정부 재판장을 담당한 2006년 조세와 각종 허가 관련 소송 9건을 수임해 모두 승소했으며, 선 판사가 형사합의부 재판장이던 2002년에는 수임받은 13건의 구속사건 중 보석 6건을 신청해 100%의 보석 허가를 받았다는 것이다. 2002년 당시 광주지방법원 전체 보석 허가율은 54.8%에 불과했다. 그리고 2009년도에는 광주고법 민사사건 가운데 선 판사 사건 12건을 맡아 9건에서 1심을 뒤집고 승소해 승소율 81.8%를 기록한 것으로 보도되었다. 가장 공정해야 할 재판이 이와같이 재판장과의 개인적 연고에 의해 뒤집어지게 된다면 사법부 판결의 공정성을 과연 누가 신뢰할 수 있겠는가?

선 판사는 그리고 2010년 4월에는 광주일고 동기생인 강 아무개 변호사를 S건설 등 3개 회사의 법정관리인 대리로 선임했는데, 2011년 1월에는 그를 다시 S건설 등 3개 회사의 감사로 선임한 것으로 드러났다. 선 판사는 또한 2011년 1월에는 기업회생 계획안이 가결된 N건설 등 2개 회사의 감사로 친형을 선임했으며, 2010년 9월에는 전문성이 전혀 없는 자신의 전직 운전기사를 모 회사 법정관리인으로 임명해 주도록 후배 판사에게 추천한 것으로 드러났다. 그 밖에도 선 판사의 6년 선배인 박 아무개 씨는 3개 기업의 감사와 관리인을 맡았으며, 10

년 선배인 신 아무개 씨는 2개 기업의 감사에 선임되었다는 것이다. 선 판사는 그 밖에도 법정관리인 내정 과정에서 금품이 오갔다는 진정사건에도 연루되었다.

선 판사 사건의 위법성 여부는 궁극적으로 사법적 판단에 따라 가려질 것이다.[5] 그러나 그 사건을 보는 관점은 언론에 의해 다양하게 제시되고 있다. 좁게는 선 판사의 개인 문제로 한정하고자 하는 시각이 있는가 하면, 지역 법관과 지역 토착 세력의 유착이라는 제도적 관점에서 보기도 하며, 좀 더 근본적으로 외부의 견제에 노출되지 않는 법조계의 구조적 비리라는 관점에서 접근하는 사람들도 있다. 어떻든 적지 않은 법조계 인사들은 선 판사 사건을 "학연이나 근무 인연 등을 활용한 전관예우와 같은 비리 구도"라는 관점에서 비판하고 있다.

선 판사 사건은 공정한 입장에서 재판을 해야 하며 자격 있는 법정관리인을 선임해야 한다는 재판관의 '공적 책무'와, 친구 변호사가 수임한 사건이 승소토록 하고 자신의 친형과 친지들을 법정관리인으로 선임하여 경제적 이득을 얻을 수 있도록 하고자 하는 '사적 이익'이 충돌한 전형적인 이해 충돌 사례로 볼 수도 있다. 법정관리인 선정이 되었건 재판이 되었건 간에 이와 같은 방식으로 사법 메커니즘이 불공정하게 작동한다면 그것은 결코 공정한 사법 질서라고 할 수 없다. 기득권 집단이 끼리끼리 모여 공고한 먹이사슬을 형성하고 있는 이러

5) 선 판사 사건은 2011년 9월 29일 광주지방법원에서 진행된 1심 판결에서 무죄 선고를 받았으나, 대법원은 동년 11월 14일 공정한 재판 진행을 위해 사건 관할을 옮겨달라는 검찰의 신청을 받아들여 2심 재판을 서울고등법원에서 하라는 결정을 내렸다. 한편 선 판사는 형사재판과 별개로 동년 10월 19일 '공정성과 청렴성을 의심받을 행동을 했다'는 이유로 대법원에서 정직 5개월의 징계 처분을 받았다.

한 사회 구조는 힘없고 가난한 소외 계층에게 얼마나 큰 좌절을 안겨 줄 것인가?

향판이 지역 사회와 학연, 지연, 혈연으로 얽혀 무소불위의 지방 권력을 형성하고 있음을 증언하는 사례는 그 밖에도 적지 않다. 지방 근무 경험이 있는 한 현직 검사는 "향판과 향판 출신 변호사들의 행동이 도를 넘었다"고 지적하면서 경험담을 이렇게 전했다. 집행유예 기간에 또다시 범죄를 저지른 폭행범을 '상습폭행 혐의'로 기소하자, 담당 판사가 '일반 상해죄'로 공소장을 변경하는 것이 어떠냐는 의견을 제시해 왔다는 것이다. 상습폭행죄는 벌금형이 없어 실형 선고가 예상되었는데, 담당 판사는 벌금형 선고가 가능한 '일반 상해죄'로 공소장을 변경할 의사가 없는지를 검찰에 타진해 온 것이다. 알고 보니 이 지역 향판 출신 변호사가 사건의 변호를 맡게 되면서 담당 판사를 통해 공소장 변경 의사를 물어왔다는 것이다. 담당 검사가 공소장 변경 요구를 거절하자 이번에는 담당 판사가 재판 기일을 차일피일 미루었다는 것이다. 상습폭행범의 집행유예 기간이 끝난 뒤 선고를 하게 되면 또다시 집행유예 선고가 가능하기 때문에 담당 판사가 고의로 재판을 연기한 것이라고 담당 검사는 말했다.

이와같이 우리 사회의 전통적인 연고주의와 전관예우 악습이 어우러져 지역 법조계의 비리가 구조화되고 있는 것이 오늘의 현실이다. 정치적 · 행정적 권력을 행사하는 다른 정부 기관과는 달리 사법부는 사회 구성원들의 권리를 지켜 주는 최후의 보루로서 사회적 다툼을 공정하게 관리할 공적 책무를 부여받고 있다. 그만큼 법관들에게는 높은 윤리 의식과 공정성이 요구된다.

4 사법 개혁을 가로막는 법조계의 조폭적 풍토

법조계의 뿌리 깊은 불공정 관행을 근본적으로 혁파, 공정 사회를 구현하기 위해서는 사법 개혁이 좀 더 근본적으로 이루어져야 한다. 그러나 법률 제·개정 과정의 주요 길목 곳곳을 지키고 있는 법조 출신 인사들의 집단이기주의적 행태와 가치관이 혁파되지 않고는 그것을 기대할 수 없다.

지난 수십 년간에 걸친 정부의 전관예우 근절 노력이 번번이 좌절된 것도 법조 삼각동맹의 조직적 저항 때문이라고 할 수 있다. 정부는 전관예우 문제를 해결하기 위해 2011년 5월 「변호사법」을 개정(제31조), 판사·검사·군법무관 등은 퇴직 후 1년간 직전 근무지역의 사건을 '수임'하지 못하도록 했다. 그러나 이러한 법 개정 내용은 이전 근무지역에서 퇴직 후 3년간 변호사 '개업' 자체를 할 수 없도록 규정한 30년 전의 「변호사법」에서 크게 후퇴한 것이다.

과거의 「변호사법」(1982. 12. 31. 법률 제3594호) 제10조 2항은 판사·검사·군법무관 등이 변호사의 개업 신고 전 2년 이내의 근무지가 속하는 지방법원의 관할구역 안에서는 퇴직한 날로부터 '3년간' 개업할 수 없다는 규정을 두고 있었다. 그러나 이 규정은 1989년 11월 20일 헌법재판소에서 직업의 자유 등을 침해한다는 이유로 위헌으로 선고되었다. 그리고 1998년에는 대한변호사협회에서 전관 변호사에 대해 개업 신고 전 1년 이내의 근무지에서 퇴직한 날로부터 '2년간' 형사사건을 수임하거나 변론할 수 없도록 하는 변호사법 개정안이 제안했으나, 법무부의 반대로 이루어지지 못했다(윤진수, 2002: 143-146).

전관예우 금지를 위한 변호사법 개정뿐만 아니라 지난 십수 년간 여러 차례 시도된 사법개혁안도 검찰 등 관련 집단의 반발로 번번이 무산되었다. 2005년 5월에는 대통령 자문기구인 사법제도개혁추진위원회(사개추위)가 마련한 형사소송법 개정안에 대해 평검사들이 '수사권 무력화'라고 반발, 집단행동에 나섰다. 평검사 집단은 형사소송법 개정안에 대해 "국민의 참여가 배제된, 일종의 타협에 불과하다"고 평가 절하하면서 "사개추위라는 틀 자체를 깨자"고까지 주장했다. 검찰 집단의 반발에 부닥친 형사소송법 개정안은 결국 국회 법제사법위원회에 상정조차 되지 못한 채 무산되었다.

검찰 집단은 또한 2011년 국회 사법제도개혁특별위원회가 1년 4개월 동안 논의해 온 사법개혁안을 무산시키는 데도 중심적인 역할을 했다. 법무부와 검찰은 2011년 4월 1일, 사법제도개혁특위의 사법개혁안에 대해 전면 반대 입장을 공식화했다. 이날 사법제도개혁특별위원회 공청회에 참석한 법무부 장관은 대검찰청 중앙수사부 폐지, 특별수사청 신설, 경찰 수사개시권 부여 등 사법개혁안을 조목조목 반박하며 '수용 불가' 입장을 밝혔다. 그리고 검찰청에서도 사법제도개혁안에 대해 평검사는 물론 검찰총장 등 검찰 수뇌부까지 일제히 나서 반대 의사를 분명히 밝혔다.

중앙수사부 폐지 문제는 사법제도개혁특별위원회 6인소위원회를 거쳐 여·야당 간에 합의가 이루어져 이미 발표까지 된 사항임에도 불구하고 검찰의 강력한 반발에 직면하여 결국 무산되고 말았다. 경찰수사개시권 등 검찰·경찰 수사권 조정 문제와 관련해서도 검찰총장 등 대검찰청 간부들이 무더기로 사의를 표명하는 집단 행동을 서

습지 않았다.

사법 제도 개혁과 관련하여 검찰이 보인 집단 행동은 많은 문제점을 지닌다. 특히 2005년도 검찰의 집단 행동은 대통령 자문기구인 사법제도개혁추진위원회 위원장과 법무 장관이 합의한 상황에서 나온 것이어서 대통령과 법무 장관에 대한 집단 항명의 성격을 지닌다. 「국가공무원법」 제66조는 공무원의 집단 행위를 엄격하게 금지하고 있다. 공무원의 집단 행동을 단속해야 할 검찰이 스스로 집단 행동을 서슴지 않는 행위는 명백하게 실정법을 어긴 것이다. 당시 지휘 계통을 밟지 않고 소집된 평검사들의 집단 행동은 청와대에 대한 정면 도전으로까지 비춰졌다.

2011년 검찰의 집단 행동도 자신들의 권한 유지를 위한 조직이기주의 차원에서 이루어진 것이라는 점에서 정치권 등의 많은 비판을 받았다. 그러나 더 심각한 문제는 검찰 개혁의 추진 과정에서 불거진 검찰의 정치인 압박 의혹이다. 동년 6월에는 검찰이 국회 사법제도개혁특별위원회 위원장을 맡고 있는 이 아무개 한나라당 정책위 의장의 금융 계좌를 추적했다는 보도가 나오기도 했다. 대검찰청은 이 보도에 대해 "사실 무근"이라고 밝혔으나, 일부 언론은 계좌 추적 사실을 재확인하는 기사를 다시 게재했다. 언론 보도에 의하면, 사법 개혁 논의가 속도를 내던 3~6개월 전 검찰이 모 은행 등에 개설된 이 위원장과 가족, 측근 명의로 된 금융 계좌들에 대한 자금 추적을 했으며, 이 은행이 최근 검찰의 금융 계좌 추적 사실을 이 위원장에게 통보했고, 모 지방검찰청 소속 검사도 이 위원장 측을 찾아가 자금 추적에 대해 설명했다는 것이다. 법질서 유지를 위해 국민으로부터 막강한 권력을 부여받은 검찰이 상급기관에 대한 항명적 집단 행동을 통해 관료제의 위계 질서를 송두리째 무너뜨리고, 개혁을 주도하는 정치인에 대해 공공연하게 압박을 가했다는 보도가 사실이라면 이는 결코 방치되어서는 안 될 국기문란 행위라고 하지 않을 수 없다.

사법 개혁을 저해하는 집단은 비단 검찰 조직에만 국한된 것은 아니다. 국회의 법조 출신 의원들도 변호사들의 직업적 이익을 저해하는 사법 개혁에 대해서는 법률 재·개정 길목마다 지키면서 조직적으로 저지 작업을 펼친다. 사법시험 합격자 수의 확대, 법률 시장 개방, 로스쿨 제도의 도입 등 변호사 집단의 이익을 침해할 우려가 있는 사법개혁안이 논의만 무성한 채 십수 년 동안 국회에 묶여 있었던 것이 그 증거다. 이들 법조 출신 의원은 그러나 변호사 일자리를 확대하는 준법지원인제의 도입과 지역 가정지원을 가정법원으로 승격하는 법안들은 일사천리로 통과시켰다. 법조인 집단의 이와 같은 도둑정치 행태를 방지하기 위해서는 변호사 직역의 이해관계가 걸린 사안의 의사결정 과정에서 율사 출신 의원들의 의결권 행사를 배제하는 제도적 장치를 마련할 필요가 있다.

공정 사회의 구현을 위해서는 무엇보다 먼저 법조 집단의 특권적·집단이기적 풍토부터 바뀌어야 한다. 사법부는 사회적 공정성을 지키는 최후 보루라는 점에서 중요성을 지닌다. 그리고 입법부의 법조 출신 의원들은 법률 제·개정 과정의 주요 길목을 지키고 있다는 점에서 중요성을 지닌다. 법조계 전반의 얽히고설킨 구조적 비리와 뿌리 깊은 불공정 관행이 근본적으로 혁파되지 않고는 공정한 사회를 결코 기대할 수 없다.

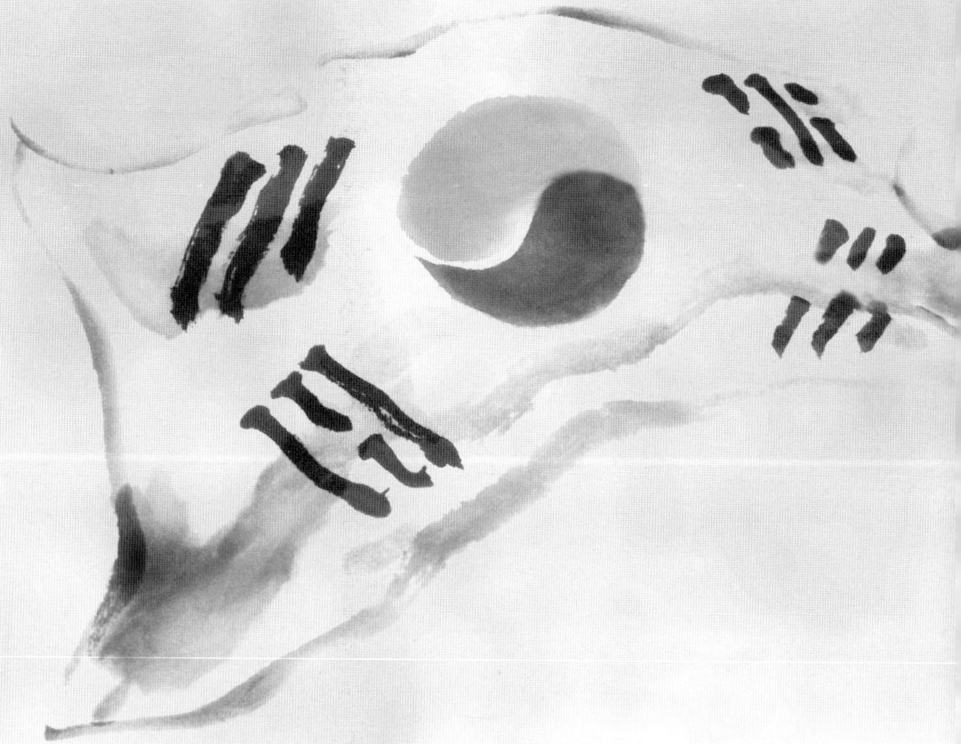

제 3 부

사회적 강자의 이익에 봉사하는 정부 정책과 제도

제 9 장

국가 장치와 제도의 가치 배분 편향성

1 가치의 권위적 배분 체제로서의 정부

"정부는 공공정책을 통해 사회적 가치를 권위 있게 배분하는 기능을 수행한다."

국가는 사회 구성원 개개인의 생활에 가장 강력한 영향을 미치는 제도다. 모든 사회 구성원은 국가의 영향으로부터 이탈할 수 없으며, 개인의 소중한 인권과 자유, 그리고 자아의 실현도 국가 없이는 성취될 수 없다. 그러나 오늘날의 선진 민주국가에서는 국민 개개인의 자유가 폭넓게 인정되며, 국가의 통제력은 한정되어 있다는 생각이 일반화되어 있다(김명, 1995: 42).

국가의 궁극적 목표는 공동체 구성원들의 생존과 발전을 도모하는 데 있다. 국가는 이러한 목표의 달성을 위해 대내적으로 개인 및 집단의 활동을 규제하는 기능을 수행한다. 더 구체적으로 살펴보면 국가는 공공의 안녕을 해치는 범죄 행위를 단속하고 공정한 거래 질서를 흩트리는 불공정 경제 행위를 규제하며, 국민의 건강을 위협하는 공해를 단속하는 등 사회 구성원들의 여러 행위를 통제하고 규제한다. 안게르만(Angermann, 1976: 112)은 국가의 기능과 관련하여 국가를 "…… 관료제적으로 훈련되고, 내부의 질서와 외부로부터의 안보를 책임지며 최고의 권위가 부여된 신시대의 조직국가"로 정의한다(이종수, 2010: 12-13).

국가의 구체적 통치구조로서 정부(government)는 다른 측면에서 보면, 공공 정책을 통해 사회적 가치를 배분하는 기능을 수행한다. 미국의 정치학자 이스턴(David Easton)은 정치 체제를 "가치의 권위적 배분을 위한, 사회 속의 가장 포괄적인 행동 체제"로 정의한다(Easton, 1965: 51-56). 인류의 역사는 사회적 가치의 분배를 둘러싼 갈등과 투쟁의 역사라고 할 수 있다. 동서고금의 무수한 사상가들은 사회적 가치 배분의 합리적 원칙을 찾기 위해 고심해 왔으며, 역사적으로 발전해 온 여러 정치 · 경제 · 사회적 제도는 이러한 가치 배분의 원칙을 제도화한 것이다. 사회적 가치는 이와 같은 여러 사회적 제도와 정부 정책을 통해 배분된다.

자본주의 사회에서 소득 분배는 기본적으로 시장에 의해 이루어진다. 그러나 시장에서의 소득 분배는 개인의 재능과 노력 등의 요인에 따라 결정되기도 하지만 상속을 통해 소유하게 되는 경제적 자원의 영향을 크게 받기에, 순수한 시장경제 아래서의 소득 격차는 더욱 커지는 경향이 있다. 더욱이 시장 기구를 통한 생산력의 증대는 소득의 불평등을 더욱 악화시킬 가능성이 높은 데 비해, 시장 기구 자체는 그것을 시정할 메커니즘을 갖고 있지 못하다. 따라서 시장에 의해 발생하는 소득 격차는 공공 부문의 재분배 기능을 통해 시정되어야 한다. 현대의 재정 정책은 이러한 소득 분배의 공평화를 주요 목표의 하나로 삼고 있다. 그런데 소득 분배 상태를 조정하고자 할 때 제기되는 어려운 문제는 바람직하고 적정한 분배 상태란 어떤 상태를 가리키는가를 판단하는 문제다. 현실적으로 무엇이 적정한 분배 상태인가를 판단하는 것은 경제 분석의 범위를 넘어선, 정치적 과정을 통해 결정해야 할 문제라고 할 수 있다(김동건, 1988: 21, 187).

소득 분배에 영향을 미치는 정부 정책으로는 시장에서의 독점이윤의 배제와 공정거래 제도의 확립 등 여러 가지가 있을 수 있으나, 정부의 가장 직접적인 조치로는 조세 정책과 지출 정책을 들 수 있다. 조세 정책은 정부 활동의 비용을 어느 집단에 얼마만큼 부담하게 할 것인가의 문제와 관련되며, 지출 정책은 세출로 인한 편익과 혜택을 어느 집단에 얼마만큼 분배할 것인가의 문제와 관련된다. 재분배를 위한 조세 수단으로는 소득세의 누진 제도와 면세 제도 등을 들 수 있다. 정부 지출을 통한 재분배 정책의 수단으로는 교육 · 보건 · 주택 등 공공재의 공급, 빈곤층에 대한 각종 공적 부조와 사회보장 제도, 그리고 정부보조금 제도 등을 들 수 있다. 그런데 이러한 재분배 정책은 그 정도가 지나칠 경우 근로 의욕을 저해하고 기업가 정신을 훼손함으로써 국가 사회 전반의 생산성을 떨어뜨리는 부작용을 초래한다.

이른바 형평성(equity)과 효율성(efficiency) 사이에는 상충 관계(trade-off)가 있다. 시장경제 체제를 채택하고 있는 자본주의 국가에서는 따라서 형평성과 효율성 사이의 적절한 균형점을 찾는 것이 중요한 정책적 과제가 된다.

2 정책의 가치 배분 편향성

이스턴이 규정한 바와 같이 정치 · 행정 체제는 공공 정책을 통해 사회적 가치를 배분하는 기능을 수행한다. 그런데 공공 정책은 편익과 비용을 모든 구성원에게 공평하게 배분하는 것이 아니라 불평등하게 배분하는 성질을 지닌다.

우리나라의 대표적인 재분배 정책 가운데 하나는 국민기초생활보장 제도다. 국민기초생활보장제가 사회 구성원의 경제적 지위에 미치는 영향을 생각해 보자. 2011년도 우리나라의 국민기초생활보호 대상자는 약 163만 명으로 추산되고 있으며, 최저생계비는 4인 가족 기준 143만 9,000원으로 책정되었다. 이 수치를 기준으로 가구당 부담과 편익을 계산하면 한 마을의 30가구가 가구당 연 60만 원씩 이웃돕기 성금을 갹출하여 불우이웃 1 가구에 1,800만 원씩을 지원하는 셈이 된다. 이와같이 정부의 여러 정책은 구성원의 사회경제적 지위에 적지 않은 영향을 미친다.

그런데 문제는 정부의 다양한 재분배 정책에도 불구하고 계층 간의 소득 격차는 크게 개선되지 않고 있다는 점이다. 오히려 대부분의 국가에서 소득 양극화 현상은 시간이 흐를수록 더욱 심화되고 있다. 분배 개선을 위한 정부의 다양한 노력에도 불구하고 소득 격차가 커지는 것은 정부의 재분배 정책은 미미한데 비해, 성장 촉진을 위한 여러 경제 정책과 조세 정책 등이 부유집단에 유리하게 작용하기 때문이라고 할 수 있다.

대부분의 정부 정책은, 그것이 비록 특정한 분배 의도를 지닌 정책이 아니라 하더라도, 장기적 · 거시적으로 볼 때 부유 집단의 사회경제적 지위를 강화하는 방향으로 작용한다. 우리나라의 경우 기업이나 자산 부자들이 돈을 벌 수 있었던 것은 개발연대(development decades) 동안 조세 부담이 다른 계층에 집중되었기 때문이라고 할 수 있다(정태헌, 2011). 우리나라에서 1990년대 이전까지는 서민들에게 상대적으로 세 부담이 가중되는 소비세의 집중적 증징(增徵)을 통해 경제개발 재원이 마련되었다. 반면에 기업에는 각종 조세 감면 제도와 공제 제도를 통해 실효세율이 현저히 낮게 적용되었다. 그리고 과세 당국은 행정 편의상 소득이 훤히 들여다보이는 투명유리 안의 근로소득에 대한 과세에 집중하는 반면, 자산 및 자본 소득에 대한 세원 포착과 과세에는 상대적으로 주력하지 않았다. 개발연대 동안 자산 축적을 통해 사회적 영향력이 커진 부유층은 자산과 자본 소득에 대한 과세에 거세게 반발했으며, 이들에 포획된 관료 집단은 친기업 · 친자본 정책으로 호응했다.

일반적인 경제 정책이 소득 분배에 미치는 영향을 좀 더 구체적으로 살펴보자. 어떤 집단에 얼마만큼의 조세 부담을 지우고, 정부 지출의 편익을 어느 계층에 얼마만큼 분배할 것인가 하는 분배 정책이 소득 분포에 영향을 미치는 것은 당연한 일이다. 그러나 공공재(public goods)와 민간재(private goods) 간의 생산 비율을 얼마로 정할 것인가, 어떠한 공공주택을 어느 정도 건설할 것인가, 경제안정화를 위해 어떠한 물가 정책과 고용 정책을 추진할 것인가 하는 일반적 경제정책도 사회집단과 개별 구성원의 경제적 지위에 큰 영향을 미치게 된다.

특히 계급 중립적 정책으로 인식되는 경기부양 정책도 결과적으로 부유 계층에 유리한 분배 효과를 초래하게 된다. 한국 정부는 2010년 말 경기부양책의 일환으로 자금난을 겪고 있는 건설사를 지원하기 위해 수도권 미분양 아파트를 정부가 매입해 주고, 2011년 3월 종료되는 아파트 분양가 상한제와 주택 재당첨 제한의 한시적 폐지를 연장하겠다는 방침을 발표했다. 2011년 3월에는 또한 부동산 경기 활성화를 위해 취득세 50% 추가 감면 대책도 발표했다. 이러한 주택 정책 전환의 주된 목표는 물론 전후방 연관 효과(forward and backward linkage effects)가 큰 건설산업의 활성화를 통해 침체된 경기를 부양하는 데 있다. 그러나 '건설 경기 부양'을 위한 이러한 정부 정책의 혜택이 건설업계와 부동산 자산을 많이 소유한 부유 계층에 돌아갈 것이라는 점은 불을 보듯 뻔하다.

이와같이 대부분의 경제 정책은 부익부 빈익빈을 심화시키는 분배 효과를 초래한다. 문제는 이러한 경기부양 정책에 의해 초래된 부(負)의 분배 효과를 상쇄시키기 위한 개별적 · 대응적 재분배 정책이 시행되지 않는다는 점이다. 그리고 사후적으로 뭉뚱그려 시행되는 복지 정책이 다양한 경제 정책에 의해 초래되는 소득 양극화를 상쇄하기에는 너무나 미미하다고 하겠다. 자본주의 사회에서 시간이 흐를수록 심화되는 소득 양극화 현상을 교정하기 위해서는 정부의 좀 더 적극적인 재분배 정책이 필요한 이유가 여기에 있다.

3 지배집단의 이익에 봉사하는 사회 제도

일상 언어로서의 제도(institution)는 다양한 의미로 사용된다. 국회와 같은 구체적인 기관 또는 조직을 가리키기도 하며, 특정 사회 내에서의 인간들의 '관계'를 의미하기도 하는 바, '가족 제도', '결혼 제도' 등을 예로 들 수 있다. 또한 제도는 개인 상호간의 관계에 질서를 부여하기 위해 사용하는 일단의 규칙으로 정의되기도 한다. 신제도주의(new institutionalism)에서 사용하는 제도의 개념이 이에 해당된다. 예를 들어 크래스너(Krasner, 1988)로 대표되는 역사적 제도주의자들은 제도를 국가와 사회의 공식적 규칙, 순응 절차, 표준화된 운영 관행 등으로 규정한다.

'제도'는 추상적 · 포괄적으로 정의할 경우 "장기간에 걸쳐 지속적으로 반복되는 사회적 질서 또는 패턴"으로 규정할 수 있다. 1993년도 노벨 경제학상 공동 수상자 가운데 한 사람인 노스(Douglass North)는 제도를 다음과 같이 정의한다. "제도란 인간의 상호작용을 구조화하는, 인간이 고안한 제약이다. 그것은 규칙 · 법률 · 헌법과 같은 공식적 제약과, 규범과 행태 · 관습 그리고 스스로 부과한 행동 규범과 같은 비공식적 제약 및 그것들의 강제적 성격으로 이루어져 있다. 그것들은 모두 함께 사회, 특히 경제 부문의 유인 구조를 규정짓는다"(노스의 1993년 노벨상 수상 연설에서 인용).

여기서는 제도를 단순하게 정의하여 법령, 규칙과 같은 공식적 제도를 가리키는 개념(Thelen & Steinmo, 1992)으로 사용하고자 한다. 사회 구성원 간 유형화된 교호작용 관계로서의 제도는 관점을 달리하여 보면, 권력과 부 그리고 명예와 같은 사회적 가치(social values)의 배분 원칙을 안정적으로 유형화한 것이다. 즉, 정치 제도는 정치적 권력의 분배 원칙을 제도화한 것이며, 경제 제도는 부의 분배 원칙을 제도화한 것이다.

롤스(John Rawls)도 사회 제도는 구성원들 간에 권리와 의무를 배분하고 사회협동체로부터 생긴 이익을 분배하는 기능을 수행하는 것으로 파악한다. 그런데 이러한 제도는 특정한 구성원의 사회 · 경제적 출발점을 다른 사람의 출발점보다 유리하게 만드는 편향성을 지니며, 이것이 뿌리 깊은 사회적 불평등을 초래하는 원인이 된다고 롤스는 생각한다. 그는 결국 특정한 사회 체제가 정의로운지의 여부는 기본적 권리와 의무가 어떻게 배분되며, 경제적 기회와 사회적 조건들이 사회 각 부문에 어떻게 할당되는지에 달려 있다고 주장한다(Rawls, 1971: 7).

제도는, 다른 측면에서 보면, 특정한 사회적 상황에서 지배적 집단 또는 지배연합이 자신의 이익을 수호 · 증진하기 위해 만든 사회적 도구라고 할 수 있다. 다시 말하면, 힘 있는 자들이 그 힘을 바탕으로 자신들에게 유리한 가치 배분 구조를 만든 것이 제도인 것이다. 공리주의자 밀(John S. Mill)에 의하면 법이나 기존 도덕에 나타난 집단의 의사는 대체로 그 사회의 유력 계층에 의해 결정된다. 따라서 지배계층이 변하면 그에 따라 법제(法制)도 바뀌게 마련이다(Mill, 1973: 9-10). 원래 제도란 지배집단이 기득권 유지를 위해 만든 것이기에 일체의 확립된 제도는 그 제도의 주인, 즉 지배 권력의 기득권을 보호하기 위한 장치로 기능하는 것은 당연하다고 하겠다. 이러한 관점에서 볼 때 국가 조직을 지배계급의 계급 지배 도구(an instrument of class domination)로 보는 마르크시스트들의 기본 입장도 이해될 수 있다.[1]

오늘날의 신제도주의 경제학자(neo-institutional economist) 가운데도 제도 및 정책을 사회적 강자집단에게 자원을 유리하게 배분하는 메커니즘으로 보는 학자들이 있다. 미국 MIT대학 경제학과의 아제모글루(Acemoglu, 2006: 515)는 정치 권력을 장악한 엘리트 집단은 사회 경제적 자원을 사회의 여타 부분으로부터 그들 자신에게로 직 · 간접적으로 이전시켜 그들의 소득을 증대시키는 정책을 선택하게 된다고 지적한다.

이들 신제도주의 경제학자들은 경제 성장과 성장 촉진적 제도도 그것이 힘 있는 집단의 사적 이익에 도움이 되는 만큼만 추구된다고 주장한다. 이들은 집단 간 사적 이익을 둘러싼 경쟁과 다툼이 일정한 상황에서 균형을 이루게 되면 이 균형 상태가 지속되면서 제도로 굳어지게 된다는 것이다. 그리고 부분 사회의 한 제도가 자리를 잡으면 복잡한 이해 관계의 연결고리들이 뿌리를 내려 더 큰 범위의 사회적 제도로 굳어지게 되며, 이 균형을 깨뜨릴 만큼 큰 외부적 충격이 가해지지

---

1) 헤겔(Georg W. F. Hegel)은 국가를 사회의 특정 집단이나 특정 계급의 이익에 대비되는 일반 이익(general interest)을 대표한다고 보는데 반해, 마르크시스트들은 국가를 부르주아가 그들의 재산과 이익을 수호하기 위해 채택하는 하나의 조직 형태로 본다(Marx, 1969: 77).

않는 한 제도는 쉽게 바뀌지 않는다는 것이다(Posen, 1998; Przeworski, 2004; 유윤하, 2009: 36). 우리 사회에서 종합부동산세 제도의 존치 여부를 둘러싸고 많은 논란이 야기된 2008년도를 전후하여 일부 언론은 우리 사회의 정책 엘리트들이 종합부동산세 중과 대상이 되는 강남지역에 대부분 거주한다는 사실을 지적하면서 이 제도가 머지않아 유명무실화될 것이라는 점을 예측하기도 했다.

법과 규칙은 일반적으로 공평할 것으로 기대된다. 그러나 페어플레이가 강조되는 운동경기에서조차 규칙은 불공평하게 정해질 수 있다. 권투나 씨름 경기가 체급별 경기로 치러지는 데 비하면 신장 제한이 없는 농구나 배구의 경기 규칙은 키가 큰 백인들에게 유리한 경기 규칙이라고 할 수 있다. 이와 같은 관점에서 제도의 본질을 이해한다면, 현실적인 법과 제도는 모든 구성원에게 혜택과 부담을 공평하게 분배하는 균형잡힌 천평칭(天平秤)이 아닌, 제도 주인의 이익에 봉사하는 수단으로 볼 수 있다. 제도뿐만 아니라 일반 정책도 사회에 편재된 계서제 구조를 거치게 되면서 사회적 강자집단의 이익에 봉사하는 방향으로 운용된다.

4 국가는 계급 중립적 조정자인가?

"시민정부는, 그것이 재산의 안전을 위해 조직된 한, 사실은 부자를 가난한 사람들로부터 보호하기 위해 만들어진 것이다(Civil government, so far as it is instituted for the security of property, is, in reality, instituted for the defense of the rich against the poor, or of those who have property against those who have none at all.)." — 『국부론(*The Wealth of Nations*)』

국가 또는 국가관료제가 계급적 성격을 지니는지에 관한 문제는 국가의 본질적 기능에 대한 이해로부터 접근될 수 있다. 국가란 누구를 위한 국가이며, 국가 관료는 어느 계급의 이해를 반영하는가? 국가이론(theory of the state)은 다양한 기준에 의해 다양하게 분류할 수 있으나, 여기서는 정통 마르크스주의에 입각한 도구주의(instrumentalism) 국가론과 그 대척점에 있는 다원주의(pluralism) 국가론, 그리고 절충적 입장을 취하는 네오마르크시즘의 구조주의(structuralism) 국가론으로 나눠 살펴보고자 한다.

자유민주주의 체제를 옹호하는 다원주의 국가론은 국가를 사회 내에 존재하는 다양한 집단의 이익 갈등을 중재하고 해결하는 '공정한 심판관(fair referee)' 또는 '공정한 조정자(impartial arbiter)'로 파악한다. 이러한 다원주의 국가론은 국가란 기업과 정치사회적 계급(estates) 등 특수이익 집단들에 맞서 일반 이익(general interest)을 대표하는 기능을 수행한다고 보는 헤겔(Georg W. F. Hegel)의 국가관과 맞닿아 있다. 헤겔은 국가 장치로서의 관료제를, 국가와 시민 사회를 조정하는 메커니즘으로 이해한다.

정통 마르크스주의 국가이론으로서 도구주의 국가론은 국가를 단순히 '지배계급의 도구'로 본다. 마르크스는 국가와 시민 사회를 구분하는 헤겔의 관점은 수용했으나, 국가가 일반 이익을 대표한다는 주장은 받아들이지 않았다. 그는 국가란 부르주아가 그들의 재산과 이익을 수호하기 위해 필연적으로 채택하는, 한 조직 유형에 불과하다고 보았다(Marx, 1969: 77). 마르크스 이론은 자본주의 국가 체제는 부르주아 이익을 위한 착취 기구이며, 자본주의 사회가 공산주의 사회로 진행함에 따라 국가는 소멸하게 된다는 기본 인식을 가진다. 즉, 마르크시즘은 기본적으로 국가를 자본계급, 즉 경제적 지배계급의 지배를 가능케 해주는 도구에 불과한 것으로 본다. 따라서 마르크스 이론에서는 사회를 지배하는 통제 기구로서 관료제는 지배계급에 대해 중립성이나 자율성을 지니지 못하는 것으로 간주된다. 마르크스주의자들은 국가가 일정한 발전 단계에서는 독립성을 지닐 수 있으나, 일단 부르주아가 지배계급으로 스스로를 확립하게 되면 국가는 독립성을 상실하고 단지 지배계급의 대리인(agent)으로 전락하게 된다는 것이다.

마르크스는 1848년 집필한 『공산당선언(*Manifesto of Communist Party*)』에서 "현대 국가의 집행부는 부르주아의 공통적 사무를 관리하기 위한 위원회에 불과하다"고 기술하고 있다(Marx & Engels, 1969: 110-11; Etzioni-Halevy, 1983: 9-10). 오늘날 틸리(Tilly, 1975: 638)와 같은 학자도 정부를 지배계급 연합으로 본다. 이러한 관점은 도구주의 국가론으로 불린다.

한편 네오마르크시스트 국가이론 가운데 하나인 구조주의 국가론은, 정통 마르크스주의의 세계관에 기초하면서도 국가를 단순한 지배계급의 도구로 보는 소박한 마르크스주의 국가론과는 달리, 국가의 상대적 자율성을 인정하는 이론을 말한다. 즉 국가를, 기본적으로는 자본가 계급을 보호하나, 상황에 따라서는 일부 자본을 규제하는 능력도 보유한 존재로 보는 이론을 말한다. 국가도출론으로도 불린다. 구조주의 국가론은 국가를, 특정 사회의 지배계급이 자신의 계급 지배를 관철시키기 위해 배타적으로 권력을 장악하고 있는 정치적 장치로 보는 마르크스주의의 입장을 취하면서도, 국가를 지배계급의 도구로만 파악하는 도구주의의 환원론적 입장을 배격한다.

구조주의 국가론은 자본주의 국가가 '구조화된 총체성'에 의해 지배계급의 이해를 대변한다고 보는 한편 '사회적 응집 인자'로서 상대적 자율성도 지닌다고 본다. 즉, 경제에 의해 정치가 결정된다고 보는 마르크스주의의 경제결정론을 극복, 경제에 의해 정치가 결정되는 것이 아니라 각각 분리되어 있는 경제와 정치 모두가 자본 관계에 의해 파생된 사회적 관계의 두 형태라고 보는 국가도출학파(state derivation school)의 입장이 이에 해당된다. 오페(Claus Offe), 프랑켈(Boris Frankel), 하버마스(Jürgen Habermas), 오코너(James O'Connor) 등이 이러한 관점을 취한다. 이들은 국가가 하는 일은 자본주의 메커니즘이 주축을 이루는 가운데 그 속에서 제도적 질서를 유지할 뿐만 아니라, 계급 적대감(antagonism)을 중재한다고 생각한다는 점에서 도구주의 입장을 거부한다고 하겠다(Offe & Ronge, 1982: 249-256).

국가의 본질에 관한 이론 가운데서도 특히 엥겔스의 통찰력은, 그것이 비록 19세기에 기술된 것이지만, 오늘날의 자본주의 국가의 특성을 이해하는 데 많은 시사점을 준다. 특히 그가 지칭한 가장 고차적 국가 형태(the highest form of the state)인 민주공화국(democratic republic)에서 자본가 집단이 어떻게 국가를 통제하게 되는지에 관한 그의 주장은 아주 설득력이 있다. 그는 일반적으로 국가는 경제적 지배계급(economically dominant class)의 도구로 기능한다고 주장하면서, 역사상의 많은 국가에서 시민의 권리는 그들의 부(富)에 비례하여 분배되어 왔다고 주장한다(Engels, 1908: 284). 그는 그러나 비록 국가가 경제적 지배집단의 도구로 기능한다 하더라도 상호 투쟁하는 계급집단이 균형을 이루게 되는 '예외적 시기'에는 공공 권력이 중재자(mediator) 역할을 하는, 즉 일정한 독립성을 지니게 된다는 점을 인정한다(Engels, 1908: 209).

국가가 지배계급의 도구로 기능하는가 또는 상당한 자율성을 지니고 계급 간의 조정자(arbiter) 역할을 수행하느냐 하는 문제는 시대적 정치적 상황에 따라 다를 것이다. 즉, 국가는 특정한 정치적 환경에 따라 지배계급의 도구 구실에 충실할 수도 있을 것이며, 지배적 집단을 압박하면서 집단 간 조정자 역할을 자임할 수도 있다. 그러나 조정자라고 하여 의미 그대로 중립적일 것으로 기대할 수는 없다. 조정은 결코 진공 상태에서 이루어지는 것이 아니며, 기존의 계급적 질서의 유지라는 틀 속에서 이루어진다. 결국 거시적 시각에서 볼 때, 국가기구는 궁극적으로는 지배집단 또는 지배연합의 이익을 옹호하는 장치로 기능한다고 하겠다.

민주공화국 체제를 채택하고 있는 오늘날 대부분의 국가는 물론 특정한 개별 집단의 이익보다는 국민 전체의 이익을 내세우면서 '감시(surveillance)'와 '조정(arbitrating)'의 역할을 강조할 수밖에 없다. 그러나 국가가 감시자와 조정자의 역할을 실질적으로 수행할 수 있는 상황은, 엥겔스가 1884년에 언급했듯이 상호 투쟁하는 계급집단이 힘의 균형을 이루게 되는 예외적 시기에나 가능한 일이다. 그렇다고 국가는 공정한 사회 질서의 구축을 위한 균형자로서의 노력을 결코 포기해서는 아니 될 것이다.

제 10 장

제도의 진화와 왜곡

1 사회적 제도의 진화 과정

특정한 사회 제도는 일단 한번 형성되면 쉽게 변화하지 않는 속성을 지닐 뿐만 아니라 계속해서 강화되는 경향성을 지닌다(Knight, 1992). 대부분의 제도주의자들은 확립된 제도가 상황에 따라 쉽게 변화하는 것이 아니라 그 속성을 그대로 지속시키려는 관성을 지닌다는 점을 지적한다. 합리적 선택 제도주의자들(rational choice institutionalists)은 '제도적 균형'을 하나의 규범으로 본다(Steinmo, 2001). 그들은 게임의 규칙이 안정되어 있는 정상 상태 속에서 행위자들이 그 제도에 적응하면서 그 속에서 그들의 효용, 즉 사적 이익의 극대화를 추구한다고 주장한다. 비록 모든 사회집단이 특정한 제도적 구조에 만족하는 것은 아니라 하더라도 그 제도로 인해 이득을 보는 주요 동맹 세력들이 제도 변화가 초래할 불확실성 때문에 제도의 변화를 꺼리게 되기 때문이라는 것이다(Shepsle, 1986).

그러나 제도는 혁명 또는 정권 교체와 같은 변혁기를 맞아 사회집단 간 세력 균형이 깨어질 때 변화의 계기를 맞게 된다. 일부 학자는 제도가 전쟁이나 공황 등 외부 충격에 의해 변화한다고 주장하기도 하나, 근래에 들어 역사적 제도주의자와 사회학적 제도주의자들은 제도의 내적 모순과 균열 등 내부적 요인에 의해 제도 변화가 일어난다고 주장한다. 즉, 제도는 단일 논리나 요소로 구성되어 있는 것이 아니라 복수의 이질적인 논리 혹은 요소로 구성되어 있는 바, 제도를 구성하는 이러한 요소들 간의 균열과 갈등이 제도 변화의 주요 요인이 된다는 것이다(Orren & Skowronek, 1994).

학자들은 제도 변화의 설명 요인으로 특히 권력 자원의 변화를 강조한다. 노스(North, 2005)는 제도 변화가 기존 이익을 저해하게 된다고 판단되면 현존 제도에서 의사결정을 할 수 있는 위치에 있는 사람들이 제도 변화를 방해한다고 주장한다. 결국 제도 변화의 폭과 방향은 현존 제도의 수혜자들과 더 많은 것을 차지하고자 하는 도전자들 간에 권력 자원이 어떻게 배분되었는가에 따라 달라진다고 하겠다(하연섭, 2006: 230-231; 김태은, 2009).

제도 변화에 대한 저항 현상은 무의사결정(無意思決定, non-decision making) 또는 항상성(恒常性, homeostasis)의 개념에 의해서도 설명될 수 있다. 무의사결정은 지배집단의 가치나 이익에 대한 잠재적 도전 가능성이 있는 정책 문제가 정책의제(政策議題, policy agenda)의 지위에 도달하기 이전에 정책 관련자들이 폭력 또는 편견을 동원하여 질식시키거나, 집행 단계에서 좌절시키는 것을 말한다. 즉, 사회의 지배적 가치와 신화 그리고 정치적 기관과 절차 등을 지배집단이 조작함으로써 의사결정의 범위를 안전한 이슈에만 한정시키는 현상을 바흐라흐(Peter Bachrach)와 바라츠(Morton Baratz)는 무의사결정이라 명명했다(이종수, 2009). 1970~80년대의 권위주의 시절 학생집단과 종교집단 등 사회 일각의 민주화 요구를, 주요 사회적 편견 가운데 하나인 적색공포증(red complex)을 동원하여 억압하려 한 당시 집권 세력의 대처 방식은 무의사결정의 전형적 사례다. 사회생물학자들은 또한 내적 · 외적 환경의 변화에 적응하여 안정 상태를 유지하려고 하는 유기체의 속성, 즉 항상성의 개념을 사회 현상의 설명에 활용한다.

유기체가 되었건 사회 체제가 되었건 모든 체제는 기존의 균형 상태를 유지하려는 관성을 지닌다. 이와같이 기존의 균형 상태를 지속시키려는 보수적 속성을 지닌 체제는 특별한 변화의 계기를 맞아 진화하게 된다. 사회적 제도는 특히 관련 집단 간의 권력 균형의 변화가 있을 때 진화의 계기를 맞게 된다. 이때 새로이 권력을 장악하게 된 지배집단 또는 지배집단 연합이 자신들의 이익에 유리한 방향으로 게임의 규칙을 정하게 되면서 제도 변화가 이루어지게 되는 것이다.

2 제도의 왜곡과 기득권의 강화 과정

사회적 제도와 법률은 설계 초기에는 집단 간의 균형을 반영하여 비교적 공정한 원칙을 담게 된다. 그러나 시간이 흐르면서 관련 집단 간의 힘의 균형이 기울거나 당초부터 잠재되어 있던 불균형이 드러나게 되면서 제도는 지배집단의 이익을 강화하는 방향으로 왜곡되게 마련이다. 각종 법규에 덧붙여지는 단서 조항과 특례 조항을 통해 그리고 법 규정 자체의 개정 작업을 통해 기득권의 이익이 강화되는 것이다. 현실에 적합하지 않은 법 규정을 '현실화'한다는 명분 아래 간단한 단서 조항을 부가하거나, "……을 원칙으로 한다"는 간편한 자구 수정을 통해 폭넓은 예외를 허용하게 되는 것이 그 예에 해당된다. 이러한 단서 조항과 특례 규정의 삽입은 언론과 시민단체, 학계 등 사회적 감시 장치를 손쉽게 피할 수 있다는 점에서 제도의 주인과 사회적 강자집단이 즐겨 사용하는 수법이다.

「공공기관의 정보 공개에 관한 법률」의 제·개정 과정에 대해 생각해 보자. 이 법은 행정의 투명성과 공정성 그리고 국민 편의를 제고하기 위해 행정정보를 폭넓게 공개한다는 취지로 1998년 제정되었다. 그러나 2006년의 법 개정 과정에서 제9조 ③항("공공기관은 제1항 각 호의 범위 안에서 당해 공공기관의 업무의 성격을 고려하여 비공개 대상 정보의 범위에 관한 세부 기준을 수립하고 이를 공개하여야 한다.")을 신설, 비공개 대상 정보의 범위를 당해 공공기관이 스스로 정할 수 있도록 함으로써 법 제정의 당초 취지를 사실상 무효화하는 법 개정이 이루어지게 되었다. 법 개정 과정에서 일부 시민단체가 성명서, 토론회 등을 통해 강력한 반대 의견을 표출했으나 언론과 국회 등 정책공동체(policy community)의 다른 구성원들은 '사소한 단서 조항의 개정'이라는 관점에서 적극적 관심을 갖지 않았다. 행정정보의 공개 범위를 축소한 이 개정 작업은 제도 운영 과정에서 관련 규정이 현실과 부합되지 않아 이루어진 것으로 단순하게 생각할 수도 있을 것이다. 그러나 다른 한편으로는 폭넓은 행정정보의 공개가 자신들의 이익을 침해하는 것으로 판단한 관료, 기업 등 기득권 집단이 자신들의 기득권 보호를 위해 법 개정을 추진한 것으로 볼 수도 있다.

공기업사장추천위원회 관련 규정의 개정 과정을 보더라도, 제도의 주인인 기득권 집단의 이익에 부합되는 방향으로 제도가 왜곡되는 것을 볼 수 있다. 이 경우에도 공모 절차 중 일부 단계를 생략할 수 있도록 허용하거나 다른 절차로 대체할 수 있도록 하는 '사소한 단서 조항의 개정'이 그 수단으로 활용된다. 이러한 단서 조항의 개정은, 상황에 따라서는 '기관장 공모' 제도의 취지 자체를 훼손, 임명권자의 자의적 권한 행사를 정당화시켜 주는 장치로 이 제도를 변질시켜 버리는 결과를 초래하게 된다. 겉으로는 추천 절차가 현실과 부합되지 않는다는 명분이 내세워지지만, 숨은 의도는 역량을 갖춘 인물보다는 정치 권력 또는 기관장의 입맛에 맞는 인물이 임명될 수 있는 방향으로 제도 운영을 교묘하게 왜곡시키는 것이라고 하겠다.

제도 설계의 취지와 실질적인 제도 운영이 괴리되는 사회적 제도 운영의 이중성을 우리는 주변에서 어렵지 않게 찾아볼 수 있다. 기관장추천위원회가 자격 기준을 충족한 복수의 후보자를 추천했음에도 불구하고 역대 정권이 뚜렷한 이유도 제시하지 않은 채 여러 차례 재공모 절차를 다시 밟은 것은, 제도의 왜곡과 제도 운영의 이중성이라는 관점에서 이해할 수 있다.

국회의 예산결산위원회 계수조정소위원회 관련 규정의 개정 과정에서도 의원들의 기득권을 강화하는 방향으로 제도 운영이 왜곡되어 간 것을 볼 수 있다. 2000년 초 경실련 등 시민단체들이 계수조정소위원회의 회의 공개를 요구하는 헌법소원을 제기하자 국회는 동년 2월 「국회법」 개정을 통해 계수조정소위원회 회의를 공개한다는 규정을 마련하게 되었다.[1] 그러나 계수조정소위원회 회의가 공개됨으로써 선심성 민원사업들을 예산에 무분별하게 끼워 넣는 의원들의 돼지구유통(pork barrel)[2] 행태가 언론에 적나라하게 보도되는 등 회의 공개에 따른 부작용이 심해지자, 국회는 아예 회의장 공개 자체를 거부하는 방향으로 제도 운영 방식을 바꿔버린 것이다. 즉, "소위원회의 의결로 공개하지 아니할 수 있다."는 단서 조항을 활용하여, 회의 공개 원칙을 천명한 입법 취지를 우회하는 편법이 동원되었다. 단서 조항의 당초 취지는 '외교 · 국방 등 안보' 관련 회의와 민감한 경제 사안을 다루는 회의 등을 공개하지 않을 수 있도록 하자는 것임에도 불구하고, 대부분의 회의를 공개하지 않는 방향으로 제도 운영 자체가 왜곡되어 버린 것이다.

결국 일체의 사회적 제도는 제도의 주인이라 할 수 있는 지배집단의 이익을 옹호하는 도구로 활용되는 바, 그것이 비록 제도 형성 초기에는 국민 모두에게 공평하게 봉사한다는 계급 중립적 이상을 지향한

1) 경실련은 1998년 12월 4일, 국회가 경실련 예산감시위원회 모니터링 팀의 예산결산위원회 계수조정소위원회에 대한 방청을 불허한 행위에 대해 "헌법에 위반된다"며 헌법재판소에 헌법소원을 냈다. 시민단체의 이러한 저항에 부딪친 국회는 2000년 2월 「국회법」을 개정, 소위원회 회의의 공개 원칙을 다음과 같이 규정하게 되었다. [국회법 제57조 ⑤소위원회의 회의는 공개한다. 다만, 소위원회의 의결로 공개하지 아니할 수 있다.] 〈신설 2000.2.16〉.

2) 돼지구유통(pork barrel)이라는 정치 용어는 선심성 지역구 사업 예산을 확보하기 위해 서로 다투는 의원들의 바람직스럽지 못한 행태를 가리키는 말이다. 즉, 예산 확보를 위해 다투는 의원들의 행태를, 농장주가 구유통에 돼지고기를 던져 줄 때마다 모여드는 노예에 비유한 말이다.

다 하더라도 시간이 흐르면서 기득권의 이익을 강화하는 방향으로 제도가 변질 · 왜곡되는 것을 볼 수 있다. 상황에 따라서는 법 규정 자체는 바뀌지 않는다 하더라도, 법령의 재해석과 관행의 왜곡을 통해 기득권이 강화되기도 한다.

3 목표 전도와 상위 규범의 무력화

일선 행정기관의 업무 처리 과정에서는 국회에서 만든 '법률'보다는 행정부에서 만든 시행령이나 규칙, 규정, 내규, 지침 등 하위 규정이 더 직접적 기준으로 작용한다. 목표가 수단에 의해 대치되거나 목표-수단의 우선순위가 바뀌게 되는 이른바 목표 전도(displacement of goals) 현상이 나타난다.

법령 체계의 최상위 규범으로서 헌법은 국가 통치의 기본 원리를 담고 있다. 인류 사회의 보편적 가치나 기본 원칙을 표명한 상위 규범들은 그러나 그 추상성으로 인해 현실 세계에 대한 작용력이 약할 수밖에 없다. 그에 반해 시행령과 규칙 등 하위 규정에서 구체적으로 표명된 수단적 가치는 오히려 상위 규범의 본질적 가치를 압도할 정도로 실질적 작용력이 강해진다. 최하위 규정인 내규와 지침의 단계에 이르면 당초의 보편적 가치 규범은 형해화(形骸化)되고, 수단적 가치만 남게 된다. 하위 규범으로서 내규와 지침이 상위 규범보다 더 직접적 기준으로 작용함에도 불구하고, 사회 구성원들은 하위 규범의 작성 과정에 대해서는 특별한 관심을 갖지 않는다. 왜냐하면 내규와 지침에 대해서는 이해당사자가 한정되어 있고 관심 가진 사람이 적기 때문이다.

사회적 감시 체계의 사각지대에서 만들어지는 이러한 하위 규범들이 사회적 강자집단의 이익을 옹호하는 수단으로 작용, 사회적 게임의 공정성을 훼손하는 주된 통로가 된다는 데 문제의 심각성이 있다. 헌법과 같은 상위 규범의 제 · 개정 과정에서는 시민 사회의 총체적 감시 속에서 여 · 야당이 논리적 정당성을 다투게 됨으로써 비교적 공정하고 균형 잡힌 규범이 만들어질 가능성이 높다. 그런데 사회적 감시가 결여된 밀실 속에서 만들어지는 내규와 지침의 작성 과정에는 반대 집단의 이익이 투입될 통로가 없다는 점에서 그만큼 공정성의 기준이 도외시될 가능성이 높은 것이다.

내규와 지침이 행정 실무 과정에서 얼마나 중요한 역할을 하느냐 하는 점은 1996년 정보통신부의 개인 휴대통신(PCS) 사업자 선정 및 2011년 방송통신위원회의 종합편성 · 보도전문 채널 심사 과정에 불거진 심사 결과의 공정성 시비에서 찾아볼 수 있다. PCS 사업자 선정과 종합편성 · 보도전문 채널 선정 작업은 두 사업 모두 황금알을 낳는 거위로 인식되어 관련 산업계의 초미의 관심거리가 되었었다. 이 두 사건 모두 해당 기관에서 자의적으로 만든 선정 기준이 문제가 되었다. PCS 사업자 선정 과정에서는 특히 기존의 심사 기준을, 심사 도중에 기관장이 임의적으로 바꿈으로써 순위가 뒤바뀌게 된 것이 문제가 되었다.

1996년 당시 이 아무개 정보통신부 장관은 PCS 사업자 선정 과정에서 불거진 불공정성 시비로 그후 구속 · 기소되는 홍역을 치렀다.

그는 PCS 사업자 선정 과정에서 청문심사 배점 방식을 특정 회사에 유리하게 변경하도록 지시하는 등 관련 업체들이 공정한 심사를 받을 권리를 방해한 혐의(「형법」 제123조 직권남용 권리 행사 방해)로 2001년 4월 검찰에 구속 기소됐다. 검찰은 구속영장에서 "이씨가 1996년 5월 PCS 사업자 선정 과정에서 LG텔레콤 측에 유리하도록 심사 요건에 '도덕성' 항목을 추가하고 청문심사의 배점 방식을 '평균 배점'에서 '전무(全無) 배점' 방식으로 일방적으로 변경토록 지시하는 등 직권을 남용한 혐의를 받고 있다"고 지적했다. 이후 이 장관은 1심에서 징역 1년 집행유예 2년을 선고받았으나 항소심 및 대법원에서 무죄를 선고받았다. 대법원 재판부는 "피고인이 PCS 사업자 선정 배점 방식을 임의로 바꾸도록 지시하는 등 직권을 남용한 사실은 인정되지만 그로 인해 특정 업체가 불공정한 대우를 받게 됐다고 보기는 어렵다"고 무죄 이유를 밝혔다.

PCS 사업자 선정 도중에 심사 기준을 바꾼 것은, 마치 대학 입시에서 가채점을 해본 결과 특정 수험생이 불합격될 것으로 판단되자 채점 기준을 변경함으로써 수험생들의 당락을 바꾼 것과 같다고 하겠다. 이것은 명백한 부정 행위에 해당된다.

2011년 1월 방송통신위원회의 종합편성 · 보도전문 채널 심사 과정에서도 유사한 시비가 일었다. 보도채널 탈락사인 CBS와 언론개혁시민연대 등은 방송통신위원회가 종편과 보도채널사업자 심사를 불과 1주일 만에 해치웠다고 하면서 심사 기준과 심사위원의 구성 및 절차상의 문제점 등을 제기하고 나섰다. 이 모든 시비가 행정기관에서 임의적으로 작성되지만, 심사 과정에서 절대적 영향력을 발휘하게 되는 내규 · 지침과 같은 하위 규정의 공정성 문제에서 비롯된 것이라고 할 수 있다.

따라서 사회적 게임의 공정성을 제고하기 위해서는 내규나 지침과 같은 하위 규범 작성 과정에서의 공정성 확보에 더 많은 사회적 관심을 기울여야 할 것이다. 그리고 법규의 초안 작성 단계에서부터 "단, ……의 경우는 예외로 한다"는 등의 예외 규정이 군더더기처럼 붙지 않은 순수 규정으로 만들 필요가 있다. 행정적 · 사회적으로 문제가 야기된 사건들은 결국 사소한 단서 조항에서 문제가 발단된 것임을 많은 경험이 증언해 준다.

또한 공정성 확보의 핵심 요건이 되지만 하위 규정에 위임됨으로써 기관장의 의중에 따라 임의대로 변경될 수 있는 심사 기준에 대해서는 좀 더 엄정한 제도 운영 장치를 마련한 필요가 있다. 예를 들어 인사 승진 기준이나 사업자 선정 기준을 작성할 때는 그것이 비록 '사소한' 하위 규범의 소관 사항이라 할지라도, '사전(事前)'에 특정 기구의 '공정성 심사'를 거쳐 확정토록 하는 것도 한 방안이 될 수 있다.

개인 휴대통신 사업자 선정 과정에서 보듯이, 기관장이 임의적으로 바꾼 심사 기준에 의해 탈락된 측은 그 심사를 어떻게 공정한 것으로 받아들일 수 있겠으며, 이러한 불공정 행위가 일선 행정기관에서 일상적으로 발생하고 그러한 행위가 재량권의 이름으로 용인된다면 우리는 그와 같은 정부를 어떻게 공정한 정부라고 부를 수 있겠는가?

제 11 장
사회적 공정성은 왜 필요한가?

1 공동체 기반으로서의 공공성과 배려

"공동체의 유지 · 발전을 위해서는 사적 이익을 넘어 타인의 이익까지 배려하는 공공성(publicness)의 가치가 기반이 되어야 한다."

아리스토텔레스(Aristoteles) 이래 인간은 사회를 형성하고 그 속에서 정치적 상호 관계를 맺으면서 살아가는 '정치적 동물'로 묘사되어 왔다. 이상적 사회 또는 이상적 인간관계가 무엇인가의 문제를 붙들고 씨름해 온 대부분의 사상가는 공정성이 사회 통합의 기초가 된다는 점을 공통적으로 지적하고 있다.

많은 사상가가 공정 사회 구현의 당위(當爲)의 근거를, 정치공동체를 구성하여 그 속에서 살아가는 인간의 생활 방식에서 찾는다. 사회 공동체의 핵심 개념은 공공성(publicness)이다. 공공성의 개념에는 이기적 관심 또는 사적 이익(self-interest)을 넘어 타인의 이익까지 고려하는 '성숙(maturity)'의 개념에 더해, '공동(common)'과 '배려(care with)'의 의미가 부가되어 있다. 국가 사회라는 공동체를 함께 이루고 유지하기 위해서는 사적 이익을 넘어 타인의 이익까지 배려하는 구성원들의 관계가 중요한 의미를 지닌다.

프레데릭슨(Frederickson, 1989: 2-3)은 '공공(public)'의 의미가 어원적으로 두 출처에 뿌리를 두고 있다고 주장한다. 그 하나는 그리스어 '*pubes*'로, 성숙(maturity)을 뜻한다. 그리스어에서 성숙은 신체적, 정서적 또는 지적 성숙을 의미한다. 그 속에는 이기적 관심 또는 사적 이익으로부터 자기 자신을 넘어 타인의 이익을 배려하는 것도 포함된다. 성숙은 또한 개인의 행위가 타인에게 미치는 결과를 이해하는 '능력'을 의미한다. '공공'은 어른의 상태로 성장하는 것과, 동시에 개인과 타인과의 관계를 이해하며, 그 관계를 보는 능력을 의미한다.

'공공' 개념의 또 하나의 근원은 그리스어 '*koinon*'으로, 그것에서 영어의 '공동(common)'이라는 어휘가 파생되었다. '*koinon*'은 또 다른 그리스어 '*Komm-ois*'에서 파생된 바, 그것은 '배려(care with)'의 의미를 지닌다. '공동'과 '배려'는 둘 다 '관계(relationship)'의 중요성을 나타낸 것이다. '성숙'이라는 개념에 '공동'과 '배려'라는 의미가 부가되면, '공공'의 개념은 타인과 함께 일한다는 것을 의미할 뿐만 아니라, 타인을 돌본다(looking out for others)는 의미까지 덧붙여지게 된다(이종수, 2010). 더불어 함께 사는 진정한 공동체가 되기 위해서는 그 속에서 이루어지는 경쟁이 공정해야 할 뿐만 아니라, 경쟁에서 낙오한 사람들에 대한 배려와 따뜻한 보살핌도 있어야 한다.

20세기 후반에는 '배려(care)'를 핵심 개념으로 하는 배려윤리설(ethics of care)이 대두되었다. 배려설은 무엇이 특정 행위를 옳거나 그르게 하는지에 관심을 갖는 규범윤리이론(normative ethical theory) 가운데 하나다. 당초 길리건(Gilligan, 1982, 1986)과 노딩스(Noddings, 1984) 등이 주창했으며, 그 뒤 트론토(Tronto, 1987 및 1998), 키타이(Kittay, 1999, 2001), 헬드(Held, 1984, 2006) 등에 의해 발전된 배려설은 도덕과 정치의 본질에 대한 기존의 가정에 도전, '배려'의 개념을 도덕 및 정치이론의 중심에 놓는 새롭고 참신한 통찰력을 제시한다.

법칙주의 윤리설(deontological ethical theory)이 시대와 지역의 차이를 초월하여 언제 어느 곳에서나 타당한 행위의 법칙, 즉 도덕률이 있다는 점을 강조하는 데 반해, 배려윤리설은 관계의 중요성(importance of relationships)을 강조한다. 배려는 어떤 사람이나 사물에 대해 갖는 관심 또는 감정(showing concern or feeling)으로 정의될 수 있다. 개인적 삶에서 사물에 대한 배려도 중요성을 지니겠으나, 배려의 도덕적 중요성은 기본적으로 살아 있는 존재, 즉 인간에 대해 갖는 관심 또는 감정으로부터 나온다고 하겠다(Engster, 2007: vi, 2, 21).

배려설은 자유주의 철학자들이 강조하는 '독립적 개인'의 개념을 덜 강조하고, 그 대신 인간들이 관계의 망(web of relationships) 속에서 살아간다는 점을 강조한다. 이러한 점에서 배려설은 자유지상주의 윤리이론의 대척점에 서 있다고 하겠다. 배려설은 또한 역사의 두터운 개념(thick conception of history)을 대상으로 하기에, 과거가 아닌 미래,

즉 예상되는 행동의 결과에 관심을 갖는 공리주의와 다르며, 과거의 명백하고 뚜렷한 국면만을 고려하는 정의이론과도 다르다고 하겠다.

배려론자들은 타인을 배려해야 하는 윤리적 책무가 옳음(rights), 정의(justice), 그리고 공리(utility)에 의해 정당화되지 않는다고 주장한다. 그들은 배려가 인간 본성에 내재하는 동정심으로부터 자연스럽게 솟아나거나 또는 더 이상의 정당화가 필요 없는 도덕적 바탕에 기반하기에, 배려의 책무에 관한 이론적 주장들은 논점을 벗어난 것이라고 주장한다(Donovan, 1996; Luke, 1996; Noddings, 1984; Warren, 2000). 그들 가운데 일부는 최소한의 도덕적 책무는 사회 속에서 타인과 맺는 동정심, 관심, 사랑, 우정, 친절과 같은 구체적 관계(concrete relationships)에 기반하고 있다고 주장한다. 엥스터(Engster, 2007: 3, 109)는 한편 동정심이 배려 행위를 유발하는 주요 요소라는 견해에 동의하면서, 배려의 기질이 비록 생득적이라 하더라도 적절한 교육과 사회화, 그리고 사회적 제도와 정부의 정책을 통해 육성될 필요가 있다는 점을 강조한다.

마무리하자면, 인간들이 사회를 형성하여 그 속에서 함께 살아가기 위해서는 타인의 이익에 대한 배려는 물론 경쟁에서 탈락한 불우집단에 대한 따뜻한 배려가 있어야 할 것이다.

2 경쟁은 사회 진화의 기제

'경쟁'은 인간 사회에 해로운 영향을 끼치기도 하나, 적응과 혁신의 계기를 마련해 주기도 한다. 다수의 진화론자들은 이종(異種) 및 동종

(同種) 간 경쟁을 생물 진화(進化)의 주된 추동력으로 간주한다. 생물 진화론의 기초를 정립한 다윈(Charles R. Darwin, 1809-1882)은 '자연선택(natural selection)'[1)]의 개념으로 그 메커니즘을 설명한다.

경쟁은 자연 세계에서뿐만 아니라 사회 체제에서도 종(種)의 발전에 긍정적 영향을 미친다. 자연 세계에서는 환경 변화에 가장 성공적으로 적응한 우수 유전자만이 생존을 유지해 왔다. 사회진화론자(social Darwinists)들은 자연세계의 이와 같은 경쟁 메커니즘을 사회 체제의 발전에 활용하기 위해 고심해 왔다. 그 가운데 하나가 공정거래 제도다. 19세기까지만 해도 경제학자들은 대기업에 의한 독점을 적자생존의 원리에 따른 진화 과정으로 이해했다. 그러나 오늘날 대부분의 사회진화론자들은 '경쟁'이 정치 · 경제 · 생태적으로 가장 적합한 종(種)을 결정해 주는 메커니즘으로 작용한다고 생각한다.

지나친 경쟁은 그러나 생태계에 적지 않은 부작용을 초래하기도 한다. 자연 세계에서의 경쟁은 유기체에 손상을 입히거나 절멸을 초래하기도 하며, 귀중한 자원과 에너지의 낭비를 초래한다. 인간 사회에서 과도한 경쟁은 또한 공동체의 규범을 파괴하고 생산성을 떨어뜨리는 부작용을 초래한다. 소규모 단위 사회에서는 경쟁이 불필요할 뿐만 아니라 비효일적일 경우도 있다. 경쟁은 특히 경제 사회에서 자원과 노력의 낭비와 중복을 초래하기도 한다. 경쟁이 체제에 파괴적으로 작용하지 않도록 하기 위한 장치 가운데 하나가 공정 경쟁 제도다. 공정 경쟁은 한 공동체의 구성원들이 심리적 연대감을 유지하기 위해

---

1) 자연선택은 일정한 생태계 속에서 생존에 적합한 형질을 지닌 특정한 종(種)이 살아남아 번식하게 된다는 이론을 말한다. 자연도태(自然淘汰)라고도 한다.

필요불가결한 전제 조건이기도 하지만, 체제의 건전한 발전을 위한 진화의 기제(機制)로 작용하기도 한다.

다른 나라에 비해 자본과 기술 그리고 자원이 부족한 한국이 반세기 만에 세계 10위권의 경제대국으로 도약한 원인은 여러 곳에서 찾을 수 있다. 교육을 중시하는 동아시아적 문화 특성에서 원인을 찾을 수도 있을 것이며, 다른 한편에서는 사회적 경쟁이 다른 나라에 비해 비교적 공정하게 이루어진 경쟁 시스템에서 찾을 수도 있다. 여론 조사 결과에 의하면, 우리 국민의 대다수는 우리 사회가 불공정한 것으로 인식하고 있다. 그러나 기득권 구조가 고착화된 다른 선진 사회에 비해 우리 사회는 교육 부문 등에서 아직도 공정 경쟁이 이루어지는 사회라고 할 수 있다. 그러나 고도 성장 과정을 거쳐 안정화 단계에 접어들게 되면서 어느 사회든 사회 각 부문에는 경쟁을 제한하고 특권 구조를 고착화시키려는 조짐, 이른바 계층 고착화 현상이 나타나게 된다.

일부 경제학자들은 공정성의 의제를, 경제 체제의 효율성이라는 관점에서 접근한다. 자유주의 경제학자들은 역동적 자유시장의 생산력 증대 효과를 강조하면서 정부의 가치 분배 기능을 시장 기구에 오롯이 맡기자고 주장하는 데 반해, 복지경제학자(welfare economist)들은 공동체의 건전한 유지 · 발전을 위해 정부의 가치 배분 기능을 적극화할 것을 주창한다. 복지경제학자 가운데 일부는 심지어 시장경제의 지속적 성장을 위해서도 공정성의 확대가 필요하다고 주장한다(이종수, 2010: 12장).

진보적 경제학자 가운데 일부는 또한 자본주의 국가 유형 가운데서도 국가가 민간 경제에 어느 정도 간섭하는 산업 정책 국가와 사회적 조합주의 국가의 정치경제 시스템이 앵글로색슨계 국가의 자유방임적 자본주의보다 우월하다고 주장한다. 이들은 한국, 일본, 대만 등 동아시아 국가와 프랑스를 산업 정책 국가의 유형으로 분류하고, 스웨덴, 핀란드, 노르웨이 등 스칸디나비아 반도 국가들을 사회적 조합주의 국가의 유형으로 구분한다(Chang, 2006: 97). 이들 학자는 특히 분배의 공정성을 추구하는 사회적 조합주의 국가의 경제 시스템이 자유방임적 자본주의보다 우월하다고 주장한다.

그러나 자유주의 경제학자들은 오늘날의 선진국들이 잘살게 된 것은 자본주의 시장경제 덕분이라고 주장하면서, 분배에 초점을 둔 복지 정책을 우선적으로 추구한 나라치고 선진국이 된 나라가 없다고 강조한다. 그들은 오늘날의 서구 복지 사회는 자본주의 방식을 통해 먼저 선진국의 지위에 다다른 다음에 이루어진 결과임을 역사가 보여준다고 주장한다. 어떻든 자유주의 경제학자들과 복지경제학자들의 이러한 논쟁은 쉽게 결말이 나지 않는 열린 문제(open question)라고 할 수 있다.

문제는 앞으로 우리 사회가 추구해 가야 할 발전 방향이다. 선진 사회 진입을 앞두고 있는 우리 사회의 구석구석에서는 현재 기득권 구조의 고착화가 시도되고 있다. 시장에서의 경쟁의 제한과 특혜의 고착화는 소수 기득권층에 풍요로움을 가져다 줄지언정 적지 않은 사회적 비용(significant social cost)을 발생시킴으로써 사회 전반에 부정적 영향을 미칠 수 있다. 결국 경쟁의 제한을 통해 기득권 구조가 고착화될 경우, 변화를 위한 역동성은 사라지고 더 이상의 정치 · 경제 · 사회적 진전은 기대할 수 없을 것이다. 공정 경쟁의 촉진은 분배 측면에서도 중요하지만, 사회 진화의 기본 메커니즘이라는 측면에서도 중요성을 지닌다.

3 공정 경쟁은 사회 통합의 기초

사회적 공정성에 대한 구성원들의 부정적 인식은 사회 갈등을 심화시키고 공동체 질서를 붕괴시키는 심각한 부작용을 초래한다. 특히 정치적·경제적 불공정성에 대한 사회구성원들의 불만이 심화될 경우, 일체의 기존 질서를 파괴하는 폭력적 변혁 운동으로 이어질 수 있다는 점에서 공적 제도의 관리자들은 공정한 경쟁 질서의 유지에 각별히 유의해야 한다.

20세기의 위대한 정치철학자 롤스(John Rawls)는 정의의 원칙이 어떻게 사회 구성원들의 공고한 결합을 가능하게 해주는지 그 근거를 다음과 같이 제시한다. 그에 의하면 사회란 비록 구성원의 상호 이익을 위한 협동체이기는 하나, 이해 관계의 상충이라는 특성도 함께 지닌다. 사람들은 그들의 노력에 의해 산출되는 이득의 분배 방식에 대해 무관심하지 않으며, 서로 큰 몫을 차지하고자 하기 때문에 이해 관계가 부딪치게 된다. 따라서 이러한 이득의 분배를 결정해 줄 사회적 장치를 선택하고 적절한 분배 몫의 합의에 필요한 일련의 원칙이 필요하게 된다. 이러한 원칙들이 바로 사회 정의의 원칙인 것이다. 이 원칙들은 사회 제도 내에서 권리와 의무를 할당하는 방식을 제시해 주며 사회협동체의 편익과 부담의 적절한 분배를 결정해 준다. 특정한 사회가 구성원들의 선(善)을 증진할 뿐만 아니라 공적 정의관(public conception of justice)에 의해 효율적으로 규제될 경우 우리는 그 사회를 질서정연한 사회(well-ordered society)로 규정할 수 있다. 롤스는 결국 공적 정의감이, 서로 다른 목표를 지닌 사회 구성원들의 굳건한 결합을 가능하게 해 주는 요소가 된다고 주장한다(Rawls, 1971: 4-5).

샌델(Michael J. Sandel) 또한 불평등의 심화를 걱정하는 주요 이유 가운데 하나는 그것이 민주 시민에게 요구되는 연대 의식을 약화시키기 때문이라고 한다(Sandel, 2010a: 368). 그는 불평등이 심화될수록 부자와 가난한 자의 삶은 점점 더 괴리된다고 하면서, 그렇게 될 경우 부유층 자녀들은 시설과 서비스가 좋은 사립학교에 다니고 도심의 공립학교에는 다른 선택의 여지가 없는 가난한 집안의 자녀들만 남게 된다는 것이다. 그리하여 서비스 수준이 떨어지는 공립학교와 공공 서비스를 더 이상 이용하지 않는 시민들이 늘어나게 되면서 이들이 납세를 꺼리게 되면 또다시 공공 서비스의 질이 떨어지는 악순환이 되풀이된다고 샌델은 지적한다.

엘리엇과 미커(Eliott & Meeker, 1986: 755) 또한 자원의 평등한 배분은 사회 구성원들의 심리적 연대 의식의 공고화를 위해 필요하다는 점을 강조한다. 그들은 사회 구성원들에게 자원을 평등하게 배분하는 것은 일체감(sense of sameness)을 강조하는 것이 되며, 이는 다시 구성원들 사이의 유대와 응집성, 그리고 집단적 사기를 앙양하게 된다는 것이다. 결국 사회적 평등화 조치(equalising measures)는 정의와 사회 통합이라는 관점에서 정당화될 수 있다(Parekh, 2000: 210-211, 240).

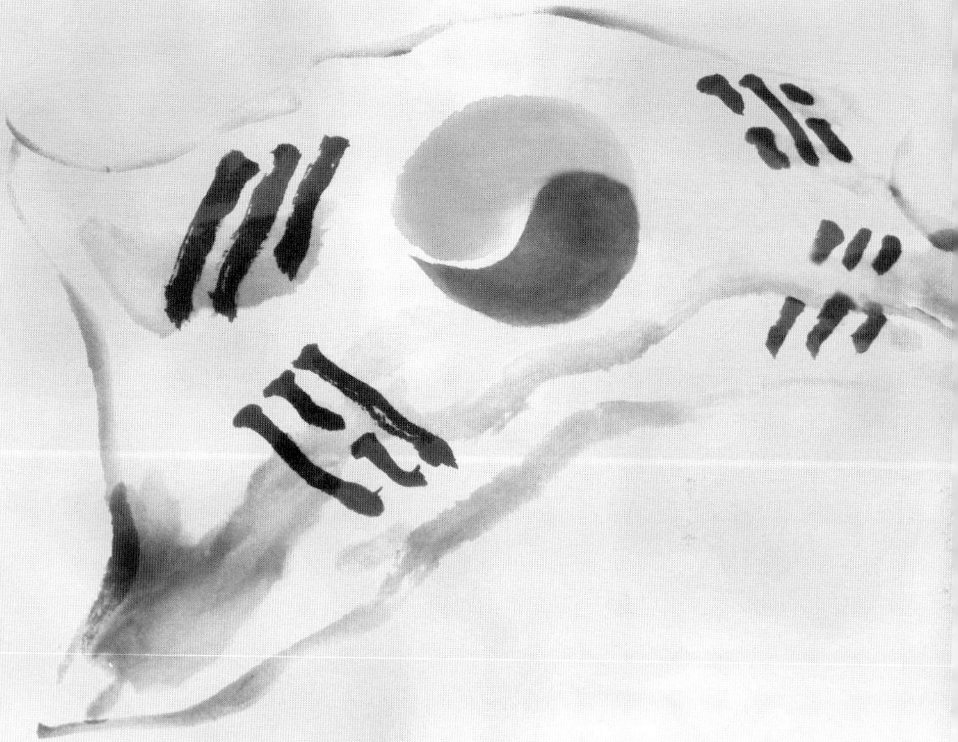

제 4 부

정의와 공정성에 관한 정치철학적 논의

제 12 장
정의의 개념적 기초

1 정의와 형평성 그리고 공정성

정의(正義, justice)는 옳음(righteousness)'과 '공정(just)'을 구성 요소로 하는 가치 개념으로 공정성, 형평성, 평등 등의 개념과 밀접하게 연관되어 있다. 즉, 정의는 그 어원을 이루는 just가 '올바른'이라는 의미 이외에 '공정한'이라는 의미를 지니고 있는 바, 정의의 여신(Dike: goddess of justice)이 왼손에 들고 있는 저울은 공정성을 상징한다고 하겠다.

정의의 개념은 그리스 시대 이래 여러 학자에 의해 다양하게 정의(定義)되어 왔다. 플라톤(Platon)과 그의 동시대인에게 정의는 으뜸 가는 덕목으로 '옳음(righteousness)' 그 자체였다(Arthur & Shaw, 1978:

2). 이러한 의미에서 본다면 정의는 '옳다'는 정의적(情意的) 의미(emotive meaning)[1] 이외에 다른 서술적(敍述的) 의미(descriptive meaning)가 들어 있지 않은 순수한 정의적 개념인 것처럼 보인다.

아리스토텔레스(Aristoteles)는 정의 개념이 담고 있는 서술적 구성 요소에 초점을 두어 정의를 "동등한 사람이 똑같은 배당을 받는 것"을 의미한다고 규정했다(Aristotle, 1946). 그는 정의를 넓은 의미와 좁은 의미로 나누어 설명한다. 아리스토텔레스에 의하면, 넓은 의미의 정의는 법(*nomos*)[2]을 따르는 것을 의미하며, 좁은 의미의 정의는 평등(*ison*)을 의미한다(Aristotle, 1962: 1130b).

그러나 여기서 유의할 점은 아리스토텔레스가 정의 개념을 설명하면서 동원한 평등의 개념은 '모든 사람'을 똑같이 대우하는 것이 아니라, '동등한 사람만'을 동등하게 대우하는 것을 의미한다. 즉, 그의 '평등' 개념 속에는 '동등하지 않은 사람'을 동등하지 않게 대우한다는 차등의 원칙도 포함된 것으로 해석되어야 한다. 그러한 관점에서 본다면 아리스토텔레스는 정의의 본질을 형평성과 공정성으로 이해하는 것으로 해석될 수 있다.

형평에 관한 고전적 견해를 처음 체계적으로 논한 아리스토텔레스는 형평(*epieikeia*)을 여러 개인 간의 관계에서 사물의 적절하고 마땅한 분배로 이루어진 '공정한 평등'으로 정의한다(Aristotle, 1962). 형평의 원리는 로마 시대 이래 "각자의 몫은 각자에게로(*suum cuique*

---

1) 정의주의윤리설(情意主義倫理說, emotivism)은 언어는 인식적 진술을 통해 사실 문제를 기술하는 기능과, '감정'을 표현하는 정의적(情意的) 기능의 두 기능을 지닌다고 주장한다.

2) 아리스토텔레스가 가리키는 법의 개념 속에는 실정법뿐만 아니라 자연법(*phusei dikaion*)도 포함되는 바, 법을 따르는 행위로서의 정의는 일반적 규범에 따르는 것으로 해석될 수 있다.

tribuere: to each according to his or her own merits)"라는 경구로 간결하게 표현된다. 이는 각자의 공헌에 비례하여 가치를 배분하는 것을 뜻한다.

돌바크(Paul Henri Dietrich d'Holbach, 1723-1789) 또한 정의의 본질을 형평성으로 파악한다. 그는 정의의 개념은 각자의 재능과 업적에 따라 대우하는 것을 의미한다고 말하면서 형평이 곧 정의라고 주장한다. 돌바크는 기계적 평등은 사회 정의에 어긋날 뿐만 아니라 사회공동선과 양립하지 않는다고 주장하면서 차별과 계급의 기원이 오직 개인의 덕성, 능력 또는 공익에의 기여 등에 있으며, 그 결과 발생하는 불평등은 당연하다고 주장한다(d'Holbach, 1776: 105-106; 차하순, 1983: 256).

형평의 원리를 좀 더 자세히 살펴보기 위해서는 형평한 배분의 기준을 살펴볼 필요가 있다. 페렐만(Charles Perelman)은 형평의 원리를 다음과 같이 여섯 가지로 공식화하고 있다(Perelman, 1963: 17-29).

① 동일 범주에 속한 성원들에게 동등한 대우를 할 것
② 공적과 과실에 상응하는 응분의 대우를 할 것
③ 수행한 일에 비례하여 그에 상응하는 대우를 할 것
④ 각자의 필요에 따라 배분을 할 것
⑤ 지위(rank)에 따라 그에 상응하는 대우를 할 것
⑥ 각자에게 법적 권리를 줄 것

이와 같은 기준에 입각해 볼 때 형평의 원리는 평등의 원칙과 불평등의 원칙을 다 함께 포괄하고 있다.

정의의 개념은 또한 공정성으로 풀이된다. 시지윅(Sidgwick, 1961:

15)은 정의를 권리와 자유, 부담과 혜택을 '공정하게 배분'하는 것을 의미한다고 말한다. 그에 의하면 배분적 정의는 단지 자의적 차등(arbitrary inequality)을 배제하려는 것에 불과하다. 그리고 롤스(John Rawls)도 정의를 공정성(fairness)으로 풀이한다.

공정성의 의미는 분배의 기준을 통해 자세하게 이해될 수 있다. 공정한 분배의 기준으로는 블라스토스(Gregory Vlastos)의 범주가 참고될 수 있다. 블라스토스는 오늘날 주장되고 있는 공정한 분배의 원칙을 다음과 같이 다섯 가지로 분류했다(Vlastos, 1962: 35; 이종수, 1988: 38-39).

① 각자의 필요(need)에 따른 분배

② 각자의 가치(worth)에 따른 분배

③ 각자의 노동(work)에 따른 분배

④ 각자의 능력과 업적(merit)에 따른 분배

⑤ 각자가 체결한 계약(agreement)에 따른 분배

마무리하자면, 정의(justice)는 곧 형평성(equity)을 의미하며, 형평성은 공정성(fairness)을 뜻한다. 이러한 가치어 속에는 동등한 것은 동등하게 대우해야 한다는 평등의 원칙과, 서로 다른 것은 다르게 대우해야 한다는 차등의 원칙이 동시에 들어 있다. 다만 정의(正義)의 개념 속에는 '옳다'는 의미의 정의적(情意的) 구성 요소가 많이 들어 있는데 비해, 형평성과 공정성의 개념은 분배 원칙과 관련된 서술적(敍述的) 구성 요소를 더 많이 포함하고 있다는 차원에서 차이를 찾아볼 수 있다.

2 정의와 평등

평등의 개념은 고대 그리스 시대부터 정의의 본질적 속성으로 간주되어 왔다(Brown, 1988; Dann, 1975). 그리스 시대 이래 정의론의 주된 쟁점은 정당화될 수 있는 불평등의 기준이 무엇이냐에 초점이 두어졌다. 아테네 시대에도 오늘날처럼 정치 권력이나 사회적 지위 및 경제적 자원의 분배에서 심각한 불평등이 있었다. 그러나 고대 그리스의 사상가들은 사실로서보다는 도덕적 요청으로서 평등사상을 강조했다. 신(神), 이성(理性), 자연(自然)을 하나의 동의어로 생각한 스토아학파는 인간이 이성적 존재라는 데서 인간 평등의 논거를 찾고자 했다. 그들은 인간 생활에서는 이성이 지배적 원리인 바, 이성에 의해 인간은 신과 연결되고 또한 동포와 연결되기에 보편주의적 사회가 형성된다고 본 것이다(정인형, 1985: 78-79).

아리스토텔레스는, 앞서 밝혔듯이, 좁은 의미에서의 정의를 평등(*ison*)으로 규정했다. 아리스토텔레스는 또한 평등을 비례적 평등과 절대적 평등으로 나누었다. 그는 비례적 평등으로서의 정의를 분배적 정의(分配的正義, *to dianemètikon dikaion*)라 부르고 절대적 평등으로서의 정의를 시정적 정의(是正的正義, *to diorthòtikon dikaion*)로 불렀다(Aristotle, 1962: 1130b). 아리스토텔레스에게 정의와 평등은 비례적 평등의 개념을 통해 연결된다.

아리스토텔레스는 범죄에서 유발되는 상해나 물품 교환 등에서는 절대적 평등의 원리에 기초하여 시정이 이루어지는 것이 정의인 반면 재화나 영예, 권력 등의 분배는 각자 그 사람의 '가치에 응해(*kat' axian*)'

비례적으로 행해질 때 정의로운 것이라고 했다(Aristotle, 1962: 1131a). 결국 정의로운 분배에서 사람들 사이의 상대적 우열을 무시할 수 없다고 생각한 그는 "정의는 평등한 자에게는 평등한 대우를, 차등한 자에게는 차등한 대우를 요구하는 것"으로 규정했다(Aristotle, 1946: 1119; 황경식, 1991: 313-314).

키케로(Marcus Cicero, 106-43 B.C.)와 같은 로마의 사상가는 인간이 본질적으로 평등하다는 스토아적 관념을 계승했다. 그는 자연법 하의 모든 인간은 비록 학식, 재산 등에서 불평등하다 하더라도 자연법적 이성을 동일하게 소유하고 있다는 점에서 평등하다는 것이다. 키케로에게 국가는 단순한 사회(*societas*)가 아니라 공공적인 것(*res publica*), 인민의 것(*res populi*)이었다. 이때 인민은 인간의 단순한 집합체를 의미하는 것이 아니며 그들은 상호 의무를 자각하고 권리를 시인함으로써 결합되어 있는 것이다. 따라서 키케로에게 정의는 사회공동체 속의 평등한 구성원들이 상호적 의무를 자각하고 권리를 서로 시인하는 것이다(정인형, 1985: 83-85).

평등의 개념은 함축하는 바가 많은, 따라서 그 정확한 의미를 둘러싸고 많은 논쟁을 불러일으키는 개념이다. 평등(Gr.: *isotes*, Lat.: *aequitas, aequalitas*)이라는 질적인 용어는 적어도 하나의 국면에서 동질성을 지니는 상이한 사물, 사람, 과정 사이의 상사성(相似性)을 의미한다. 평등은 모든 국면에서의 일치를 의미하지 않는다는 측면에서 동일성(identity)의 개념과 구분된다. 따라서 '모든 사람은 평등하다'는 말의 의미는 그들이 '동일하다(identical)'는 것을 의미한다기보다 '유사성(similarity)'을 지닌다는 의미로 해석되어야 한다.

평등의 개념이 '같은 처지'에 있는 사람을 '똑같이 대접'하는 것을 의미한다고 하더라도, 평등 개념을 선명하게 밝히기 위해서는 무엇이 '같은 처지'인지 관점을 특정화할 필요가 있다(Lucas, 1973: 348). 각자에게 그의 몫을 준다 하더라도 '그의 몫'이 구체적으로 무엇을 지칭하는지, 그리고 어떠한 기준에 의한 분배가 '공정한 분배'인지를 특정화하지 않는다면, 프랑스(Anatole France)가 다음과 같이 시니컬하게 비판했듯이 정의(正義)의 정의(定義)는 동의어 반복에 불과하게 된다. "정의는 모든 사람에게 그의 몫을 주도록 하는 것이다. 부자에게는 그의 부를, 가난한 자에게는 그의 가난을(Justice is made to give everyone his due; to the rich his richness, to the poor his poverty)."

평등의 구체적 대상은 다양할 수 있다. 일반적으로 분배적 정의는 소득 또는 부와 같은 '지배적 재화'를 대상으로 상정하나, 교육 · 보건 의료와 같은 다양한 사회적 재화들(social goods)이 그 대상이 될 수 있다. 드워킨(Ronald Dworkin)은 이 점에 대해 분명한 어조로 말한다. 그는 모든 설득력 있는 정치이론은 평등이라는 동일한 궁극적 가치를 지니고 있다고 하면서, 이런 점에서 모든 이론은 '평등주의적(egalitarian)' 이론이라고 할 수 있다는 것이다(Dworkin, 1977: 179-183, 1983: 24). 그러나 평등주의 이론이 소득의 평등한 분배를 지지하는 이론을 의미하는 것이라고 한다면, 이러한 주장은 명백하게 틀렸다고 드워킨은 말한다. 그는 정치이론에는 더 추상적이고 근본적인 평등 개념이 있는 바, 이는 '평등한 존재'로 사람을 다루는 것을 의미한다는 것이다. 좌파 사상가들은 '소득 또는 부의 평등'이 사람을 평등하게 하는 전제 조건이라고 믿는 반면, 우파 사상가들은 노동과 재산에 대한 구성원들의 '평등한 권리'가 인간을 평등하게 하는 전제 조건이라고 믿는다. 이른바 '기회의 평등'이 여기에 해당된다.

평등의 개념은 동물이 아닌 '인간으로서의 가치', '인간의 존엄성'에 대한 인식에 바탕을 둔 절대적 평등과 각자의 잠재적 · 후천적 능력과 기여도 및 필요의 상이성에 바탕을 둔 상대적 평등(comparative equality)으로 나누어 볼 수 있다. 여기서 비례적 평등(equality of proportion)을 의미하는 상대적 평등은 곧 형평의 원리와 통한다(이종수, 1988: 39).

역사적으로 볼 때 신분이나 계급, 인종, 성(性)에 의한 불평등은 오늘날에는 부당한 불평등으로 간주되고 있다. 더 나아가 최근에는 능력이나 업적, 노력의 차이에 기인하는 격차까지도 많은 부분이 상속이나 교육 기회 등 여러 '우연적 요인'에 의한 것이라는 관점에서 이를 부당한 불평등으로 보는 시각이 확산되고 있다(이종수 외, 2008). 결론적으로 말해, 가치 개념으로서 정의와 평등은 '부당한 불평등의 시정'을 지향한다고 하겠다.

3 평등 원칙의 이데올로기성

> "절대적 평등 규범과 결과적 평등 원칙의 결합은 사회주의 체제의 이념적 기반을 이루며, 차등의 원칙과 절차적 평등 원칙의 결합은 자유 자본주의 체제를 뒷받침하는 이념적 기반이 된다."

평등의 개념은 통상적으로 긍정적 의미를 담고 있는데 정치적 슬로

건으로 큰 수사적 힘(rhetorical power)을 지닌다(Westen, 1990). 프랑스 혁명 이래 평등의 이념은 대부분의 정치체(政治體)에서 주된 이념의 하나로 추구된다. 오늘날 사회주의 체제에서 지배적 이념으로 기능하는 평등주의는 그러나 자본주의 사회에서는 사회적 갈등을 불러일으키는 요인이 되고 있다. 특히 경제적 가치의 배분을 둘러싸고 그러하다. 경제적 가치의 배분 원칙과 관련하여 서양 사회는 비례적 평등을 중시하는 전통을 지니고 있다.

평등의 규범은 여러 학자에 의해 다양하게 범주화된다. 일부 학자는 비례적 평등과 절대적 평등으로 유형화하며, 다른 학자들은 분배적 정의 규범과 절차적 정의 규범으로 나누기도 한다. 그리고 또 다른 일단의 학자들은 결과적 평등과 절차적 평등으로 나눈다.

퇴른블롬과 존슨(Törnblom & Jonsson, 1985)은 분배적 정의 규범을 먼저 평등과 형평으로 대별한다. 그리고 평등을 다시 대우, 기회, 결과의 규범들로 세분했으며, 형평은 다시 노력, 능력, 생산성으로 나누었다. 호크실드(Hochschild, 1981)는 또한 분배적 정의 규범을 객관적 평등, 주관적 평등, 투입에서의 비례적 형평, 결과에서의 비례적 형평, 그리고 귀속으로 나눈다. 여기서 평등의 개념은 절대적 평등으로 환원될 수 있으며, 형평은 비례적 평등으로 치환될 수 있을 것이다.

한편 『스탠퍼드 철학백과사전(*Stanford Encyclopedia of Philosophy*)』은 분배적 정의의 원칙을 경제 활동의 편익과 부담의 배분을 안내하기 위해 설계된 규범적 원칙으로 정의한 뒤, 분배적 정의는 분배의 대상이 무엇이냐에 따라 다양한 차원에서 규정될 수 있다고 주장한다. 즉, 분배의 대상이 소득이냐, 부(富)냐, 기회냐, 일(job)이냐, 복지냐,

공리(utility)냐에 따라 그 원칙이 달라질 수 있다고 하면서, 분배적 정의의 원칙을 엄격한 평등 원칙(strict egalitarianism), 차등 원칙(difference principle), 자원 기반 원칙(resource-based principles), 복지 기반 원칙(welfare-based principles), 공과(功過) 기반 원칙(desert-based princi-ples), 자유주의 원칙(libertarian principles), 페미니스트 원칙(feminist principles) 등으로 나누고 있다.

이와같이 여러 학자가 다양한 용어를 사용하여 평등의 규범을 유형화하고 있다. 여기서는 분배적 정의 규범을 (1) 절대적 평등(absolute equality)과 비례적 평등(proportional equality), (2) 결과적 평등(equality of results or equality of outcome)과 절차적 평등(procedural equality)으로 나누어 살펴보고자 한다.

절대적 평등은 가장 단순한 원칙으로 완전한 평등(complete equality)을 의미한다. 이것은 모든 사람은 동일한 수준의 재화와 서비스를 분배받아야 한다는 원칙을 말한다. 절대적 평등의 원칙은 인간의 존엄성이 개인적 자질이나 업적의 차이에도 불구하고 본질적으로 동일하게 존중되어야 한다는 믿음에 근거한다. 어떤 사람은 "모든 인간은 그 본래적 가치와 존엄성, 그리고 그 본성에서 영원히 평등하다"는 신념에 기초하여 절대적 평등의 규범을 받아들인다(Bedau, 1967: 17).

절대적 평등의 규범은 오늘날 생명권, 자유권, 그리고 '법 앞의 평등(equality before the law)' 규범과 보통선거권 등 법적 · 정치적 자원의 분배에 실질적으로 적용되고 있다. 절대적 평등 규범은 또한 인종차별 금지, 종교 차별 금지, 성차별 금지, 연령 차별 금지와 같은 각종 차별 금지 규정으로 법제화되고 있으며, 기회 균등(equal opportunity)

의 원칙 속에도 녹아들어 있다. 절대적 평등의 규범은 또한 국가가 보장하는 국민의 최저 생활 수준을 의미하는 내셔널 미니멈(national minimum) 및 보편적 복지(universal welfare)의 개념 속에도 들어 있는데, 사회가 발전할수록 그 적용 범위가 넓어지고 있다고 하겠다.

그러나 절대적 평등의 규범은 그것이 갖는 이상성과 논리적 일관성에도 불구하고 다양한 측면에서 비판을 받고 있다. 즉, 엄격한 평등 규범이 개인의 자유를 과도하게 제약한다든가, 또는 평등 규범이 부의 분배와 관련하여 엄격하게 적용될 경우 근로 동기를 자극하지 못함으로써 사회적 부의 증진을 가져오지 못한다는 등의 비판이 제기되고 있다. 절대적 평등 규범의 현실 세계에서의 적용 한계를 지적하는 사람도 있다.

한편 비례적 평등은 상대적 평등(relative equality)을 말한다. 비례적 평등은 또한 차등 원칙(difference principle), 즉 '정당한 불평등'을 일컫는 의미로도 쓰인다. 비례적 평등은 모든 관련자에게 '그들의 당연한 권리(their due)'에 따라 몫을 분배하는 것을 말한다. 그러나 비례적 평등의 개념이 현실적용성을 지니는 실질적 규범으로 작용하기 위해서는 더 정밀하게 규정될 필요가 있다. 즉, 어떤 특징 또는 국면을 기준으로 두 명 이상의 사람 또는 둘 이상의 사례가 동등한 것으로 간주될 것인지가 특정되지 않는다면, 그 개념은 알맹이가 없는 비어 있는 개념틀(conceptual schema)에 불과하다.

비례적 평등의 원칙은 공정한 분배의 기준을 무엇으로 할 것인가에 따라 다양하게 나누어 볼 수 있다. 비례적 평등 또는 차등 원칙 가운데 대표적인 기준으로는 공과(desert) 또는 실적(merit)의 원칙을 들 수 있다. 공과 또는 실적의 원칙은 공동체의 구성원들에게 그 공과에 비례하여 자원을 차등적으로 배분할 것을 처방한다. 정의로운 차등 배분의 기준으로는 공과 또는 실적 이외에 사회적 유용도(usefulness to the society), 한계생산성(marginal productivity), 열성, 노력, 능력 등의 기준이 제시되기도 한다.

결과적 평등은 사회적 게임의 과정이나 규칙에 상관없이 자원이 종국적으로 공동체의 모든 구성원에게 균등하게 분배되는 것을 의미한다. 즉, 이는 모든 사람을 똑같이 취급하여 사람들의 욕구나 능력의 차이에 관계없이 사회적 자원을 똑같이 분배하는 것을 의미한다. 결과적 평등은 절차적 평등으로서의 기회 균등 개념과 대비된다. 기회 균등도 결과적 평등을 지향하나, 반드시 결과적 평등을 가져다 주는 것은 아니다. 즉, 형식적인 기회 균등만으로는 실질적인 평등을 담보할 수 없다.[3)]

오늘날 사회주의 국가에서는 물론 자본주의 국가에서도 결과적 평등을 구현하기 위한 여러 정책을 추구한다. 자본주의 국가에서는 일반적으로 누진세 제도(progressive taxation system)[4)]와 재분배 정책 등을 통해 결과적 평등을 증대시키고자 한다. 그리고 불우집단을 우대하는 소수집단 우대정책(affirmative action)[5)]이나 대표관료제

3) 법학적 담론(legal discourse)에서는 흔히 형식적 평등(formal equality)과 실질적 평등(substantive equality)의 개념을 대비시킨다. 형식적 평등은 때에 따라 결과적 불평등(inequality in result)을 초래할 수 있다는 의미에서, '실질적 평등'의 개념은 '결과적 평등'과 같은 개념으로 사용되기도 한다.

4) 누진세 제도는 소득 금액이 커질수록 높은 세율을 적용하는 조세 제도를 말한다.

5) 소수집단 우대정책은 사회적 불우집단에 대한 차별을 시정하기 위한 미국의 적극적 정책을 말한다. 1960년대에 이 용어가 처음 사용될 당시에는 여성과 소수집단의 고용에 대한 '인위적 장벽(artificial barriers)'의 제거를 의미했으나, 그 뒤 불우집단에 대한 보상적 기회의 제공을 의미

(representative bureaucracy)[6] 등을 통해 사회적 불평등을 완화하고자 한다. 그러나 이러한 누진세 제도와 소수집단 우대정책 등으로는 사회적 불평등을 어느 정도 완화할 수 있을지언정 사회적 · 경제적 불평등을 완벽하게 제거할 수는 없다. 결국 오늘날 대부분의 국가에서 정치적 이데올로기로서의 '결과적 평등'은 제도적 · 물질적 조건에서의 우연적 불평등(incidental inequalities)을 감소하거나 제거하는 데 목표를 두게 된다. 그러나 공산주의 및 사회주의 이념을 추구하는 국가에서는 '결과적 평등'을 궁극적 목표로 내세운다.

절차적 평등은 사회적 결정 과정에서 동등한 규칙을 적용하는 것을 의미한다. 즉, '결과적 평등'과 대비되는 절차적 평등은 사회적 가치의 배분 과정에서 적용되는 규칙의 공정성과 결정 과정에서의 평등한 대우를 의미한다. '기회 균등'의 개념과 밀접하게 관련되어 있는 절차적 평등의 개념은 종국 상태에서의 완전한 평등을 목표로 하지 않는다는 특징을 지닌다. 절차적 평등은 현실 세계에서는 흔히 의사결정체 구성에서 대표의 비례성 확보, 사회적 자원에의 평등한 접근 기회의 부여, 재판 과정에서의 공정한 절차 등의 형태로 구현된다.

절대적 평등의 규범이 결과적 평등의 원칙과 결합될 때 공산주의 또는 사회주의 체제를 지향하게 되며, 차등의 원칙과 절차적 평등 원칙의 결합은 자유자본주의 체제를 뒷받침하는 이념적 기반이 된다.

하는 것으로 바뀌게 되었다.

6) 대표관료제는 사회를 구성하는 주요 집단으로부터 인구 비례에 따라 관료를 충원함으로써, 정부관료제가 그 사회의 모든 계층과 집단에 공평하게 대응하도록 하는 인사 제도를 말한다.

제 13 장

현대 정치철학의 정의론 개관

오늘날의 정의이론의 계보는 다양한 기준에 따라 분류될 수 있다. 여기서는 정의이론을 노직(Robert Nozick, 1938-2002)으로 대표되는 자유지상주의(libertarianism) 정의론과 롤스(John Rawls, 1921-2002)의 자유주의적 평등주의(liberal egalitarianism) 정의론, 그리고 샌델(Michael Sandel, 1953-) 등의 공동체주의(communitarianism) 정의론으로 나누어 살펴보고자 한다. 물론 많은 정치철학자가 롤스의 정의론을 자유주의의 범주에 넣어 논하기도 한다. 그러나 롤스의 정의론이 평등의 이념을 강조하고 있다는 점에서 여기서는 그의 입장을 자유주의적 평등주의로 구분하고자 한다. 오늘날의 정의이론을 논하면서 공리주의(utilitarianism)를 빼놓을 수는 없다. 현대적 정의이론들은 대부분 근세의 공리주의로부터 논의를 출발하고 있기 때문이다. 따라서 이 책에서는 현대 정의이론의 계보 속에 공리주의를 포함시켜 논하고자 한다.

고전적 공리주의의 실천 원칙은 벤담(Jeremy Bentham, 1748-1832)의 이른바 '최대 다수의 최대 행복(the greatest happiness of the greatest number)'으로 요약된다. 공리주의의 이 준칙은 곧바로 현대적 정의론과 연결된다. 벤담, 에지워스(Francis Ysidro Edgeworth, 1845-1926) 등과 더불어 고전적 공리주의를 대변하는 시지윅(Henry Sidgwick, 1838-1900)은 정의(正義)를 공리주의의 원칙에 예속시킨다. 그는 구성원들에게 최대의 행복을 가져다 주는 사회를 정의로운 사회로 상정한다. 대부분의 공리주의자는 사회적 자원이 최대 다수의 최대 행복을 확보해 주도록 분배될 때 정의로운 사회가 된다는 주장에 동의한다. 그러나 벤담 이래 오늘에 이르기까지 수많은 사상가와 정치철학자, 그리고 경제학자들은 최대 다수의 최대 행복의 양을 과연 측정할 수 있는 것인지, 그리고 어떻게 측정할 것인지의 문제를 둘러싸고 다양한 논쟁을 펴고 있다.

고전적 공리주의자들에게 분배적 정의의 문제는 당초 주요 관심사가 아니었다. 특히 벤담이 '최대 행복의 원리'를 주창한 것은 본래 개인적 행위의 원칙을 탐구하는 도덕학자라기보다도 국가 전체의 입법원리를 연구하는 법률학자의 견지에서였다(김태길, 1986: 98). 보위(Bowie, 1971: 13)는 고전적 공리주의자들이 분배적 정의보다는 입법이나 도덕에 관한 일반 이론을 전개하고자 했던 까닭에 정의의 이슈는 부차적인 문제로 간주되었다고 주장한다. 그는 정의의 문제가 논의되는 경우에도 관심의 초점은 분배적 정의보다는 시정적 정의(是正

的正義, corrective justice)에 더 기울었다고 지적한다. 그러나 어떻든 오늘날의 정치철학자들은 예외 없이 정의이론에 관한 논의를 공리주의로부터 이끌어낸다.

자유지상주의와 경제적 자유주의는 분배적 정의와 관련하여 최소주의 입장(minimalist positions)을 대변한다. 자유주의 정치철학자들은 정부에 의한 부의 재분배와 사회권(social rights)에 대해 반대하며 자유시장 체제를 지지한다(Nozick, 1974). 그들은 자유와 평등은 상반되는 바, 개인의 천부적 자유권은 외적의 침범을 방지하고 치안 질서의 유지를 위해서만 제한될 수 있다고 주장한다. 대표적인 자유주의 정치철학자[1]인 노직은 사유재산권이 완전히 보장되며 '보이지 않는 손'이 인도하는 '자연 상태' 속에서의 자원 배분을 정의로운 것으로 간주했다.

롤스가 추구한 자유주의는 노직 등이 주창한 이른바 자유지상주의와는 차이가 있다. 그의 대표 저작인 『정의론(*A Theory of Justice*)』(1971)은 정치적 · 경제적 자유와 권리가 개인들 사이에서 상호 양립 가능한 방식으로 최대한 보장되어야 한다는 자유의 원칙을 우선시한다. 그는 다른 사람들이 갖게 될 더 큰 선(善)을 위해 소수의 자유를 빼앗는 것은 결코 정당화될 수 없음을 분명한 어조로 밝히고 있다(Rawls, 1971: 3-4). 이러한 점에서 롤스는 샌델 등의 공동체주의자들에 의해 자유주의자로 분류된다.

---

1) 자유지상주의를 지향하는 노직의 정의이론은 1974년 펴낸 『무정부주의, 국가, 그리고 유토피아(*Anarchy, State, and Utopia*)』에 잘 나타나 있다. 그러나 그는 1989년 출판된 『검증된 삶(*Examined Life*)』에서 자유지상주의(libertarianism)의 입장을 수정, 더 이상 자신을 자유지상주의자로 생각하지 않는다고 밝힌 바 있다.

그러나 롤스는 공정한 기회 균등의 원칙을 강조하는 한편, 불평등은 최소 수혜자의 삶의 기대치를 향상시키는 한 허용된다는 평등의 규범을 강조함으로써 자유근본주의자들과는 다른 정의의 원칙을 내세운다. 이와같이 평등주의 규범을 수용한다는 점에서 롤스의 정의론은 '자유주의적 평등주의(liberal egalitarianism)'라는 별도의 범주로 구분될 수 있다. 롤스의 이러한 입장은 또한 불우집단에 대한 배려와 기회균등의 가치를 강조한다는 점에서 복지자유주의(welfare liberalism)로 불리기도 하며, 개인적 자유주의와 대비된다는 점에서 공동체주의적 자유주의(communitarian liberalism)로 불리기도 한다.[2)]

한편 오늘날의 정의이론에서 개인의 자유와 권리를 앞세우는 자유지상주의의 대척점에는 공동체주의(communitarianism)가 자리하고 있다. 공동체의 유지 · 강화를 중요시하는 공동체주의는 공동선의 우월성을 기초로 하여 공생 · 공익 등의 공동체적 가치를 강조한다. 공동체주의의 대표적 학자 가운데 한 사람인 샌델은 공동체주의적 자아관을 통해 공정한 절차의 공공철학에서 공동 목적의 공공철학으로, 권리(옳음)의 정치학에서 선(좋음)의 정치학으로, 절차적 공화국에서 시민공화국[3)]으로의 낭만주의적 회귀를 촉구한다. 또한 왈저(Walzer, 1983)는 한 공동체 사회를 이끄는 정의의 기본 원리란 아무도 다른 사람이나 집단에 의해 지배받아서는 안 된다고 주장하면서, 정의는 정

2) 롤스도 노직과 마찬가지로 자신의 초기 입장을 바꾼 것으로 알려지고 있다. 그는 초기의 자유지상주의적 입장에서 사회주의적 평등을 수용한 자유주의로 진화한 바, 이러한 관점에서 그의 입장은 복지자유주의(welfare liberalism) 또는 공동체주의적 자유주의(communitarian liberalism)로 규정되기도 한다(황경식 · 박정순 외, 2009: 15-16, 25).

3) 시민공화국이란 미국의 초기 공화국의 형태를 상정하고 있는 것으로 해석된다.

치, 경제, 사회, 교육 각 분야에서 각각 다른 원리에 의해 결정되어야 한다고 주장한다.

오늘날의 철학적 정의이론들은 인간 심리에 관한 일련의 선험적 가정들에 근거하여 객관적 정의 원칙들을 연역적으로 도출하려는 특징을 지니고 있다. 예를 들어, 롤스는 특정한 정책의 선택이 자신 및 자신이 속한 집단에게 유리할지 불리할지를 모르는 무지의 베일(veil of ignorance)에 가려져 있는 가설적 상황으로서의 원초 상태(original position)에서 구성원들이 합의하는 일련의 법칙이 곧 사회 정의의 원칙이라고 주장한다. 그리고 애커먼(Ackerman, 1980)은 '중립적 담론(neutral discourse)'이 이루어지는 ' 새로운 땅(a new land)'에서 사람들은 애초에 하늘에서 내려준 양식(manna)을 평등하게 배분하며, 그 후 공동체 이익이라는 합의된 이성에 의해서만 분배 상태를 수정하는 것이 정의롭다고 보았다. 드워킨(Dworkin, 1981a, 1981b)은 또한 '평등한 경매(equal auctions)'가 이루어지는 '무인도'라는 가설적 상황에서 사람들은 애초에 평등하게 배분하고, 그 뒤 시장의 작용에 의한 자원의 불평한 배분이 야기되며, 이를 다시 시정하는 재분배가 이루어지는 것에 합의하는 것으로 보았다(안성호, 1988: 62).

이러한 가설적 상황에서 이끌어낸 현대적 정의의 원칙과 실제 상황 사이에는 따라서 일정한 괴리가 놓여 있다고 하겠다. 즉, 논리적 일관성에 매몰되어 이끌어낸 정의의 원칙을 구체적 상황에 적용하는 데는 근본적 한계가 따를 수밖에 없다.

제 14 장

공리주의의 정의관

"최대 다수의 최대 행복은 도덕과 입법의 근본 바탕이다(The greatest happiness of the greatest number is the foundation of morals and legislation)." — 벤담(Jeremy Bentham)

공리주의(utilitarianism)는 가치 판단 기준을 효용성(utility)에 두는 철학사상을 말한다. 즉, 특정한 행위의 옳고 그름은 그 행위가 인간의 이익과 행복을 늘리는 데 얼마나 기여하는가 하는 효용성에 따라 결정된다고 보는 윤리학설을 말한다. 공리주의에 의하면, 도덕적으로 가장 옳은 행위는 공리를 최대화하는 행위다. 공리주의는 고대 그리스의 쾌락주의(hedonism)에 뿌리를 두고 있다. 그러나 근세 영국에서 발달한 공리주의는 사회 전체의 공중적 쾌락과 효용성을 강조한 사회사상이라는 점에서, 개인 차원에서 인생의 궁극 목적을 행복 또는 쾌락에서 찾은 그리스의 쾌락주의와 다르다.

벤담(Jeremy Bentham)은 국가 전체의 입법 원칙을 연구하는 법률학자의 견지에서 '최대 행복의 원리'를 주창했다. 그는 입법가의 사명은 개인이나 당파의 이익을 초월한 공정한 입장에서 국가 전체의 목적을 실현하도록 법을 제정하는 것이라고 믿었다. 즉, 벤담은 인간을 이기적 존재로 파악하고 있으나, 개인의 이기적 심성이 국가 전체의 안녕 질서를 깨뜨려 공익을 해치지 않도록 하는 것이 입법의 기본 목표라고 생각했다(김태길, 1986: 98).

고전적 공리주의를 집대성한 밀(John S. Mill)은 공리주의가 기본 개념으로 삼는 '효용성'이 다름 아닌 '쾌락(pleasure)'을 의미한다는 것을 강조한 다음, "쾌락 및 고통으로부터의 해방이 바람직한 유일한 목적"이라고 밝힌다(Mill, 1957: 10). 따라서 어떤 행위가 옳으냐 그르냐 하는 문제는 그 행위가 쾌락 또는 고통을 어느 정도 조장하는가에 따라 결정된다는 것이다. 밀은 선악의 척도로서 쾌락이 개인적인 것이 아니라 사회 전체의 그것이라는 벤담의 생각에 동의한다. 그러나 벤담이 쾌락의 질적인 차이를 인정하지 않고 계량 가능한 것으로 파악한 데 비해, 밀은 쾌락에 질적으로 높은 것과 낮은 것이 있음을 강조한다는 점에서 양자는 차이가 있다. 그리고 벤담이 법률에 의한 정치적 제재를 중시한 것과 달리, 밀은 양심의 내적 제재로서 인간이 가지는 인류애를 중시했다는 점에서 양자의 차이를 발견할 수 있다.

공리주의자들은 효용성을 도덕적 판단의 기준으로 삼는 '공리의 원리(principle of utility)'가 입법과 정치 등 모든 사회적 행위를 규율해야 한다고 주장한다. 공리주의는 또한 쾌락과 행복을 추구하는 개인의 이기심을 전제하기에 경제적 자유주의를 뒷받침하는 것으로 이해되었다. 공리주의는 실제로 19세기 초 영국에서 자유무역을 주창한 자유주의적 경제 개혁을 뒷받침하는 사상적 기반이 되기도 했다.

그러나 공리주의적 관점은 사회적 공리의 증대에 도움이 된다면 정부의 간섭과 부의 재분배를 위한 사회적 입법도 정당화될 수 있으며, 가부장적이고 강력한 중앙집권적 국가가 최대 다수에게 최대 행복을 가져다 준다면 광범한 권력을 행사하는 독재적 국가도 수용될 수 있다고 본다는 점에서 반드시 자유주의 정치철학과 맥을 같이한다고 볼 수는 없다. 따라서 사회철학으로서의 공리주의 그 자체가 본질적으로 자유주의적이거나 반자유적인 것으로 볼 수는 없다.

공리주의가 자유주의적 성격을 갖게 된 것은 당시 널리 퍼진 자유방임주의적 시장경제 옹호론과 영향을 주고받았기 때문이다. 고전적 자유주의 경제학자들은 사익을 추구하는 개인들이 자유시장에서 자유롭게 경제 활동을 하게 되면 개인의 이익뿐만 아니라 전체의 이익도 최대한 증진된다고 주장했다. 이들은 자유시장 경제가 원활하게 육성되도록 하자면 국가는 시장에 쓸데없는 간섭을 해서는 안 된다고 생각하여 제한정부(limited government)를 옹호했다. 자유주의 경제학자들의 영향을 받은 벤담은 따라서 강력한 중앙집권적 정부를 지지하지 않았으며, 그의 철학은 민주주의적 자유주의를 지지하는 것으로 해석된다(이종은, 2010: 121-122).

공리주의는 다른 한편 분배적 평등을 강조했다는 점에서 근대 복지사상의 발달에 큰 영향을 끼쳤다. 공리주의는 특히 영국의 페이비언 사회주의(Fabianism)의 사상적 근거를 제공했다는 점에서 오늘날 유럽 사회민주주의 사상의 한 뿌리를 이루고 있다. 공리주의는 특히 모든 인간의 이해 관계를 동일하게 배려해야 한다고 주장함으로써 도덕적 평등을 강조한 것으로 볼 수 있다(Kymlicka, 1990: 31f.; Sen, 1992: 13f.).

공리주의에서는 "모든 사람은 한 사람으로 계산되며 어느 누구도 한 사람 이상으로 계산되어서는 아니 된다"고 주장된다(Bentham, 1996: 18). 이것은 모든 사람의 이해 관계는 그 내용이나 개개인의 물질적 상황에 상관없이 동등하게 취급되어야 하며, 모든 계몽된 사람의 이익은 공정하게 집계되어야 한다는 것을 의미한다. 결국 공리주의에서 일반의 행복은 동일한 비중을 갖는 개인적 효용함수의 총합으로 구성되는 사회적 효용함수에 의해 표현된다고 생각된다.

결론적으로 말해 고전적 공리주의자도 분명히 평등을 고려했다. 그러나 이 평등은 어디까지나 최대 효용을 달성하기 위한 수단으로서의 평등이며(Scanlon, 1978: 99), 사유재산 보호의 틀 안에서 분배의 평등을 강조했다는 점에서 오늘날의 사회주의 사상과는 큰 차이를 나타낸다고 하겠다.

공리주의의 가치 정향을 둘러싸고 상반된 해석들이 제기되는 것은 공리주의에는 여러 분파[1)]가 있을 뿐만 아니라, 같은 분파 속에서도 각 학자들의 주장과 강조점 그리고 해석이 각기 다르기 때문이다. 그리고 공리주의의 논리에는 모호한 점도 있고 모순되는 점도 분명히 있다. 앞

---

1) 공리주의 사상의 주류는 벤담(Jeremy Bentham, 1748-1832)과 그의 후계자인 제임스 밀(James Mill, 1773-1836), 그리고 그의 아들로 공리주의자 가운데 가장 위대한 사상가로 알려진 존 스튜어트 밀(John Stuart Mill, 1806-1873)로 대표되는 경험적 공리주의(empirical utilitarianism)다. 그러나 공리주의의 분파 가운데는 그 밖에도 스펜서(Herbert Spencer, 1820-1903)의 진화론적 공리주의, 시지윅(Henry Sidgwick, 1838-1900)의 직각론적 공리주의, 페일리(William Paley, 1743-1805)의 신학적 공리주의 등이 있다(김태길, 1986: 95).

서 살펴보았듯이, 혹자는 공리주의의 원칙에서 평등의 규범을 이끌어내는가 하면 또 다른 사람은 공리주의의 원칙에서 불공정한 분배를 정당화하는 논리를 찾아내기도 한다. 또한 일단의 철학자들은 공리주의의 논리에 따를 경우, 소수자나 개인의 인권 유린을 용인할 수 있음을 논증하기도 한다. 또한 대부분의 공리주의자는 정의가 공리(utility)로부터 도출된다고 주장하나, 그로티우스(Hugo Grotius, 1583-1645)와 같은 사람은 정의가 공리로부터 도출된다는 명제를 부인하기도 한다. 그만큼 공리주의는 다양한 가치 정향을 지닌 것으로 해석된다.

고전적 공리주의는 벤담 이후 2세기 동안 서구 사회의 지적 생활을 이끌면서 사회철학, 정치, 법, 경제 등 여러 분야에 광범한 영향을 미쳤다. 공리주의자들은 특히 "모든 제도와 정책은 공리의 원칙에 의해 검토되어야 한다"고 주장함으로써 공리주의는 철학적 급진주의(philosophical radicalism)로 이해되기도 했다. 존 스튜어트 밀(John Stuart Mill)은 공리주의에 근거하여 대의정부와 성인 남성의 보통선거권[2]을 주장했으며, 사상과 표현의 자유를 옹호했다. 정치철학 분야에서 정부의 권위와 개인 권리의 존엄성의 기초를 공리에 둔 공리주의는 자연법, 자연권, 사회계약 이론의 대안으로 제시되기도 했다. 공리주의는 또한 개인의 자유와 권리를 강조함으로써 현대 민주주의와 고전적 자유방임주의의 이념적 바탕을 마련했으며, 다른 한편에서는 평등한 분배를 강조하는 것으로 해석되어 오늘날의 복지경제학(welfare economics)의 단초를 제공한 것으로 평가받는다.

2) 존 스튜어트 밀은 1861년 『프레이저 매거진(*Fraser's Magazine*)』에 발표한 '공리주의'라는 글에서는 여성에게도 투표권을 허용할 것을 제안했다.

제 15 장

자유주의의 정의론

1 자유주의 정의론 개관

국가는 개인의 자유를 보장하기 위해 존재한다고 생각하는 자유주의자들은 정부가 민간 부문의 경제 활동에 대해 파괴적 간섭을 하는 것을 체질적으로 반대한다.

자유주의(liberalism) 또는 자유지상주의(libertarianism)는 개인의 자유와 권리를 주요 정치적 · 사회적 · 경제적 가치로 삼는 정치철학적 관점을 말한다. 이 장에서는 자유주의(liberalism)와 자유지상주의(libertarianism)라는 용어를 문맥에 따라 적절히 혼용하여 사용하고자 한다. 민간 영역에 대한 정부 간섭의 최소화를 지향하는 자유주의라는 용어는 특히 미국 사회에서는 보수주의(conservativism)와 같은 의미로 사용된다. 원래 민간 경제 활동의 '자유'를 주창하는 것은 미국의 공화당과 같은 보수주의 집단이 추구하는 기본 가치이기 때문이다. 오늘날 신자유주의(neo-liberalism)라는 용어가 신보수주의(neo-conservativism)라는 용어와 같은 의미를 지니는 이유가 여기에 있다. 리버럴리즘(liberalism)이란 용어가 오늘날 미국 사회에서 정부 간섭의 최소화를 지향하는 고전적 '자유주의'의 의미와 함께, 정부 간섭을 선호하는 '진보주의(progressivism)'의 의미를 동시에 지니게 된 것은, 누구도 거역할 수 없는 보편적 가치어로서 '자유'라는 용어를 미국의 진보주의자들이 선점했기 때문이다.

고전적 자유주의자들은 국가와 사회 그리고 집단은 개인의 자유를 보장하기 위해 존재한다고 본다. 따라서 자유주의자들은 국가가 개인의 가치관이나 삶의 방식에 간섭해서는 아니 된다고 본다. 이에 반해 고전적 자유주의의 대척점에 서 있는 공동체주의는 공동체적 가치와 연대성을 강조한다. 공동체주의자들은 개인의 자아 정체성은 공동체의 역사와 전통 속에서 형성되므로 개인은 사회적 · 역사적 요구와 책무를 회피해서는 아니 되며 이것을 적극적으로 떠맡아야 한다고 주장한다(손칠성, 2007: 17). 고전적 자유주의는 정치적으로는 자유민주주의 체제를, 경제적으로는 자유시장 경제 체제를 지향한다. 즉, 개인의 자유와 권리를 강조하는 고전적 자유주의는 정치적으로는 인권, 법의 지배, 권력 분립을 통한 권력 통제를 선호하며, 경제적으로는 민간 부문의 자유로운 경제 활동이 보장되는 시장경제 체제를 선호한다.

그러나 오늘날의 자유주의는 정치적 · 사회적 · 경제적 여건의 변화에 따라 그 주창하는 내용이 다양하게 변화되어 온 것이 사실이다.

자유주의자들은 기본적으로 민간 부문의 경제 활동에 대한 정부 간섭의 배제를 주창하나, 상황에 따라 이들은 정부의 간섭을 용인하는 입장을 취하기도 한다. 즉, 고전적 자유주의자들은 정부의 권한과 책임의 확대에 대해 분명한 반대 입장을 취하나, 오늘날의 진화된 자유주의자들은 정부 권한의 확대를 용인하기도 한다. 자유주의가 추구하는 정치적 · 경제적 가치가 이렇게 혼란스럽게 다의적으로 해석되는 이유 가운데 하나는, 앞서 살펴보았듯이, 미국의 민주당과 같이 진보적 가치를 추구하는 정치집단이 인류의 보편적 가치로서 '자유'라는 용어를 보수집단과 함께 경쟁적으로 사용하기 때문이다.

자유주의의 좀 더 정확한 이해를 위해서는 우선 그 용례부터 살펴볼 필요가 있다. 샌델은 '리버럴리즘'이라는 용어가 세 가지 의미로 사용된다는 점을 지적한다. 샌델은 미국의 정치 담론에서 '리버럴리즘'은 일반적으로 '보수주의'의 반대를 가리킨다고 말한다. 그는 미국의 리버럴리즘은 좀 더 관대한 복지와 더 많은 사회적 · 경제적 평등을 반기는 사람들의 입장이라는 설명을 덧붙인다. 이때 샌델이 얘기하는 '리버럴리즘'은 우리나라에서는 '자유주의'보다는 '진보주의'로 번역되는 것이 타당할 것이다.[1)]

샌델은 또한 유럽의 정치 담론에서 리버럴리즘이라는 용어는 사회주의의 반대로 자유방임주의적, 자유시장적 이념 지향을 가리킨다고

1) 샌델의 『공동체주의와 공공성』의 번역자들은 미국의 리버럴리즘(liberalism)을 '자유주의'로 번역하여(Sandel, 2008: 37), 리버럴리스트들은 사회적 · 경제적 평등을 반기고 복지국가를 선호한다고 기술하고 있다. 그러나 이 문맥에서 리버럴리즘은 '자유주의'가 아닌 '진보주의'로 번역되어야 그 의미가 제대로 전달될 수 있다. 앞서 밝혔듯이 오늘날 미국에서는 진보집단과 보수집단이 다 함께 '자유'라는 용어를 경쟁적으로 사용하기 때문에 이러한 혼란이 초래된 것이다.

말한다. 이때 리버럴리즘이라는 용어는 고전적 자유주의를 지칭하는 의미로 사용된 것이다. 한국의 정치 담론에서는 친시장 · 친기업적 정책을 지향하는 '보수주의'로 번역하는 것이 타당하다.

리버럴리즘은 또한 정치이론의 역사에서 좀 더 광범한 다른 의미를 지니는 용어로 사용되기도 한다. 역사적 의미에서 리버럴리즘은 관용을 강조하고 개인적 권리에 대한 존중을 강조하는 사상의 한 전통으로 나타난다. 그 전통은 로크, 칸트 그리고 존 스튜어트 밀에서부터 롤스에까지 이어진다(Sandel, 2008: 37). 이때 사용된 리버럴리즘이라는 용어는 개념 그대로의 '자유주의'를 가리키는 개념으로 이해될 수 있다.

요약하자면 '리버럴리즘'이라는 용어는 한국의 정치 담론에서는 '자유주의', '진보주의', '보수주의'로 각각 번역되어 사용될 수 있다. 그러나 문맥에 적합한 번역 용어가 선별 · 사용되지 않음으로써 학술적 논의나 정치 담론에서 적지 않은 혼란이 초래되고 있다. 특히 진보적 정책을 주창하는 리버럴리즘을 '자유주의'로 번역할 때, 본질적 혼란이 초래된다.

고전적 '자유주의'는 본질적으로 개인의 자유를 위협할 소지가 있는 정부의 권한 강화에 반대하는 반국가주의(antistatism) 교의를 지지하며, 역동성과 창의성의 발휘를 가능케 하는 자유시장을 선호한다. 자유주의 사상은 특히 정부가 민간 부문의 경제 활동에 대해 파괴적 간섭(destructive interference)을 하는 것을 체질적으로 반대한다. 벤담은 정부에 대해 "입을 다물라(Be quite!)"고 간결하게 충고한다. 이들은 가장 최선의 정부라 할지라도 기껏해야 그것은 필요악(necessary evil)에 불과할 뿐이라고 생각한다. 자유시장에 의한 가치 분배를 정의로 보는 자유주의는 따라서 조세권을 활용한 정부의 재분배 정책에 대해 분명한 반대 입장을 취한다. 경제적 자유주의는 자유 경쟁의 결과로 인한 결과적 불평등을 자연스러운 것으로 받아들이는 입장을 취한다.

자유주의자들은 자기소유권(self-ownership)에 대한 천부적 권리에 바탕하여 시장적 자유의 논거를 이끌어낸다. 그들은 사회 구성원 개개인이 사물에 자신의 노동을 첨가할 경우 그 사물을 소유할 자연적 권리를 갖게 된다고 본다. 물론 그 사물이 "다른 사람을 위해 충분히(enough and as good) 남아 있는 경우에 한해서" 그리고 "최초의 소유권 획득이 어느 누구의 상황도 악화시키지 않는다는 전제 위에서"라는 조건[2]을 만족시킬 경우에만 소유권을 가진다는 것이다. 자유주의는 이 자연권적 소유권에 바탕하여 시장적 자유를 옹호하고, 재분배적 조세 정책(redistributive taxation schemes)에 반대하는 것이다.

자유주의는 지난 4세기 동안 서구 문명을 이끌어 온 대표적 사조(思潮)다. 17~18세기 로크(John Locke, 1632-1704)와 스미스(Adam Smith, 1723-1790) 등에 의해 정치적 자유주의와 경제적 자유주의로 발전해 온 고전적 자유주의는 오늘날 대부분의 선진 자본주의 국가에서 정치·경제적 제도의 이념적 바탕을 이루고 있다.

자유민주주의의 이념으로 발전해 온 고전적 자유주의는 본질적으로 시민의 권리 강조와 정부 권능의 제한, 그리고 자유방임적 시장 경

2) 노직(R. Nozick)은 이러한 조건을 로크의 단서(Lockean Proviso)라 부른다. 이 단서는 수요가 공급을 초과할 때는 언제든지 개인에 의해 사유화될 수 있는 전체 자원에 엄격한 제한을 두기 위한 것으로 여겨진다(Exdell, 1977: 144).

제 체제를 지향한다. 경제적 자유주의는 배분적 정의와 관련해서는 최소주의적 입장(minimalist positions)을 대변한다. 즉, 자유주의는 자유와 재산에 대한 원초적 권리를 전제하여 재분배(redistribution)와 사회권(social rights)을 반대하고 자유시장을 옹호한다(Nozick, 1974). 특히 고전적 자유주의자들은 정부의 간섭이 없는 자유시장 경제 체제를 주창한다. 즉, 이들은 기업가의 자유로운 경제 활동과 개인의 재산권을 강조하며 경제를 자유로운 시장 질서에 맡겨야 한다고 주장한다.

그러나 고전적 자유주의의 이념은 20세기 들어 진보적 사상을 부분적으로 수용함으로써 그 이념적 스펙트럼이 크게 넓어졌다. 현대의 다양화된 자유주의의 이형(異形, variant)들은 무정형(無定形, amorphous)의 특성을 지닌다. 특히 19세기 말 서구에서 발전된 이른바 '사회적 자유주의'는 정부가 사회 문제 해결을 위해 시장에 어느 정도 개입하는 것을 용인하는 입장을 취한다.

사회적 자유주의의 주창자들은 공정거래 제도의 확립과 최저임금제의 시행, 환경오염 규제 등 시장에 대한 정부의 규제를 일정한 정도 인정한다. 이들은 또한 정부가 기본적 수준의 복지를 시민들에게 제공하는 복지국가를 주창하기도 한다. 이들이 내세우는 '자유'의 의미를 '적극적 자유'로 해석하여 고전적 자유주의자들이 부르짖는 '소극적 자유'와 구별짓는 이유도 여기에 있다.

비록 '사회적 자유주의' 이념을 추구하지 않는, '고전적 자유주의'에 이념적 기반을 둔 정부라 할지라도 오늘날 많은 나라에서 무상교육, 노동자의 재해보험, 장애인 · 노약자 · 실업자 지원 정책, 건강보험, 최저임금법 등 여러 사회적 정책을 제도화하고 있다. 그러나 자유주의 전통을 따르는 대부분의 정부는 조세 수단을 통한 분배 정의 구현에 소극적 입장을 취함으로써 사회 양극화 현상을 심화시키고 있다.

다음에서는 현대 자유주의 정치철학을 대표하는 노직과 롤스의 정의관을 살펴보고자 한다. 그러나 노직의 자유주의는 자유지상주의로, 롤스의 정치철학은 자유주의적 평등주의로 구분하여 고찰하고자 한다. 물론 롤스의 입장을 샌델(Michael Sandel), 뮬홀(Stephen Mulhall)과 스위프트(Adam Swift) 등은 현대 자유주의의 전형적인 입장으로 간주하기도 한다.[3] 그러나 다른 학자들은 롤스의 사상 속에 재분배적 측면과 평등주의의 요소가 담겨 있다는 점에서 그를 자유주의적 평등주의자로 구분한다. 현대 자유주의 정치철학자 속에는 노직과 롤스 이외에 여러 학자가 포함될 수 있을 것이나 여기서는 노직을 중심으로 자유주의 사상의 특징을 고찰하고자 한다.

2 노직의 자유지상주의 정치철학

현대의 대표적인 자유주의 철학자인 노직(Robert Nozick, 1938-2002)은 개인의 자유를 정치적 가치의 중심에 놓는다. 자유시장에 의한 가치 분배를 공정한 것으로 보는 그는 무엇보다도 정의(正義)가 광범한 경제적 재분배를 요구한다는 가정에 도전한다. 도대체 국가가 필요한

---

3) 롤스를 자유주의자로 규정하는 것은 그의 이론이 자유주의의 두 요소, 즉 개인의 자유에 대한 신념과 기회 균등의 주장을 담고 있기 때문이다.

가, 국가에 어떠한 권능을 허용해야 할 것인가 하는 정치철학의 근본 물음으로부터 시작하는 그는 최소국가론(minimal state)에 의거하여 경제적 가치의 재분배를 목표로 하는 국가 과세권의 정당성에 의문을 표한다.

노직은 최소 국가에 대해 "최소 국가는 정당화될 수 있는 범위 내에서만 영향력을 행사하는 국가다. 그보다 더 큰 권능을 행사하는 광능국가(廣能國家)는 국민들의 권리를 침해한다"(Nozick, 1974: 149)고 주장하면서, 개인의 자유를 억압할 우려가 있는 국가 권능의 확대에 반대한다. 그는 최소 국가의 기능과 관련하여 다음과 같이 주장한다. 즉, 강압 · 절도 · 사기로부터의 보호, 계약의 강제 등 한정된 권능을 행사하는 최소 국가는 정당화되며, 그 이상의 큰 권한을 행사하는 국가는 개인의 권리를 침해할 것이고, 따라서 최소 국가는 정당할 뿐만 아니라 고무적이라는 것이다(Nozick, 1974: ix). 자유방임적 자본주의(laissez-faire capitalism)의 적극적 옹호자인 노직은 정부의 과세권에 대해 강제의 위협에 의존한 '금전 탈취'로 규정한다.

정부 권위에 의한 분배 정책보다 소유의 획득 및 교환 과정에서의 공정성을 중시한 노직은 정의의 주제를 분배 문제가 아닌 '소유권'의 문제에서 시작한다. '분배적 정의(distributive justice)'라는 용어가 중립적인 용어가 아니라고 주장하는 그는 재분배를 해야 하는지의 여부는 열려 있는 문제(open question)라고 규정한다(Nozick, 1974: ch. 7). 개인들이 소유물에 대한 권한을 갖고 있다는 신념을 정당화하기 위해 노력한 그는 개인 권리의 유래를 로크가 상정한 자연 상태로부터 찾는다. 로크는 개인들이 자연 상태에서 완전히 자유로운 상태 속에 있음을 다음과 같이 표현하고 있다.

> "자연법의 경계 안에서는 다른 사람의 허락을 얻거나 그의 의지에 의존함이 없이, 그들이 적합하다고 생각하는 바대로, 자신들의 행위를 결정하고 그 소유물을 처리할 완전한 자유의 상태 속에 있다" (Locke, 1967: §4).

로크의 자연 상태는 자유로운 상태일 뿐만 아니라, 또한 평등한 상태다. 그러나 그것이 모든 국면의 평등을 가리키는 것은 아니다. 로크의 자연 상태 속에서 모든 권력과 권한은 상호적이며, 어느 누구도 다른 사람보다 더 많은 것을 갖지 않는다. 모든 사람은 태어날 때부터 평등하다. 그러나 그것은 모든 차원에서의 평등을 의미하지는 않는다. 연령, 덕행, 재능, 공적, 출생 등에 의해 사람 사이에 우월성의 차이가 나타나는 것은 당연하다고 할 수 있다. 결국 자연 상태에서의 평등은 모든 사람이 타인의 의지 또는 권위에 복종하지 않고 자신의 자연적 자유를 갖게 되는 평등한 권리를 의미한다고 하겠다(Locke, 1967: §4, §54).

로크의 자연 상태에서 개인은 또한 태어날 때부터 신성불가침의 자연권을 갖는다. 그러나 자연 상태에서는 생명, 건강, 자유, 재산 등이 타인으로부터 침해당할 우려가 있는 바, 자연권의 보호자로서 국가의 역할이 필요하게 된다고 로크는 주장한다. 로크가 자연권 이론에 기초하여 『시민정부론(*The Two Treatises of Civil Government*)』을 전개하는 데 대해, 노직은 로크가 자연권의 기초에 대해 만족할 만한 설명을 제공하지 않았다고 비판하면서 '최소국가론'을 전개한다.

정부를 일종의 시장으로 보는 노직은 고전적 자유주의자들이 얘기하는 야경국가(night-watchman state), 즉 최소 국가가 다른 사람의 보호를 위해 일부 사람들에게 더 많은 지불을 강요하게 된다면 재분배적(redistributive)으로 보일 수 있다고 말한다(Nozick, 1974: 25). 그러나 그는 국가에 의한 보호적 서비스의 제공이 재분배적이 아님을 보일 수 있다고 하면서 설득력 있는 재분배의 논거가 발견되지 않으면 우리는 이 용어를 사용하지 말아야 한다고 주장함으로써 최소 국가가 전혀 재분배적이지 않다는 사실을 입증하려고 노력했다.

노직은 존재하는 것은 모두 독립적 삶을 영위하는 서로 다른 개인인 바, 나 자신의 삶보다 타인의 삶을 도덕적으로 더 중요한 것으로 간주하여 좀 더 큰 사회적 선(善)을 도모하려 해서는 아니 된다고 주장한다. 그는 나아가 우리 중 일부가 타인을 위해 희생되는 것은 여하한 경우에도 정당화되지 않는다는 극단적 입장을 표명함으로써(Nozick, 1974: 33), 개인 권리의 도덕적 정당화를 추구하는 자유지상주의적 입장을 명확히 하고 있다. 노직이 자연 상태에 관한 로크의 논의로부터 국가 기능에 대한 관점을 이끌어 낸 까닭은 결국 국가의 재분배 정책에 대한 반대 논거를 찾기 위해서라고 할 수 있다.

노직은 분배적 정의(distributive justice)에 관한 논의를 '소유자격론(entitlement theory)'으로 바꾸어 전개한다. 그는 자유 세계에서 각 개인은 비점유물에 노동을 가해 소유 자격을 갖게 되거나 또는 다른 사람과의 자발적 교환 등에 의해 소유 자격을 획득하게 된다고 본다. 전자는 소유물의 최초 취득(original acquisition of holdings)에서의 정의의 원칙이라 불리고 후자는 소유물의 이전(transfer of holdings)에서의 정의의 원칙으로 불린다. 노직은 따라서 자유 세계에서 '분배(distribution)'란 있을 수 없다고 주장하면서, 분배란 용어 대신에 중립적인 '소유(holdings)'라는 용어를 사용하여 소유에서의 정의의 원칙을 논한다.

부연하자면, 노직은 정의로운 소유의 원칙으로 다음의 세 가지를 제시한다.

(a) 취득에서의 정의의 원칙에 따라 소유물을 취득한 자는 그 소유물을 취득할 자격을 가진다(A person who acquires a holding in accordance with the principle of justice in acquisition is entitled to that holding).

(b) 이전(移轉)에서의 정의의 원칙에 따라 소유물을 취득한 자는 그 소유물을 차지할 자격을 가진다(A person who acquires a holding in accordance with the principle of justice in transfer, from someone else entitled to the holding, is entitled to the holding).

(c) 어느 누구도 (a)과 (b)의 (반복적) 적용에 의하지 않고는 그 소유물에 대한 소유 자격이 없다(No one is entitled to a holding except by (repeated) applications of 〈a〉 and 〈b〉).

최초 획득과 이전(移轉)에서의 공정성을 강조하는 노직의 정의의 원칙은 '소유자격론'으로 불린다. 노직의 주장 가운데 '이전에서의 정의의 원칙'에 대해서는 논란이 적으나, '최초 획득에서의 정의의 원칙'에 대해서는 적지 않은 논란이 일고 있다. 어떻든 노직은 최초 획득에서의 정의의 원칙에 관한 영감을, 물질 세계에 노동을 혼합함으로써 소유권을 갖게 된다는 로크의 아이디어에서 이끌어내고 있다 (Nozick, 1974: 149-182).

'분배'라는 용어 대신 '소유'라는 개념을 사용할 것을 주창한 노직은 '소유자격론'에서 분배의 어떤 고정된 목표를 설정하지는 않는다. 왜냐하면, 노직에게 '정의로운 분배'는 곧 '정당한 소유'를 의미하며, 이는 정당한 최초 획득과 정당한 시장적 교환에 의해 이루어지기 때문이다. 노직은 도덕적 가치(moral merit)나 사회적 유용도(usefulness to the society) 등의 기준에 의해 분배가 이루어지는 상황을 분배의 정형화(patterning)라고 부르면서, 국가에 의한 분배의 정형화 시도는 언제나 개인의 자유를 제한하게 된다는 사실을 지적한다(Nozick, 1974: 163).

노직은, 이러한 지적을 통해, 최소 국가보다 더 큰 권능을 행사하는 광능국가(extensive state), 즉 조세 수단을 통해 분배와 재분배를 추구하는 국가에 대한 분명한 반대 입장을 밝히고 있다. 노직과 같은 자유지상주의 사상가들은 독립적 삶을 영위하는 개인들이 타인을 위해 희생되는 것은 여하한 경우에도 정당화되지 않는다고 주장한다. 예를 들면 가난한 사람들의 복지를 위해, 부자들이 희생되어서는 아니 된다는 것이다. 자유지상주의자들은 정의로운 분배를 명분으로 한 정부의 간섭은 곧 사유재산권(private property)을 침해하는 것이 되며, 사유재산권을 침해하는 것은 신성불가침적인 개인의 자유를 침해하는 것과 같다는 것이다.

자유주의자인 벨(Daniel Bell)은 국가와 같은 사회적 장치의 기본 목적이 개인의 자유를 확보해 주는 데 있음을 다음과 같이 역설한다.

"사회적 장치(societal arrangements)의 목적은 개인들로 하여금 재산 취득을 위한 노동, 자신들의 원망(願望)을 충족시키기 위한 거래, 그리고 자신들의 재능에 걸맞은 지위를 얻기 위한 노력을 통해 그들의 목표를 달성하도록 충분한 자유를 부여하는 데 있다.…… 개인들은 선천적 재능과 에너지, 충동, 동기부여에서, 그리고 무엇을 바람직하다고 생각하는지 등과 관련하여 상이하다. 사회는 개인의 이러한 다양한 욕망과 능력을 실현시킬 수 있는…… 절차를 확인해야 한다"(Bell, 1972: 40).

결국 국가에 의한 강제적 재분배 정책에 대해 기본적으로 반대하는 정치적 · 경제적 자유주의자들은 시장 메커니즘에 의한 분배를 정의로운 것으로 본다.

3 자유주의 정치철학에 대한 평가

역사적 관점에서 볼 때 자유주의 정치철학은 인류 사회에 큰 영향을 미쳤다. 고전적 자유주의는 정치적 측면에서는 특히 중세 봉건주의 질서를 무너뜨리고 귀족들의 특권을 타파함으로써 대의정부(representative government) 체제의 바탕을 마련하는 사상적 기반이 되었다. 즉, 고전적 자유주의는 국가 권능을 제한하고자 하는 입헌정부(constitutional government)의 이상을 좇아 개인의 자유권과 언론 및 사상의 자유를 주창함으로써 근대 민주주의의 길을 열었다. 자유주의 사상은 또한 경제적 측면에서는 인간 사회에 물질적 풍요를 가져다 준 시장경제의 밑돌을 놓았다.

공동체주의자들은 그러나 자유주의 사상의 문제점을 다음과 같이 지적한다. 즉, 자유주의는 개인 권리의 우선성, 역사와 현실적 상황으로부터 초월하여 존재하는 자율적 개인, 선 관념(善觀念, conception of the good)[4]에 대한 독립적 판단, 그리고 자신의 이익을 추구하는 개인과 그들의 계약에 의해 구성된 사회 등을 전제로 하는 데 문제가 있다고 지적한다.

'공동체에 대한 개인의 우선성'은 공동선에 앞서 개인의 이익을 중시하는 사고로 이어지는 바, 따라서 개인의 이익과 권리가 일반 복지, 공동선과 부딪칠 때는 언제나 전자가 우선시되어야 한다는 의미를 담고 있다. 샌델과 같은 공동체주의자들은 자유주의자들의 이와 같은 자율적 · 독립적 자아론이 지니는 문제점을 먼저 지적한다. 즉, 사회의 가치와 목적에 우선하여 존재하는 자아론은 잘못된 것이라는 것이다.

공동체주의자들은 또한 자유주의가 지나치게 '개인의 자율성과 분리성'에만 초점을 맞춤으로써 공동체가 개인의 삶에서 지니는 중요성을 간과하고 있다고 비판한다. 즉, 자아 정체성은 진공 속에서 형성되는 것이 아니라 개인이 속한 공동체와의 관계를 통해 형성되는데, 자유주의자들은 이 점을 간과한다는 것이다.

샌델은 또한 자유주의자들이 출발점으로 삼는 '자아(自我)'는 현실로부터 유리된 '무연고적 자아(unencumbered self)'[5] 개념에 기반하고

---

4) 선(善) 관념은 사람들이 자신의 삶을 어떻게 살아야 하는가 그리고 무엇이 자신의 삶을 가치 있게 만드는가에 대해 갖고 있는 일련의 신념을 말한다.

5) 샌델은 롤스의 원초적 입장이 무연고적 자아, 즉 자신의 목적이나 가치관에서 추상된 그림자 자아(shadow self)를 가정한다고 비판한다(Sandel, 1982).

있다고 비판한다. 즉, 자유주의는 개인의 자아가 특정 공동체의 역사나 전통과는 상관없이 독립적으로 형성되는 것처럼, 즉 아무런 연고도 없이 형성되는 것처럼 간주하는데 그것은 옳지 않다는 것이다. 그는 자아 또는 자아 정체성이 특정한 공동체의 역사나 전통을 배경으로 형성된다고 본다. 그래서 샌델은 아리스토텔레스의 주장을 인용하면서 공동체가 시민의 도덕성을 함양하는 역할을 해야 한다고 말한다. 국가와 같은 정치공동체가 단순한 동맹과 다른 이유는 공동체가 특정한 포괄적 가치관을 공유하면서 그것을 장려하기 때문이라는 것이다.

이러한 관점에서 샌델은 '반(反)사회적 개인주의(asocial individualism)'라는 용어를 동원하여 롤스를 비판한다. 샌델은 롤스의 자유주의가 개인과 사회 또는 공동체와의 관계를 잘못 이해하고 있다고 주장한다. 그는 자유주의가 사람들의 현재의 상태 그리고 그들이 지니고 있는 가치가 그들이 살고 있는 사회에 의해 만들어진다는 점을 간과한다. 즉, 자유주의자들은 사회적 환경을 벗어나서는 도덕적 삶이 불가능하다는 점을 간과한다는 것이다. 그리고 공동체주의자들은 자유주의자들이 사회를 개인적 이득을 추구하기 위한 사적인 결사체로 간주함으로써 사회적 유대 그 자체를 가치 있는 것으로 보지 않는다고 비판한다. 이러한 논거에서 샌델은 롤스의 입장을 반사회적 개인주의라고 비판한다.

샌델은 그 밖에도 롤스가 문제성 있는 인간관을 지니고 있다고 비판한다. 롤스는 도덕적 선택을 자의적인 선호의 표출로 환원시킴으로써 그 자신을 도덕에 대한 객관주의적 관점보다는 주관주의적 관점으로 나아가게 했다는 것이다(Mulhall & Swift, 2002: ch.1).

그러나 정작 롤스 스스로는 자유지상주의자인 노직이 국가를 일종의 사적 협회(private society)로 간주한다고 비판한다. 이와같이 노직이 국가를, 모든 사회 구성원에게 적용되는 일관된 공법(public law)이 존재하지 않는 일종의 사적 협회로 간주한다고 비판하는 데서 우리는 롤스에게서 공동체주의 사상의 일단을 찾아볼 수 있다.

어떻든 공동체주의자들은 공동체가 인간 생활에 근본적이고 대체 불가능한 요소임에도 불구하고 자유주의는 공동체의 가치를 평가 절하하거나, 무시 · 약화시킨다고 비판한다. 그리고 자유주의는 정치연합체를 단지 도구적 선으로 간주함으로써 정치적 삶을 과소 평가한다고 비판한다. 또한 자유주의는 결함이 있는 자아관을 전제함으로써 자아가 선택의 대상이 아니라 공동체적 가치에 뿌리내리고 있다는 점을 인식하지 못하고 있다는 등의 비판을 제기한다(Buchannan, 1989: 852-853; 박정순, 1993: 35-36).

매킨타이어(Alasdair MacIntyre)는 한편 오늘날의 자유주의 이념 아래서 개인의 도덕적 삶과 사회적 상황은 심각한 혼란과 무질서에 빠져 있다고 비판하면서, 그 원인을 도덕에 대한 자유주의의 정의주의(emotivism)적 · 개인주의적인 태도에서 찾고 있다. 자유주의 사회에서는 개인들의 주장이 서로 부딪치는 경우 어떤 주장이 우선하고 중요시되어야 하는지를 결정하기가 쉽지 않다. 현대 자유주의 사회는 이렇듯 개인의 생각과 행동을 규율할 수 있는 공통의 가치와 기준을 갖지 못하게 됨으로써, 심각한 분열과 혼란에 직면하지 않을 수 없게 되었다는 것이다. 이러한 분석에 기초하여 매킨타이어는 현대 자유주의의 문제를 극복하기 위해 공동체적 삶과 덕의 윤리를 강조했다.

공동체주의자들은 또한 자유주의가 처방하는 경제적 부의 분배 방식이 정의롭지 못하다는 점을 지적한다. 자유주의자들은 개인적 재능의 성과를 시장 원리에 따라 각 개인이 배타적으로 차지하게 하는 것이 정의로운 것으로 간주한다. 그러나 공동체주의자들은 자유시장 체제에서 부의 분배 기준으로 삼는 개인의 천부적 자질과 사회적 지위, 심지어 개인적 노력과 같은 요소까지를 우연적(incidental) 변인으로 보아 그 성과를 개인에게 오로지 귀속시킬 것이 아니라 사회의 공동자산(common asset)으로 간주해야 한다고 주장한다. 롤스도 이러한 주장에 가담하고 있다는 점에서 그는 자유주의적 평등주의자로 구분되는 것이다.

자유주의 경제 사상은 또한 사회적 부를 소수집단에 집중시킴으로써 사회 구성원 다수가 생산력 증대의 혜택에서 배제되는 부작용을 초래한다는 비판을 받고 있다. 이러한 부의 집중은 나아가 사회 전체의 구매력의 결핍을 초래함으로써 결과적으로 생산 잠재력을 억제하는 악순환을 초래하게 된다고 비판자들은 주장한다.

자유주의의 비판자들은 또한 자유주의 체제에서 생산 수단(means of production)의 소유자들이 축적된 부를 기반으로 하여 성숙되지 않은 유권자를 조작하고, 경쟁을 제한하며, 사회 개혁을 저해할 뿐만 아니라 심지어 정부까지 통제하게 된다고 비판한다. 절대국가(absolute state) 시대의 전제군주가 오늘날 자본주의 사회에서 자본가라는 '새로운 군주'로 대체되었을 뿐이라고 이들은 주장한다. 따라서 20세기의 진보주의자들은 민간 부문에 대한 정부의 적극적 역할을 받아들일 뿐만 아니라, 그것을 적극적으로 주창하고 있는 것이다. 심지어 자본주의 전도사들의 부흥회로 불리는 다보스 포럼(Davos Forum)의 2012년 회의에서조차 '경제적 공정성(economic fairness)'의 확립을 위해 '정부'가 더 적극적인 역할을 떠맡아야 한다는 주장들이 제기되었다.

오늘날의 자유주의와 공동체주의 사상은 상호 배타적이기보다 보완적 관계에 있다고 하겠다. 긴 역사적 안목에서 볼 때 인류 사회는 궁극적으로 공동체주의와 자유주의가 수렴된 공동체 자유주의(communitarian liberalism)를 향해 나아갈 것으로 예견된다.

제 16 장

롤스의 자유주의적 평등주의 정의론

1 롤스의 정의론 개관

"각 개인은, 사회 전체의 복지를 위한다는 명분에 의해서도 결코 유린될 수 없는 정의에 기초한 불가침성을 지닌다. 이러한 연유로, 다른 사람의 더 큰 선을 위해 일부 사람의 자유가 희생될 수 있다는 점을 정의는 인정하지 않는다(Each person possesses an inviolability founded on justice that even the welfare of society as a whole cannot override. For this reason justice denies that the loss of freedom for some is made right by a greater good shared by others.)." — 『정의론(*A Theory of Justice*)』

정의에 관한 현대 정치철학자들의 논의는 롤스로부터 시작된다. 롤스(Rawls, 1971)는 그의 『정의론』을 몇 가지 가정에서 시작한다. 그는 순수한 절차적 정의가 보장되는 원초 상태(original position)에서 합의되는 일련의 원칙이 곧 사회 정의의 원칙이 된다고 주장한다. 롤스는 원초 상태, 즉 각 구성원이 동등한 결정권을 갖고 있으나 사회의 어떤 조건이 자신에게 유리한지를 모르는 무지의 베일(veil of ignorance)에 가려져 있는 상태에서, 합리적 인간들은 최소극대화 원리(maximin principle)[1]에 입각해서 공정한 사회적 규칙을 선택하리라고 본다. 사회 구성원들은 이때 평등한 자유(equal liberty)의 극대화와 정당한 불평등(justifiable inequality)의 기준에 합의할 것인 바, 이것이 바로 정의의 두 원칙이 된다고 롤스는 보는 것이다.

롤스가 상정하는 원초 상태란 사회계약론에서 내세우는 자연 상태(state of nature)와 같은 가설적 상황이다. 원초 상태에서는 어느 누구도 자신의 사회적 지위나 계층상의 위치를 모르며, 누구도 자기가 어떠한 소질이나 능력, 지능, 체력 등을 천부적으로 타고났는지를 모른다. 이 상황에서는 심지어 자신의 가치관이나 특수한 심리적 성향까지도 모르는 것으로 가정된다. 정의의 원칙은 이러한 무지의 베일 속에서 선택되어야 한다고 롤스는 생각하는 것이다.

무지의 베일 상태에서 특정한 원칙을 선택하게 될 경우, 아무도 타

1) 게임이론에서 의사결정을 하는 하나의 방식으로, 최악의 상태를 상정하고 그 가운데서 최대의 이익을 가져다 줄 것으로 판단되는 대안(maximizing the minimum gain)을 선택하는 결정 원칙을 말한다. 무지의 베일에 가려져 있는 사람들은 그 자신이 가장 가난한 계층으로 전락할 가능성도 고려해야 하기에, 가장 불우한 사람들의 소득이 높아지는 분배 방식을 선택할 것으로 가정된다.

고난 우연의 결과나 사회적 여건의 우연성으로 인해 유리하거나 불리해지지 않는다. 모든 당사자가 유사한 상황에 처하게 되어 어느 누구도 자신에게 유리한 원칙들을 구상할 수 없는 까닭에 정의의 원칙들은 공정한 합의에 이르게 된다는 것이다(Rawls, 1971: 12).

국회에서 법률을 제정할 때 법안은 현 국회에서 통과시키되 시행 시기는 차기 또는 차차기 정권으로 미루는 부칙 조건을 덧붙인다면, 앞으로 여당이 될지 야당이 될지 모르는 무지의 베일 상태에 놓인 각 정당은 좀 더 공정한 규칙을 만들 것으로 기대할 수 있다. 이렇게 된다면 우리 국회에서 일상적으로 만나게 되는 의회 폭력 사태와 날치기 사태는 크게 줄어들 것이다.

롤스는 원초 상태에서 채택되리라고 생각되는 정의의 두 원칙을 『정의론』 11절(Rawls, 1971: 60)에서 다음과 같이 잠정적인 형식으로 진술하고 있다.

첫째, 모든 사람은 다른 사람의 유사한 자유와 상충되지 않는 한도 내에서 기본적 자유에의 평등한 권리를 최대한 가져야 한다(First: each person is to have an equal right to the most extensive basic liberty compatible with a similar liberty for others.).

둘째, 사회적 · 경제적 불평등은 (a) 모든 사람에게 이득을 가져다 줄 것으로 합리적으로 기대되도록, 그리고 (b) 모두에게 개방된 직위와 직무들에 결부되도록 정돈되어야 한다(Second: social and economic inequalities are to be arranged so that they are both (a) reasonably expected to be to everyone's advantage, and (b) attached to positions and offices open to all.).

롤스는 정의의 두 원칙에 관한 이와 같은 잠정적인 진술을 『정의론』 제46절(Rawls, 1971: 302)에서 다음과 같이 최종 진술로 바꾸어 제시한다.

제1 원칙: 각자는 모든 사람의 유사한 자유 체계와 양립할 수 있는, 기본적 자유에 대한 총체적 권리를 동등하게 가져야 한다(First Principle: Each person is to have an equal right to the most extensive total system of equal basic liberties compatible with a similar system of liberty for all.).

제2 원칙: 사회적 · 경제적 불평등은 다음의 두 가지 요건을 충족시키도록 정돈되어야 한다: (a) 공정한 저축 원칙[2]에 부합하면서 최소 수혜자에게 최대 이득이 되도록, 그리고 (b) 공정한 기회 균등의 조건 아래, 모두에게 개방된 직책과 직위에 결부되도록 정돈되어야 한다(Second Principle: Social and Economic inequalities are to be arranged so that they are both: (a) to the greatest benefit of the least advantaged, consistent with the just savings

2) 공정한 저축 원칙(just savings principle)이란 사회 협동의 산물 가운데 얼마만큼을 장래 세대의 복지를 위해 저축하는 것이 적절한 것인가를 정하는 원리를 의미한다. 사회 협동의 산물은 사회구성원에게 모두 분배할 수도 있을 것이며, 설비 등 생산 수단에 투자하거나 교육에 투자함으로써 장래 세대를 위해 저축할 수도 있을 것이다.

principle, and (b) attached to offices and positions open to all under conditions of fair equality of opportunity.).

롤스는 두 원칙이 충돌할 때에는 제1 원칙이 제2 원칙에 우선하고, 제2 원칙 내에서 충돌이 생길 때에는 기회 균등의 원칙이 차등 원칙에 각각 우선되어야 한다고 본다. 그는 자유 우선성(priority of liberty)의 원칙에 따라, 제1 원칙에 담긴 인간의 기본적 자유와 권리는 어떠한 사회적·경제적 이익과도 교환될 수 없다고 주장한다. 롤스가 규정한 인간의 기본적 자유 속에는 생명과 신체 등 인신의 자유, 양심과 사상의 자유, 재산 소유의 자유 등이 포함된다.

사회적·경제적 가치의 분배와 관련된 제2 원칙은 '정당화될 수 있는 불평등(justifiable inequality)'의 기준을 밝히기 위한 원칙이다. 그에 의하면 불평등한 분배가 정당화되자면 최소 수혜자 집단에게 더 많은 이익이 돌아가도록 해야 하며, 또한 더 큰 사회적·경제적 자원을 차지할 수 있는 지위나 직책은 모든 사람에게 접근 기회가 균등하게 열려 있어야 한다는 것이다.

롤스의 『정의론』은 제1 원칙을 통해 자유 우선성을 주장함으로써 자유주의를 명백히 옹호하고 있다. 그러나 그의 정의의 제2 원칙은 평등주의 이념을 지향하고 있음을 드러낸다. 즉, 그는 시민적·정치적 권리 등 기본적 자유에 우선성을 부여하는 가운데 기회 균등의 이상과 사회계약론에 입각해 분배 정의를 추구한다. 이러한 차원에서 우리는 롤스의 정치 사상을 자유주의적 평등주의로 규정할 수 있다.

롤스의 평등주의적 성향을 좀 더 자세히 살펴보자. 롤스는 기회 균등의 충족만으로는 사회적 · 경제적 가치의 불평등한 배분이 정당화될 수 없다고 주장한다. 기회가 균등하게 주어졌다 하더라도 개개인의 선천적 차이 등에 기인한 사회적 약자의 처지가 개선되지 않는다면 그것은 사회적 정의라 할 수 없다. 롤스에 의하면 재능 · 능력 · 노력에의 의지도 성별 · 가정적 여건 · 사회적 지위와 마찬가지로 도덕적 관점에서 보면 정당성의 근거가 없는 우연적 요소에 지나지 않는다(Rawls, 1971: 72-102). 따라서 개인의 능력과 재능에 의한 성과도 개인의 소유가 아닌 사회의 공동 자산(common asset)으로 해야 하며, 재능이나 능력을 근거로 불평등한 대우를 할 경우에는 최소 수혜자를 포함한 모든 구성원에게 이득이 될 경우에만 정당성을 부여받을 수 있다(Rawls, 1971: 179). 이 점에서 롤스 정의론의 평등주의적 성향을 확인할 수 있다.

결론적으로 얘기하자면, 롤스의 정의관은 자유방임주의에 의거한 전통적 자유주의와 생산 수단의 사회적 소유를 주장하는 사회주의의 양 극단을 지양하고 자유와 평등의 조화를 추구하는 중도적 입장을 취하고 있다. 그는 평등과 자유 혹은 형평과 효율 사이에서 균형점을 찾는 정치이론을 제시하고자 한 것이다. 롤스의 이러한 입장은 미국의 정치문화 속에서 야기되는 로크 류의 자유와 루소 류의 평등 간 갈등을 칸트적 정의관으로 해결하고자 한 것으로 볼 수 있다(Kukathas & Pettit, 1990: 130-134).

2 롤스의 정의론에 대한 평가

롤스의 정의론 속에는 자유주의적 요소와 평등주의적 요소가 다 함께 들어 있다. 앞서 밝혔듯이, 그는 개인의 자유에 대한 신념을 강조하고 있다는 측면에서 그리고 자유롭고 평등한 사람들이 합의하는 계약에 따르는 것을 정의로 규정한다는 점에서 자유주의자로 규정될 수 있다. 롤스는 다른 한편 불평등한 분배가 정당화되자면 최소 수혜자 집단에게 더 많은 이익이 돌아가도록 해야 한다고 주장하면서, 개인의 재능과 노력에 의한 성과를 개인의 소유로 할 것이 아니라 사회의 공동 자산으로 해야 한다고 주장한다는 점에서 평등주의와 함께 공동체주의의 요소를 지닌다고 하겠다. 다시 말하면, 롤스는 개인의 자유와 공동체와의 관계에서는 자유주의자로, 그리고 분배 문제에서는 공동체주의자로 이해될 수 있다.

롤스의 자유주의적 평등주의는 좌파와 우파 양측으로부터 공격을 받고 있다. 자유주의를 지향하는 우파에서는 평등을 지향하는 롤스의 정의관이 천부적 자유권의 제한을 초래한다고 비판한다. 완전한 평등을 지향하는 좌파에서는 또한 롤스가 '정당한 불평등'의 기준을 찾으려 한다는 점에서 현대 자유주의의 전형으로 비판한다. 롤스의 정의론에 대한 비판은 노직과 같은 자유지상주의로부터 제기되는가 하면, 다른 한편에서는 샌델과 같은 공동체주의자들로부터 제기된다.

롤스의 이론에 대한 노직의 비판의 핵심은 롤스의 『정의론』에 담겨 있는 재분배적이고 평등주의적인 요소가 개인의 재산권과 소유권에 대한 침해를 수반한다는 것이다. 노직의 견해에 의하면, 롤스와 같은 재분배적 복지국가의 지지자들은 재능을 지닌 부유한 사람들의 재능을 그렇지 못한 사람들을 위해 사용하는 조세 체계를 상정하기 때문에 개인을 진지하게 고려하지 못한다는 것이다(Mulhall & Swift, 2001: 17). 노직은 롤스가 '차등 원칙'에서 상정하듯이 국가가 재분배 기능을 수행하기 위해서는 국가의 기능과 권력은 계속 확대될 수밖에 없고 결과적으로 개인의 자유권과 재산권을 침해하게 된다는 것이다.

샌델은, 앞서 밝혔듯이, 롤스가 형이상학적으로 문제가 있는 인간관을 지니고 있다고 비판한다. 원초 상태에서 사람들은 자신의 선 관념(善觀念)을 모르는 것으로 가정되는데, 이는 삶을 어떻게 살아야 하는가에 대한 자신의 생각을 모른다는 것을 의미한다. 공동체주의자들이 보기에 사람들이 자신의 선 관념으로부터 분리된 것으로 묘사되는 것은, 사람들이 바로 그런 관념들에 의해 지금의 존재가 되었다는 것을 무시하는 처사다. 공동체주의자들은 이렇게 묻는다. 자신의 삶에 의미와 가치를 부여하는 목적들로부터 독립되어 자유롭게 선택할 수 있는 유령 같은 사람은 도대체 누구인가?(Mulhall & Swift, 2001: 41). 다시 말하면, 자유주의는 사람들의 현재의 상태 그리고 그들이 지니고 있는 가치가 그들이 살고 있는 사회적 배경(social matrix)에 의해 만들어진다는 점을 무시한다는 것이다.

롤스의 인간관에 대한 이러한 비판적 관점은 곧바로 롤스가 반(反)사회적 개인주의의 입장을 취한다는 비판으로 이어진다. 즉, 롤스는 구성원 개개인이 공동체에 논리적으로 선행하는 것으로 본다고 샌델은 비판한다. 특히 롤스는 정치공동체가 기껏해야 개인들의 상호 이득을 위한 질서정연한 협동체(cooperative venture)에 지나지 않는 것으로 본다고 샌델은 비판한다. 그는 롤스가 시민 개개인의 권리가 여타 공동체의 이익이나 목표를 위해 희생될 수 없다는 교조적 입장을 취한다는 점에서 롤스를 현대 자유주의의 전형적인 입장으로 간주한다.

공동체주의자들은 또한 롤스가 가정하는 국가 중립성과 반완전주의(反完全主義, anti-perfectionist)적 입장에 대해 비판을 가한다. 롤스는 국가가 구성원들의 선 관념을 인도한다는 완전주의(完全主義, perfectionism)적 이상에 따라 행동하려 해서는 아니 되며, 그보다는 시민들이 자유로운 선택을 할 수 있도록 중립적인 틀을 제공해야 한다고 주장한다. 국가가 중립적이어야 한다는 것은 개인들이 종교나 철학, 가치관 등을 선택할 때 국가가 함부로 개입하거나 간섭해서는 아니 된다는 것을 의미한다. 즉, 이러한 선택은 개인의 자유와 자율에 맡겨야 한다는 것이다. 다시 말하면, 국가는 기본적인 헌법적 질서가 유지되도록 하는 역할만을 담당해야 하며, 특정한 가치관이나 철학적 · 종교적 교리를 옹호하거나 권장해서는 아니 된다는 것이다. 현대 다원주의 사회의 안정성은 국가가 이러한 중립적 태도를 견지할 때 가능하다고 롤스는 본다.

공동체주의자들은 롤스의 이러한 국가 중립성 주장이 환상이라고 공격한다. 역설적으로 개인들의 권리 틀을 옹호하며 더 이상의 어떤 행위도 하지 않는 그런 자유주의 국가는, 실제로는 자유주의적 선관념의 타당성을 전제하고 있다는 것이다. 즉, 정치 영역에서 선 관념을 배제하고자 하는 것 자체가 바로 특정한 선 관념이라는 것이다(Mulhall & Swift, 2001: 279).

왈저와 같은 공동체주의자는 또한 문화적 특수성, 즉 문화에 따라 가치와 사회적 형태가 다를 수 있는데 롤스는 상이한 문화들이 지닌 다양성과 도덕적 중요성을 간과한다고 비판한다. 특히 롤스가 원초 상황을 '아르키메데스 준거점(Archimedian point)'으로 묘사한 것은 그의 이론이 보편적 적용을 염두에 두고 있다는 것이다. 왈저는 한 공동체가 정치적으로 어떻게 조직되어야 하는지를 제대로 이해하기 위해서는 그 문화적 특수성을 인정해야 한다고 주장한다. 그런데 롤스는 문화적 특수성보다는 '보편적 적용'을 강조한다고 왈저는 비판한다. 물론 롤스 자신은 후기의 저작들에서 자신의 이론이 어떤 보편적인 주장도 하지 않는다고 부인한다(Mulhall & Swift, 2001: 51-52).

샌델, 왈저와 같은 공동체주의자 이외에 일단의 좌파 학자들도 롤스의 정의론을 비판한다. 롤스에 대한 강력한 비판자 가운데 한 사람인 닐슨(Nielson, 1978)은 롤스의 정의론이 두 가지 허점을 내포하고 있다고 다음과 같이 지적한다.

첫째, 롤스가 자유의 원칙과 차등의 원칙 및 기회 균등의 원칙을 분리하여 전자를 우선시한 것은 자유와 평등을 분리, 정치적 자유의 극대화를 통해 경제적 불평등을 허용하려는 것이라는 점이다.

둘째, 사회적 및 경제적 불평등은 단순히 개인이나 계층 사이의 불평등이 아니라 계급 간의 불평등이라는 점을 롤스가 충분히 고려하지 못하고 있다는 것이다. 즉, 자본가 계급이 모든 생산 수단을 장악하고 노동의 분배를 결정할 권력을 독점한 상황에서의 불평등은 계급 간의 불평등으로 이해되는 것이 마땅하며, 따라서 평등한 사회의 실현은 차등 원칙의 단순한 적용이 아니라 계급이 없는 사회를 건설

할 때만 가능하다는 것이다.

맥퍼슨(MacPherson, 1973: 93) 또한 롤스가 제시한 정의의 두 원칙이 동시에 만족될 수 없음을 지적한다. 그도 닐슨과 마찬가지로 부(富)가 집중된 상황에서 평등한 자유는 보장될 수 없기 때문에 부유층으로부터 빈곤층으로 경제적 양도가 없는 한 자유의 원칙은 만족될 수 없다고 한다. 그리고 롤스의 주장과 같이 경제적 불평등이 최소 수혜자에게 이득이 되는 한에서만 허용된다면, 부유층으로의 경제적 양도는 심각한 장벽에 부딪히게 된다는 것이다.

롤스의 『정의론』에 대해서는 그 밖에도 다양한 비판이 가해지고 있다. 즉, 롤스가 제시하는 원리 간의 우선순위에 따를 경우 바람직하지 못한 사회적 배분을 결과할 수도 있으며, 또한 정의의 실현이 현실 사회에서 이득을 보는 사람이든 그렇지 않은 사람이든 모두에게 손해를 입히는 결과를 초래할 수도 있다는 점이 지적되기도 한다. 그리고 롤스의 『정의론』에서 가정하고 있는 사회 체제는 현실적 사회 체제가 아닌 이념적 사회 체제로 롤스는 이상 사회에서의 정의를 논하고 있다는 등의 비판이 제기되기도 한다(김항규, 2009: 329-336).

제 17 장

공동체주의의 정의관

1 공동체주의 정치철학 개관

공동체주의(communitarianism) 정치철학은 공생, 공익 등 공동체의 유지·강화를 중요한 가치로 삼는 정치 사상을 말한다. 20세기 후반 등장한 공동체주의는 자유주의 정치철학에 대한 비판에서 시작된다. 공동체주의자들은 자유주의가 개인의 자유와 권리를 지나치게 강조함으로써 공동선과 유대, 미덕, 헌신과 같은 가치를 무시하고 있다고 비판한다. 즉, 공동체주의는 근대 개인주의적 자유주의의 보편화에 따른 윤리적 토대의 상실 즉 윤리적 공동체의 상실과, 이기적 개인주의의 확산에 따른 개인의 원자화 현상 등에 대한 이론적 불만의 표출이라고 할 수 있다. 공동체주의는 자유주의가 상정하고 있는

'원자적 개인', '고립된 자아', '이기적 인간들 간의 계약'이라는 자유주의적 인간관과 사회관 대신, '소속된 자아', '공동선과 유대' 그리고 '덕성과 헌신'으로 맺어진 공동체의 건설을 강조한다.

오늘날의 대표적 공동체주의자로는 샌델(Michael J. Sandel), 매킨타이어(Alasdair MacIntyre), 테일러(Charles Taylor), 왈저(Michael Walzer) 등을 들 수 있다. 이들은 스스로를 공동체주의자로 규정하지 않으려는 경향이 있다. 예를 들어 일반적으로 공동체주의자로 분류되는 샌델 자신은 공동체주의자로 불리는 것을 달가워하지 않는다. 그는 자신을 공동체주의자라고 분류하는 것은 자신이 제안한 것도 아니며, 자칫 자신의 입장이 전통이나 관습에 대한 비판을 허용하지 않는 완고한 태도로 비춰지는 것이 불편하게 생각되기 때문에 그렇게 불리기를 원치 않는다고 말한다. 매킨타이어도 스스로를 공동체주의자로 칭한 적이 없다. 그러나 이들은 공동체주의적 입장에서 자유주의를 비판한다는 점에서 공동체주의자로 분류된다.

공동체주의는 학술적으로 엄밀하게 규정짓기 어려운 개념이다. 공동체주의로 구분되기 위해서는 어떠한 본질적 가치를 지향해야 하는지에 대한 학자들 간의 일치된 견해가 있어야 하는데 그것을 찾아보기 힘들다는 것이다. 그러나 공동체주의자들은 개인과 공동체와의 관계에서 자유주의자들이 개인의 자유와 권리를 강조하는 것은 잘못된 것이라고 주장한다는 점에서 공통된 특징을 지닌다. 공동체주의는 권리보다는 책임을, 가치 중립적 방임보다는 가치 판단적 담론을 중시한다.

공동체주의자들은 자유주의 정의이론이나 자유주의 사회의 공공

문화 속에서 공동체의 가치가 충분히 인정받고 있지 않다고 생각한다. 이들은 자유주의자들이 개인의 자유, 자아 실현, 복지의 구현이 공동체 안에서만 가능하다는 점을 도외시하고 있다고 주장한다. 공동체주의자들은 개인의 자유는 상호 의존적이고 중첩된 공동체적 틀을 벗어나서는 지속적으로 유지될 수 없다고 본다. 즉, 모든 개인은 공동체의 구성원으로 존재하며 개인의 자유도 상호의존적인 공동체의 틀을 벗어나서는 유지될 수 없다고 그들은 주장한다. 이들은 개인들이 사회 속에서 살아가며 사회에 의존하고 있다는 사실을 인식하게 되면, 개인적 자유에 대한 권리와 마찬가지로 사회의 공동선을 유지할 의무 역시 중요하다는 것을 알 수 있게 된다는 것이다. 따라서 자유주의적인 '권리의 정치'는 폐기되든지 적어도 '공공선의 정치'에 의해 보완되어야 한다는 것이다(Kymlicka, 2006: 서문 xi).

1980년대에 정치철학의 새로운 학파로 대두된 공동체주의의 정치사상은 공동체 지향적 인간관에 기초해 있다. 즉, 공동체주의는 개인이 사회에 의해 만들어지는 것으로 본다(Walzer, 1983). 그러나 공동체주의자들은 공동체의 개념을 각기 상이한 방식으로 이해하고 있다. 매킨타이어와 테일러는 공동체에 대한 이해가 인간의 자아 인식과 행위 및 실천적 추론에 필수적이라고 여긴다. 그러나 샌델은 공동체에 대한 근원적 애착이 인간 선(善)의 중요한 한 종류라는, 아주 제한된 견해만을 피력한다. 그리고 왈저는 단지 정의 그리고 정의의 주체보다는 객체에 대한 실천적 추론을 제대로 설명하기 위해 공동체에 호소한다. 이러한 관점에서 보면, 매킨타이어와 테일러가 가장 완전한 공동체주의자이며, 샌델과 왈저는 초점이 다소 다르며 범위가 제한된 공동체주의의 유형에 해당한다. 그러나 이들은 모두 인간은 그들 자신이 창조하고 유지하며 또 그 속에서 살아가는 문화 · 언어 · 공동체와 본질적으로 관련되어 있다고 본다는 점에서 공통점을 지닌다(Mulhall & Swift, 2001: 215-216).

마르크스주의에서도 공동체를 강조하나 샌델, 왈저 등의 저작에서 만나게 되는 공동체주의는 전통적 마르크스주의와는 상당히 다르다. 마르크스주의자들은 공동체를, 자본주의를 전복하고 사회주의 사회를 건설하는 혁명적 변화를 통해서만 성취될 수 있는 어떤 것이라고 생각한다. 반면에 공동체주의자들은 공통된 사회적 관습, 문화적 전통, 그리고 공유된 사회적 이해라는 형태로 이미 공동체가 존재하고 있다고 생각한다. 공동체는 새로이 건설되어야 하는 것이 아니라, 오히려 이미 존재하는 공동체가 보호받고 존중받을 필요가 있다는 것이다. 공동체주의자들은 마르크스주의자들이 착취적이며 소외의 근원으로 간주했던 바로 그 사회적 관습들 속에서 공동체를 발견한다. 굿만(Amy Gutmann)의 말처럼 '구공동체주의자'들이 세상을 재건하려던 마르크스의 소망에 의지한 반면 '신공동체주의자'들은 사람들을 그들이 살고 있는 세계와 화해시키려 했던 헤겔의 소망에 의지한다(Gutmann, 1985; Kymlicka, 2006: 294).

김미영(2006: 15)은 공동체주의와 마르크스주의와의 차이에 관해 다음과 같이 지적한다.

> "공동체주의는 어떤 의미에서 영미식 사회주의(사민주의)라 할 수 있다. 마르크스주의나 사회주의와 연계되지 않으며 어떤 의미에서

는 그것에 대해 비판적 입장을 취한다는 점, 그리고 심하게 말하면, 시민공화주의조차 루소, 헤겔 등의 더 급진적인 유럽 전통보다 미국 건국기의 시민 공화주의의 전통에 기대 있다는 점에서 그렇다."

샌델은 1982년 출간된 『자유주의와 정의의 한계(*Liberalism and the Limits of Justice*)』를 통해 롤스의 자유주의를 비판하게 되면서, 1980년대의 '자유주의 대 공동체주의의 논쟁'을 불러일으켰다. 샌델은 롤스가 사회 이전에 존재하는 개인이라는 형이상학적 인간관을 지녔다고 비판한다. 그는 자아가 사회 이전에 개인으로 존재한다면 공동체에 대한 근원적 애착을 증진시킬 가능성이 배제되며, 공동체적 틀을 창조하고 유지하며 그 속에 사는 일이 개인의 자아 인식에 필수적이라는 점을 제대로 이해하지 못할 것이라고 주장한다. 롤스가 이러한 인간관을 지닌 것으로 샌델이 간주하는 것은 롤스가 개인의 자율성 보호에 부여하는 절대적 우선성 때문이다. 샌델은 개인의 자율성을 강조하는 롤스의 자유주의적 입장을 비판하면서, 개인과 공동체는 별개로 생각할 수 없다는 기본 입장을 밝혔다.

샌델의 공동체주의는 공화주의로 이어진다. 그는 현대 자유주의를 비판하면서 그에 대한 대안 가운데 하나로 공화주의 정치이론(republican political theory)을 옹호한다. 공화주의 이론의 중심에는, 자유는 자치정부(self government)의 공유에 달려 있다는 생각이 놓여 있다. 그것은 동료 시민들과 함께 공동선에 대해 숙의하고 정치공동체의 운명을 함께 만들어가는 것을 의미한다. 공화주의는 다시 말하면 자유로운 시민 세력의 자발적 연합에 의한 참여자치라고 할 수 있다. 자발적 참여는 단순한 개인의 결사체가 아닌, 공동의 목적 의식을 통해 깊이 연대하고 있는 공동체의 바탕 위에서 가능하다.

공화주의적 자유관은 자유주의적 자유관과 달리 형성적 정치(formative politics), 즉 자치에 필요한 시민들의 자질을 계발케 하는 정치를 요구한다. 샌델은 자유주의적 자유관과 공화주의적 자유관은 모두 미국의 정치적 경험 안에 존재해 왔지만, 그 상대적 중요성이 바뀌면서 존재해 왔다고 주장한다. 그는 공화주의는 미국 초기 역사에서 지배적이었고 자유주의는 후기 역사에서 지배적이었다고 하면서, 최근 수십 년간 미국 정치에서 정치의 형성적 측면은 개인을 우선시하는 자유주의에 자리를 빼앗겼다고 주장한다. 샌델은 자유주의적 공공철학은 자치를 유지시킬 만한 시민적 자원을 갖고 있지 않고 자신이 약속한 자유를 지켜낼 수 없기 때문에, 공동체와 자치정부에 역점을 둔 공화주의의 전통이, 빈약해진 시민 생활에 대한 하나의 교정책이 될 수 있다고 제안한다(Sandel, 2008: 70-72).

그러나 공동체주의 정치철학자인 왈저는, 샌델과는 달리, 공화주의 전통에 아주 비판적이다. 그는 적어도 루소 식의 공화주의는 작고 동질적인 공동체에서나 의미를 가질 수 있다고 지적하면서, 현대 자유주의 사회에서 설사 직접적 정치 참여가 가능하다 할지라도, 자신의 개인적 이해와 신념을 제쳐두고 오로지 공익을 위해 일하라고 하는 것은 무리한 요구라고 반대 입장을 밝힌다(Walzer, 2009: 20).

한편 매킨타이어는 현대 사회가 위기에 처한 것은 고대 그리스의 덕 윤리 전통을 상실했기 때문이라고 진단하면서 이러한 덕 윤리의 전통을 부흥시킬 것을 주창한다. 시민들은 공동체의 한 구성원으로서 공동체가 부여한 가치와 전통을 존중하는 삶을 살아야 한다는 것이다. 그는 『덕의 상실(*After Virtue*)』(1981)에서 공동체주의적인 덕 윤리에 입각하여 자아 정체성이 어떻게 형성되어야 하는지에 대해 다음과 같이 말한다.

> "나의 삶의 역사는 항상 내가 그것으로부터 나의 정체성을 도출해 내는 공동체의 역사 속에 편입되어 있다. 나는 과거와 함께 태어났다. 그리고 이러한 과거로부터, 개인주의적 방식으로 나 자신을 분리시키려는 시도는 나의 현재 관계들을 왜곡시키는 것을 의미한다. 역사적 정체성의 소유와 사회적 정체성의 소유는 일치한다. …… 자아의 도덕적 정체성은 가족, 이웃, 도시, 부족과 같은 공동체의 구성원 자격 속에서 발견된다"(MacIntyre, 1981).

여기서 매킨타이어는 공동체주의의 관점을 옹호하면서 개인의 자아 정체성은 사회적 · 역사적 조건 속에서 형성됨을 강조한다. 개인들은 공동체의 구성원으로서 다양한 부담과 유산, 기대와 책무를 부여받는데, 만약 개인들이 이러한 공동체의 요구와 기대를 저버리고 개인주의적 삶을 산다면 이것은 바람직한 삶이 아니라는 것이다. 그는 아리스토텔레스의 덕 윤리에 의존하여 덕이 있는 훌륭한 시민이란 자신이 속한 공동체의 목적과 가치를 잘 구현하는 사람이라고 보았다(손칠성, 2007).

한편 복지국가에 대한 공동체주의의 입장은 이중적이다. 평등적 가치 지향, 그것을 위한 정치 행위는 반대하지 않으나 그것이 관료제

확장으로 이어질 가능성에 대해서는 긴장을 갖고 주시한다. 공동체 구성원의 직접적 참여가 강조되는 것은 그 맥락에서이기도 하다. 따라서 공동체주의는 관료와 전문가에 비해 시민과 아마추어의 활동을 강조하는 민중주의의 색채를 띠기도 한다. 공동체주의는 다른 말로 표현하자면 "개인주의와 전체주의 간의 제3의 길"(Tam, 1998)을 모색하는 것으로 볼 수 있다(김미영, 2006: 17).

뮬홀과 스위프트(Mulhall & Swift, 2001: 217)는 자유주의자와 공동체주의자가 강조하는 상이한 내용들 간에 전면적인 대립이나 모순이 있을 필요는 없다고 주장한다. 그들은 개인이 그 공동체와 별개로 생각될 수 없다는 공동체주의의 입장은 선(善)으로서 개인의 자율성이 전적으로 폐기되거나 폄하되어야 한다는 의미는 아니라고 한다. 그보다는 자유주의자들이 인간의 자율성에 부여하는 우선성이 절대적이고 또한 그 범위가 보편적이라고 주장하는 데 대해 의문을 제기하기 위한 것이라는 것이다.

2 샌델의 공동체주의 정의관

샌델은 정의를 이해하는 세 가지 방식에 관한 논의로부터 그의 정의론을 전개한다(Sandel, 2010a: 360-371). 샌델은 정의를 이해하는 세 가지 방식을 다음과 같이 정리한다.

첫째는 공리주의의 정의론으로, 정의란 최대 다수의 최대 행복을 추구하는 것이라고 말한다.

둘째는 자유주의 정의론으로, 정의란 선택의 자유를 존중하는 것이라고 말한다.

셋째는 공동체주의의 정의론으로, 정의란 미덕을 키우고 공동선을 고민하는 것이라고 말한다.

샌델은 정의로운 사회는 공리주의자들과 같이 단순히 공리를 극대화하거나 자유주의자처럼 선택의 자유를 확보하는 것만으로는 만들 수 없다고 하면서 스스로는 세 번째 방식을 좋아한다고 설명한다.

샌델은 먼저 공리주의의 정의론이 정의와 권리를 원칙이 아닌 계산의 문제로 만들었다는 점과, 인간 행위의 가치를 하나의 도량형으로 환산해 획일화하면서 그것들의 질적 차이를 무시한다는 점에서 비판한다. 또한 자유주의 정의이론들은 개인의 권리를 진지하게 다루고 정의는 단순한 계산 이상이라고 주장하나, 우리가 추구하는 목적의 도덕적 가치, 우리 삶의 의미와 중요성, 우리 모두가 공유하는 삶의 특성과 질을 하나같이 정의의 영역에서 몰아냈다고 비판한다.

샌델은 정의로운 사회는 단순히 공리를 극대화하거나 선택의 자유를 확보하는 것만으로는 만들 수 없다고 한다. 그는 정의로운 사회를 만들기 위해서는 좋은 삶의 의미를 함께 고민하고, 으레 생기게 마련인 이견을 기꺼이 받아들이는 문화를 함께 가꾸어야 한다고 말한다. 샌델은 나아가 정의는 올바른 분배만의 문제는 아니며, 올바른 가치 문제이기도 하다고 주장한다.

정의로운 사회는 공동선을 추구하는 사회라고 규정한 샌델은 공동선을 추구하는 새로운 정치의 모습과 관련하여 다음의 네 가지 주제에 대한 논의를 전개한다.

먼저 샌델은 '시민 의식 · 희생 · 봉사'와 관련하여 정의로운 사회에서 강한 공동체 의식이 필요하다면, 사회는 시민들이 사회 전체를 걱정하고 공동선에 헌신하는 태도를 키울 방법을 찾아야 한다고 말한다. 즉, 사회는 좋은 삶에 관한 지극히 사적인 견해를 배격하고 시민의 미덕을 키울 길을 찾아야 한다고 제안한다.

샌델은 또한 '시장의 도덕적 한계'와 관련하여 시장의 도덕적 한계를 공론에 부칠 필요가 있다고 역설한다. 그는 오늘날 가장 두드러진 성향의 하나는 시장과는 거리가 먼 전통적 삶의 영역까지 시장과 시장 친화적 사고가 파고든다는 사실을 지적한다. 샌델은 사회적 행위를 시장에 맡기면 그 행위를 규정하는 규범이 타락할 수 있기에 시장이 침입하지 못하도록 보호하고 싶은 비시장 규범이 무엇인지 물을 필요가 있다고 주장한다. 그는 나아가 시장은 생산 활동을 조직하는 데 유용한 도구이긴 하나, 시장이 사회 제도를 지배하는 규범을 고쳐 쓰기를 원치 않는다면 시장의 도덕적 한계를 공론에 부칠 필요가 있다고 주장하는 것이다.

샌델은 그리고 '불평등 · 연대 · 시민의 미덕'과 관련하여 오늘날 미국 내 빈부 격차는 최근 10~20년 사이에 점점 벌어지더니 급기야 1930년대 이전 수준까지 이르게 되었다고 하면서, 정치권이 시민성 회복의 핵심인 불평등 해소 주장을 간과하고 있다고 주장한다. 그는 2008년 미국의 대선 당시 소득세율을 1990년대 수준으로 되돌리겠다는 지극히 소박한 제안을 내놓은 버락 오바마는 공화당 후보로부터 사회주의자라는 소리를 들어야 했다고 지적하면서, 미국인의 삶에서 불평등 심화를 걱정하지 않을 수 없는 이유들을 설명한다.

샌델은 빈부 격차가 지나치게 되면 부자와 가난한 자의 삶이 점점 더 괴리됨으로써 민주 시민 의식의 토대가 되는 연대와 공동체 의식을 키우기가 어려워진다고 지적한다. 그는 결국 불평등은 공리나 합의에 미치는 영향과는 별개로 시민의 미덕을 좀먹는다고 하면서, 시장에 매료된 보수주의자들과 재분배에 주목하는 진보주의자들은 이러한 문제점을 간과한다고 지적한다. 샌델은 불평등 시정에 초점을 맞춘다면, 재분배 주장만으로는 불가능한 바람직한 정책을 찾아내 시민들의 호응을 이끌어낼 수 있을 것이라고 하면서, 이와 더불어 분배 정의와 공동선의 연관성을 강조할 수도 있을 것이라고 제안한다.

샌델은 마지막으로 '도덕에 개입하는 정치'의 문제와 관련하여 시민의 삶에 대한 공적 개입이 좀 더 적극적으로 이루어져야 한다고 주장한다. 그는 '좋은 삶'에 관한 공적 개입은 시민의 삶을 침해하는 행위라고 여기는 사람도 없지 않으나, 시민의 삶에 더 적극적인 공적 개입이 있어야 한다고 주장한다. 도덕에 개입하는 정치는 회피하는 정치보다 시민의 사기 진작에 더 도움이 되며, 정의로운 사회 건설에 더 희망찬 기반을 제공하게 될 것이라고 샌델은 주장한다.

3 왈저의 정의론

왈저는 국가의 간섭이 금지된 사적 영역으로 간주되어야 마땅한, 삶의 영역이 있다는 생각에 반대하지 않는다. 그런 측면에서 왈저는 정치적 자유주의자다. 그는 그러나 국가가 사회복지의 증진을 위해 일정한 역할을 해야 한다고 믿는다는 점에서 공동체주의자로 간주될 수 있다. 어떻든 왈저는 자유주의와 공동체주의가 대조되는 맥락에서 일반적으로는 공동체주의자로 묘사된다(Walzer, 2009: 13-14).

왈저의 정의론은 흔히 특수주의적 방법론으로 특징지어진다. 왈저는 "분배 정의와 관련된 모든 재화는 사회적 재화(social goods)"라고 규정한다(Walzer, 1983: 7). 그는 또한 "상이한 사회적 재화는 상이한 절차와 주체에 의해, 상이한 이유에 입각해서 분배되어야 하며, 이 모든 차이는 사회적 재화 그 자체에 대한 상이한 이해 — 이는 역사적 · 문화적 특수주의의 불가피한 산물이다 — 로부터 도출된다"고 주장한다(Walzer, 1983: 6). 그는 또한 보건의료, 교육과 같은 사회적 재화는 각각에 적합한 특수한 분배 장치들을 지닌다고 하면서, 구체적인 재화와 가치들이 어떻게 분배되어야 하는지를 알려면 그들 재화가 구체적인 문화 속에서 어떻게 이해되고 있는지를 살펴보아야 한다고 말한다. 왈저는 나아가 분배 원칙들은 재화 특수적이어야 하며, 재화 특수적 원칙들은 문화 특수적이어야 한다는 점을 인식해야 한다고 주장한다(Mulhall & Swift, 2001: 177).

왈저는 특정한 재화는 그 재화가 갖는 사회적 의미에 따라 분배되어야 한다는 점을 다음과 같이 기술한다.

> …… 특정한 재화가 무엇인지, 그것을 재화로 여기는 사람들에게 그것이 무슨 의미를 지니는지를 이해한다면, 우리는 그것이 어떻게, 누구에 의해, 그리고 어떤 이유에 의거해서 분배되어야 하는지를 이해하게 된다. 모든 분배는 초점이 되는 재화의 사회적 의미에

따라 정당하거나 부당하게 된다(Walzer, 1983: 8-9).

예를 들어 보건의료의 핵심적 목적은 병을 치료하는 데 있다고 할 때, 이런 이해로부터 보건의료라는 특정한 사회적 재화는 누구에게 어떤 방식으로 분배되어야 하는지를 알게 된다는 것이다.

왈저는 오늘날 롤스 등에 의해 제시되는 분배 정의 시스템은 "합리적인 사람들이 자신의 상황에 대해 아무것도 알 수 없도록 차단된 채, 일련의 추상적인 선을 놓고 공평무사하게 하는 선택으로 흔히 묘사된다"고 비판한다(Walzer, 1983: 5). 그는 특히 롤스가 정의의 원칙에 입각하여 분배해야 한다고 하는 권리와 자유, 기회와 권력, 소득과 부와 같은 기본적 재화(primary goods)의 개념은 매우 추상적이기에, 특정한 분배를 고려하는 데 거의 쓸모가 없다고 지적한다(Walzer, 1983: 8).

왈저의 정의이론의 특징은 재화의 분배 원칙은 그 재화의 특성에 대한 이해와 결부되어야 한다고 주장하는 데서 찾을 수 있다. 왈저의 이러한 입장은 분명히 상대주의적 요소를 내포하고 있다. 정의의 원칙이 분배 대상 재화의 사회적 의미에 내재한다는 이러한 왈저의 입장에 따른다면 특정한 사회의 대단히 불평등한 분배라 하더라도 상대주의적 입장에서 정당화될 수 있다는 문제점을 지니게 된다(Mulhall & Swift, 2001: 190-199).

왈저의 정의이론의 또 다른 특징 가운데 하나는 그가 복합 평등(complex equality), 즉 분배 원칙의 다원성을 주장한다는 점이다. 그는 "모든 사회적 재화 혹은 재화의 집합은, 말하자면, 각기 그에 적합한 일정한 기준과 장치를 지닌다. 돈은 성직 영역에는 부적합하다. …… 그리고 신앙심은 시장에 아무런 이득도 되어서는 아니 된다" (Walzer, 1983: 10)고 기술하고 있다. 다른 말로 하면 정치, 경제, 사회, 교육 등 각 분야에서의 분배적 정의는 각기 다른 원리에 의해 결정되어야 한다는 것이다.

왈저의 이러한 언급 속에서 우리는 자본주의 사회의 부정의는 부(wealth)가 불평등하게 분배된다는 데 있다기보다는, 부를 지닌 사람이 보건의료나 교육과 같은 다른 영역의 재화까지 차지한다는 데 있다는 함의를 찾을 수 있다. 왈저에게 정의로운 분배 체계는 부와 같은 특정한 영역의 불평등이 보건의료나 정치 권력과 같은 다른 영역들을 침범하지 않도록 하는 분배 체계라고 할 수 있다. 다른 말로 하면 공직자가 공직자라는 사실에 기인하여 부, 명예와 같은 다른 재화를 더 많이 갖게 된다면 그것은 정의로운 사회가 아닌 것이다. 마찬가지로 경제적 부를 많이 가진 사람이 그것으로 인해 정치 권력을 더 많이 갖게 된다면, 그것은 정의로운 사회가 아닌 것이다.

왈저는 그 점에 대해 다음과 같이 분명히 말하고 있다. "나는 어떤 재화를 소유한 개인이 그 재화를 가졌기 때문에 여타의 재화를 광범위하게 소유할 수 있다면 그 재화를 '지배적'이라고 부른다. 가치의 세계에서 어떤 한 개인이나 군주 — 혹은 개인들의 집합이나 과두제의 집정자들 — 가 모든 경쟁자에 대해 어떤 재화를 성공적으로 확보할 때 그 재화는 독점되는 것이다. 독점은 사회적 재화의 지배력을 획득하기 위해 그들 재화를 소유하거나 통제하는 것을 가리킨다 (Walzer, 1983: 10-11). 풀어서 얘기하자면 권력을 지닌 공직자가 부

또는 문화와 같은 다른 재화를 더 많이 갖게 된다면 지배 현상이 나타나게 되고, 그 사회는 정의로운 사회가 아니라는 것이다.

왈저의 이러한 언술 속에서 우리는 '지배적인 재화'는 그것이 무엇이든 평등하게 분배되어야 하며, 분배 방식은 각 재화에 고유한 의미에 따른 분배가 이루어져야 한다는 시사점을 이끌어낼 수 있다. 왈저의 주장은 전자보다는 후자, 다시 말해 어떤 재화가 지배적이건 그 재화의 '평등한 분배'보다는 '자율적인 분배', 즉 각각의 재화에 고유한 성질에 따른 분배가 중요하다는 점을 강조한 것으로 볼 수 있다(Mulhall & Swift, 2001: 200-201).

서로 다른 재화는 서로 다른 원칙에 입각하여 분배되어야 하며, 그리고 각기 고유한 의미를 지닌 재화들이 서로 뒤섞이지 않도록 해야 한다는 왈저의 생각은 직관적으로 일리 있는 것으로 보인다. 우리 사회에는 허용되지 않는 특별한 전환들이 있다. 예를 들어, 선거법에서는 유권자의 표나 정치적 직위는 사고 팔 수 없도록 하고 있다. 마찬가지로 교육 및 보건의료와 같은 재화는 대단히 중요하고 또한 직접적인 소비재와 질적으로 다르기에, 지불 능력에 따라 분배되어서는 아니 된다고 할 수 있다. 부자가 자신이 소유한 부(富) 때문에 질이 더 좋고 빠른 의료 서비스를 구매할 수 있게 된다면 무엇인가 정의롭지 못하다고 느끼는 것은 당연하다고 하겠다(Mulhall & Swift, 2001: 200-201). 특정 재화의 사회적 의미에 대한 해석을 통해 실질적인 사회 문제에 대한 결론을 제시해 주고자 한다는 점에서 왈저의 정의이론은 추상적 정의 원칙을 논하는 다른 정의이론들과 차별성을 지닌다고 하겠다.

4 공동체주의 정치철학에 대한 비판

자유주의 정치철학의 이론적 · 현실적 난점을 극복하기 위해 제시된 공동체주의에 대해서도 다양한 비판이 가해진다. 자유주의에 대한 공동체주의의 비판 속에 들어 있는 논리적 모순이 지적되는가 하면, 공동체주의 정치철학 속에 내재하는 논리적 모순이 지적되기도 한다. 즉, 공동체주의는 자유주의의 한계를 극복할 수 있는 가능성을 제공하지만 그 자체 또한 한계를 지니고 있다.

먼저 공동체주의는 자유, 개인적 권리와 같은 자유주의적 가치의 훼손을 초래할 우려가 있으며, 극단적 공동체주의는 인류 사회를 전체주의의 늪에 빠뜨릴 우려가 있다는 점이 지적된다. 공동체주의는 공동체적 가치와 전통, 연대성을 강조하면서 개인에게 이러한 가치와 사회적 책무를 적극적으로 받아들이기를 요구한다. 따라서 이러한 상황에서는 개인이 공동체의 전통과 가치관에 억눌려 자유로운 삶을 살기 어려우며 기존의 질서를 넘어서는 새로운 시도를 하기가 힘들다. 그 결과 다양한 삶의 가치를 인정하는 다원주의가 위협받을 수 있으며, 기존의 질서를 옹호하는 보수주의가 강화될 수 있다(손칠성, 2007). 그리고 다른 한편에서는 공동체주의가 추구하는 '사회적 선'과 '공동체적 삶'이 구체적으로 무엇을 의미하는지에 관한 설명이 부족하다는 점이 지적되기도 한다.

공동체주의자들은 또한 롤스 등 자유주의자들을 비판하면서 그 본질을 '의도적으로' 곡해했다는 비판을 받기도 한다. 예를 들어 롤스의 원초적 입장은 추상적 자아를 전제하고 있음은 분명한 사실이다. 그러나 이때의 추상적 자아는 원초적 입장에서 공정한 정의의 원칙을 이끌어내기 위해 전제한 '이상적 자아'를 의미할 뿐이지, 샌델이 규정한 바와 같이 타인으로부터 고립된 무연고적 자아는 아니다. 다시 말해, 샌델은 의도적으로 롤스의 방법론적 개인주의를 존재론적 개인주의로 환원하고 있다. 원초적 입장의 자아가 추상적 자아라면, 적어도 롤스에게 원초적 입장 바깥의 시민은 현실적 자아에 해당된다. 결국 샌델은 이러한 차이점을 도외시하고 현실 속의 시민마저도 원초적 입장의 당사자와 동일한 추상적 · 무연고적 자아로 간주하는 실수를 범한 것이다.

롤스의 차등의 원칙에 관한 샌델의 비판 역시 문제를 안고 있다. 차등의 원칙은 샌델이 주장하는 바와 같이 개인들의 다수성과 개별성을 침해하는, 그럼으로써 개인을 타인의 목적을 위한 수단으로 사용하는, 공동 분배의 원칙이 아니다. 롤스는 자신의 차등의 원칙을, 부당한 불평등을 보상하고 상호 이익을 위한 그리고 박애를 실현하기 위한 원칙으로 해석한다(Rawls, 1971: 100-105). 이럴 경우 차등의 원칙과 그 안에 내재된 자아관은 상충될 일도 없으며, '나'가 아닌 '우리'로서의 더 폭넓은 소유의 주체가 요청될 필요도 없다(홍성우, 2005: 296-298).

왈저의 경우에는 그의 문화 상대주의(cultural relativism)적 입장이 지닌 문제점이 지적된다. 킴리카(Will Kymlicka)는 공동체에 공유된 가치라는 견지에서 정의를 규정하려는 공동체주의의 시도는 두 가지 반론에 부닥친다는 점을 지적한다.

첫째, 문화 상대주의는 가장 깊이 공유되고 있는 우리의 이해 중의 하나를 위반한다는 점이 지적될 수 있다. 문화 상대주의에 따르면 우리가 노예제를 거부한다면, 노예제는 잘못된 것이다. 그러나 이러한 방식은 정의의 규범을 올바르게 이해하는 방식이 아니다. 킴리카는 인과 관계의 화살표를 다른 방향으로 돌려야 한다고 주장한다. 즉, 우리는 노예제가 잘못된 것이기 때문에 거부한다는 것이다. 노예제가 잘못된 것이라는 사실은 우리들이 공유하고 있는 이해(理解)를 위한 근거이지 그러한 이해의 산물이 아니다.

둘째, 특히 우리가 권력 있는 사람들의 목소리뿐만 아니라 소외되고 주변화된 사람들의 목소리에도 주의를 기울인다면, 정의에 관한 공유된 이해를 식별하는 것이 어려울 수도 있다는 것이다(Kymlicka, 2006: 298).

또한 공동선이 특정 공동체가 공유한 가치와 문화에 의해 상대적으로 결정된다고 주장하는 공동체주의자들은 인류 보편의 가치를 간과할 수 있다는 점이 지적되기도 한다. 그리고 자유주의자들이 주장한 바와 같이, 공동체주의자들은 개인을 목적이 아닌 공동선을 위한 수단으로 삼을 위험을 안고 있다.

그 밖에 근대 윤리의 문제가 원자화된 개인을 전제로 하기 때문에 제기된다면, 공동체주의도 역시 공동체에서 파생되는 추상화된 개인(abstraction)을 전제로 하기 때문에 여전히 문제가 된다는 점이 지적되기도 한다. 그리고 공동체주의는 질서 있고 조화로운 공동체의 상태를 지향하기 때문에 전제주의화될 가능성(totalitarian possibilities)이 있다는 점이 지적된다(Fox, 1994: 97; 임도빈, 2008: 105-107).

제 18 장
자유주의와 공동체주의의 수렴: 공동체 자유주의

오늘날의 자유주의와 공동체주의 사상은, 미리 얘기하자면, 상호 배타적이기보다 보완적 관계에 있다. 자유주의자들도 공동체주의자들의 비판에 응수하면서, 자유주의 체계 안에서도 공동체주의적 가치들이 옹호되고 수용될 수 있다는 점을 강조한다. 오늘날의 정치철학은 결국 공동체주의의 입장을 수용하는 자유주의, 즉 공동체 자유주의(communitarian liberalism)로 수렴되고 있다. 킴리카는 개인은 자신이 선택한 선 관념을 언제든지 합리적으로 수정할 수 있다는 자유주의적 믿음에 대한 공동체주의의 비판을 수용한 것을 '정치적 자유주의(political liberalism)'로 보고 있다(Kymlicka, 2006: 서문 xi).

뮬홀과 스위프트는 자유주의자와 공동체주의자가 강조하는 상이한 내용들 간에 전면적인 대립이나 모순이 있을 필요가 없다는 점을 강조한다. 구체적으로 말하면 개인은 그가 속한 공동체와 별개로 생각될 수 없다는 공동체주의의 주장은 선(善)으로서 개인의 자율성이 전적으로 폐기되거나 폄하되어야 한다는 의미는 아니라는 것이다. 공동체주의자들의 주장은 자유주의자가 인간의 자율성에 부여하는 우선성이 절대적이고 또한 그 범위가 보편적이라는 점에 의문을 제기하기 위한 것이라고 보아야 한다. 그들은 그런 우선성과 범위가 수정되거나 제한되어야 한다고 지적한다(Mulhall & Swift, 2001: 217).

현대 공동체주의자들은 자유주의를 비판하면서 그 공격 지점을 롤스로부터 시작하는 경우가 많다. 그 자신이 공동체주의자로 간주될 수 있는 요소를 지니고 있는 롤스로서는 억울한 측면도 있을 것이다. 롤스에 대한 공동체주의자들의 비판 중 일부는 그의 정의이론의 몇몇 국면에 대한 오해 혹은 불완전한 파악에 의거하고 있다고 주장할 수도 있다. 롤스에 대한 공동체주의자들의 반박에 응수할 자원들은 또한 로티(Richard Rorty), 드워킨(Ronald Dworkin), 래즈(Joseph Raz) 등의 자유주의 정치 사상의 현대적 변형[1]에서 찾을 수 있다. 공동체주의의 입장을 수용한 자유주의, 즉 공동체 자유주의(communitarian liberal)로 구분되기도 하는 이들은 롤스의 정치적 자유주의와 유사한 점도 없지 않으나 상당한 차이를 보이기도 한다(Mulhall & Swift, 2001: 248-249, 314).

공동체 자유주의자로 분류되는 로티는 근래에 자신의 전반적인 철학적 반정초주의(anti-foundationalism)[2]를 정치이론 영역에 적용해

1) 아이삭(Isaac, 1989: 664-5)은 로티를 롤스와 같은 현대 자유주의자로 분류한다.

2) 반정초주의(anti-foundationalism or nonfoundationalism)는 지식의 기반을 이루는 특정한 기초

왔다(Rorty, 1989). 그는 정치에서 자율성의 가치를 포기하지 않고서도 논쟁적이고 무익한 철학적 · 형이상학적 · 종교적 논의를 피할 수 있는 피상적 형태의 자유주의를 주창해 왔다. 그는 스스로 후기 롤스의 입장에 대한 해석으로서뿐만 아니라 롤스에 대한 공동체주의자들의 비판에 대한 반론으로 자신의 정치적 자유주의를 제시해 왔다. 로티가 반정초주의를 롤스에 결부시킨 것은 비록 롤스의 정치적 자유주의의 의미를 완전히 오해한 것이라는 비판을 받고 있기는 하나, 그의 정치철학은 공동체주의의 비판을 수용한 자유주의로 받아들여질 수 있다.

드워킨은 자유주의적 중립성을 가장 명료하고 솔직하게 지지하는 학자로 알려져 있다. 그는 시민들이 지지하는 삶의 방식들이 지니는 상대적 장점들에 대한 판단에 근거해서 국가가 행동해서는 아니 된다는, 롤스의 국가 중립성 주장에 동의한다. 드워킨은 정부가 그 시민들을 평등한 존재로 대우해야 한다는 생각이 자유주의의 핵심이라고 한다. 이런 점에서 드워킨은 롤스와 같은 반완전주의자라 할 수 있다. 반완전주의적 국가관은 자유주의 특유의 가치에 호소함으로써 그 정치적 입장이 정당화될 수 있다.

그러나 드워킨은 최근에 선(善) 이론들에 대한 중립이 자유주의에 필수적이라고 했던 이전의 입장을 포기했다고 시인한다. 드워킨은 그런 중립성은 자명한 공리(公理, axiom)이기보다는 증명 가능한 정리(定理, theorem), 즉 좀 더 근본적인 명제들로부터 도출될 수 있는

적 신념 또는 원칙이 있다는 사실을 거부하는 철학적 입장을 말한다. 기초 개념(foundational concepts)에 대해 논리적 또는 역사적 공격을 가하고 형이상학적 방법론에 반대하는 반정초주의는 도덕적 상대주의(moral relativism)라는 비판을 받는다.

것으로 간주되어야 한다고 말한다. 드워킨은 국가가 인간의 행복에 대한 포괄적(comprehensive) 관점을 가장 잘 증진시킬 수 있다는 데 근거해서, 그 중립성을 정당화한다.

이와같이 포괄적 선 관념을 지지하는 드워킨 식 국가 중립성은 결코 중립적이지 않으며 오히려 일종의 '완전주의(perfectionism)'라고 할 수 있다. 드워킨은 사회적 배경이 개인의 선 관념의 중요한 원천이라고 주장한다. 그는 정치 공동체들이 그 시민들의 삶과 통합된 삶을 지닌다는 점, 즉 시민들은 자신들의 행복만큼이나 공동체의 행복에도 관심을 가진다는 점을 인정한다. 개인과 공동체의 통합을 강조한다는 점에서 드워킨의 정치철학은 자유주의와 공동체주의의 수렴을 지향한다고 하겠다(Mulhall & Swift, 2001: 318-323, 344, 367, 371).

자유주의와 공동체주의 사상의 결합을 시도한 또 한 사람의 정치철학자는 래즈다. 완전주의적 자유주의자로 분류되는 그는 『자유의 도덕(*The Morality of Freedom*)』(1986)에서 국가가 특정한 방식의 삶의 가치를 판단하여 시민들의 행복을 증진하는 것이 정당하다고 주장한다(Raz, 1986: 133). 그는 국가가 개인들의 상이한 삶의 방식에 대해 어떤 방식이 다른 방식보다 더 좋다거나 나쁘다고 하는 완전주의적 가치 판단을 내리고 이를 법규에 구현할 수 있다고 생각하는 것이다.

다른 한편 래즈의 완전주의를 '자유주의적'이게 하는 것은 그가 적어도 현대 사회에서 좋은 삶이란 자율적인 삶이어야 한다고 주장한다는 점이다. 그에 의하면, 개인의 행복은 자신의 삶을 자율적으로 꾸릴 수 있는가, 그리고 가치 있는 선택지를 얼마나 많이 확보할 수 있는가에 달려 있다. 자율성과 도덕적 다원주의를 핵심으로 유지하면서도 자유주의와 반완전주의 내지 중립성 간의 연계를 차단하고자 한다는 점에서, 래즈는 자유주의와 공동체주의 간의 대립을 초월하는 '종합'을 지향한다고 하겠다(Mulhall & Swift, 2001: 384-386).

한편 킴리카는 자유주의와 공동체주의 간의 논쟁 속에서 1990년대에 재조명된 시민 정신(citizenship)의 개념을 자유주의와 공동체주의의 수렴으로 이해하는 입장을 취한다. 그는 '시민 정신'의 개념이 자유주의 사상의 핵심인 정의와 권리의 개념은 물론 공동체주의의 핵심인 공동체와 멤버십 개념 모두를 포괄하고 있다고 주장한다. 즉, '시민 정신' 개념의 한편에는 시민의 '권리'가 자리하고 있으며, 다른 쪽에는 공동체의 일원으로서 가져야 하는 시민적 헌신과 책임이 놓여 있다는 것이다(Kymlicka, 2006: 서문 xii).

이와같이 20세기 말에는 자유주의와 공동체주의 간의 논쟁을 화해 · 통합시키려는 일련의 움직임이 정치철학계에서 대두되었다. 다른 학문 분야에서도 마찬가지겠으나, 정의에 관한 이론을 성공적으로 재정립하기 위해서는 현존하는 대부분의 비판적 이론들로부터 일정 부분을 받아들여 수정하는 이론의 진화가 이루어져야 한다. 오늘날의 자유주의와 공동체주의도 불가피하게 화해의 길을 찾아야 할 것이다. 극단적 공동체주의는 자칫 잘못하면 전체주의의 늪에 빠질 위험이 있으며, 지나친 개인적 목표의 추구는 공동체적 삶을 파괴할 수 있기에 개인의 자유에 대한 보장과 동시에 공동체의 추구라는 조화의 길을 택하는 것이 현실적인 대안이 될 수 있다. 공동체주의의 입장을 수용한 자유주의, 즉 공동체 자유주의도 그러한 관점에서 이해될 수 있다.

제 5 부

공정한 사회 제도, 어떻게 구축할 것인가?

제 19 장
유토피아를 찾아

1 유토피아는 존재하는가?

토머스 모어 경(Sir Thomas More, 1478-1535)이 1516년 『유토피아(*Utopia*)』[1]에서 그린 이상 사회는 완벽한 정치적 · 법률적 체계를 갖춘 상상 속의 사회다. 여러 문화와 사회는 행복과 희망이 넘치는 먼 옛날의 원시 공동 사회에 관한 신화와 기억을 지니고 있다. 오늘날의 정치 철학자들이 그리는 유토피아는 권력과 부, 그리고 명예와 같은 사회적 가치들이 구성원들에게 공정하게 분배되는 정의로운 사회다.

---

1) 그리스어에서 유래된 유토피아는 '어디에도 없는 곳(no place, nowhere)'을 의미한다(*ou-*=no, *topos*=place). 그러나 *ou*와 같은 소리의 '*eu*'는 'good'을 의미하기에 'good place'라는 뜻으로 풀이되기도 한다. 이와 같은 관점에서 "이상향(good place)은 어디에도 없다(no place)"는 뜻을 지니는 것으로 풀이된다.

현대 정치철학자로 유토피아를 논한 노직(Robert Nozick)은 현실적인 대안 세계(alternative world)로 최소 국가(minimal state)를 제시한다. 최소 국가는 국가 기능을 국방과 치안 질서의 유지에 한정하는 야경국가(Nachtwachterstaat)를 의미한다. 노직은 광범한 기능과 권한을 행사하는 광능국가(廣能國家)는 개인의 자유와 권리를 침해할 우려가 있기에 정당화될 수 없다고 주장한다. 그에 의하면, 타인의 삶이 자기 자신의 삶보다 도덕적으로 더 중요할 수 없는 바, 정의로운 분배를 명분으로 한 정부의 간섭은 곧 신성불가침적인 개인 자유의 침해와 같다는 것이다.

그러나 노직은 최소 국가의 이상은 유토피아 사상가들의 꿈과 희망에 비하면 창백하고 미미하다고 하면서, 그 가치가 무엇이든 최소 국가가 결코 유토피아가 아니라고도 말한다(Nozick, 1974: 297). 다른 한편 노직은 유토피아의 틀은 최소 국가와 같다(Nozick, 1974: 333)고 분명하게 말함으로써 최소 국가가 가능한 최선의 세계(the best of all possible worlds)라는 생각을 드러낸다.

노직은 인간 사회의 관계망이 복잡하게 얽혀 있다고 주장한다. 인간의 욕구, 열망, 충동, 재능, 오류 등은 서로 복잡하게 얽혀 있으며, 인간 사이의 관계와 제도 역시 복잡하여 사람들의 행동 조정이 쉽지 않다. 그는 이러한 복잡성을 고려할 때, 설사 이상 사회의 정형(定型)이 존재한다 하더라도 그것에 도달할 가능성은 희박하다는 것이다. 노직은 유토피아 사상가들이 비전을 성취할 수단을 논하지 않거나, 논한다 해도 그 수단은 목표를 성취시키기 힘들다는 비판들을 소개하면서, 설사 어떤 대단한 천재가 있어 이와 관련된 청사진을 마련한다고 해도 이것이 잘 실행되리라는 데에 대해 누가 확신할 수 있겠는가고 반문한다.

노직은 모든 사회적 · 정치적 선(善)을 동시에 그리고 지속적으로 실현시키는 이상 사회가 근본적으로 불가능하다는 사실을 잘 인지하고 있다. 그는 나 자신에게 가장 좋은 세상은 당신에게는 최선의 세계가 아닐 것이라고 하면서, 우리 모두에게 좋은 이상적인 사회가 과연 가능할 것인가고 반문한다. 노직은 유토피아는 서로 다른 여러 열망에 초점을 맞추기 때문에 그에 이르는 이론적 길 또한 다양하다고 하면서, 사회적 삶의 방식에 대해 하나의 최선책이 있으리라는 생각, 모든 사람이 살기에 적합한 단 하나의 사회가 있다는 점은 믿기지 않는다고 한다. 그럼에도 불구하고 노직은 자유주의가 제시하는 비전이 유토피아의 틀에 가깝다고 주장한다.

노직에 의하면, 최소 국가는 사회구성원을 불가침의 개인(inviolate individuals)으로 취급한다. 즉, 개인들은 최소 국가 안에서 타인에 의해 도구나 수단으로 이용되지 않으며, 개개인은 존엄성을 가진 개인적 권리의 소유자로 취급된다. 따라서 최소 국가 속에서 개인은 그들 스스로의 삶을 자유롭게 선택할 수 있고, 그들의 목표와 이상적 인간상을 실현할 수 있게 된다.

노직이 그린 개인적 자유와 권리의 세계는 그야말로 현실 속에서 이루어질 수 없는 상상 속의 이상향이라고 할 수 있다. 공동체주의자들이 비판하듯이, 자유주의자들은 인간이 사회적 환경을 벗어나서는 도덕적 삶이 불가능하다는 점을 간과하고 있는 것이다. 즉, 공동체가 인간 생활에 근본적이고 대체 불가능한 요소임에도 불구하고 자유주의자들은 공동체의 가치를 도외시하고 있다는 점에서 자유주의는 현실성을 결여하고 있다고 하겠다.

그리고 각자의 능력에 따라 생산하고 필요에 따라 분배받게 한다는 공산주의의 이상적 질서도, 역사적 실험의 실패라는 경험은 차치하고라도 현실성을 결여하기는 마찬가지다. '완전한 자유'와 '완전한 평등'은 결국 인간의 땅에서는 실현 불가능한, '존재하지 않는 땅(no land)'의 비전이라고 하겠다. 이러한 관점에서 볼 때 현실적으로 추구할 수 있는 '가능한 최선의 세계'는 이상과 현실이 타협, 개인의 자유와 권리가 존중되는 가운데 개인과 공동체의 통합을 강조하는 사회라고 하겠다.

2 이상과 현실의 괴리

규범적 이론이 추구하는 이상적 질서와 현실은 괴리가 있게 마련이다. 공정 사회를 지향하는 정치철학자들의 논의도 마찬가지다. 지나치게 현실 영합적인 정치철학은 열정을 이끌어내지 못하며, 현실과 동떨어진 규범적 논의는 쉬이 흥미를 잃게 한다. 정치철학자들이 추구하는 지나친 논리적 일관성은 때로 현실과 동떨어진 열반(涅槃)[2]의

2) 불만스러운 현실 상황을 이상적 상황(idealized counterparts)과 대칭시키는 논리적 오류(logical error)를 열반의 오류(涅槃의 誤謬, Nirvana fallacy)라 한다. 예를 들어, "미국의 도시지역에는 수백만 명이 빈곤과 폭력에 노출되어 있는데, 만약 소수의 부유층으로부터 돈을 좀 더 거두어 빈민들에게 나누어 준다면 빈곤과 폭력을 완벽하게 뿌리 뽑아 조화롭게 살 수 있다."는 언명을 들 수 있다. 이러한 주장은 이상적 상황이 현실적으로 가능하다는, 잘못된 가정

얘기로 들릴 때도 있을 것이다. 그러나 현실 속에는 정치사상가들이 추구한 다양한 이상이 스며 있게 마련이다. 이런 측면에서 '현실적인 것은 이성적인 것(Was wirklich ist, das ist vernünftig)'이라는 헤겔의 언술이 이해된다.

공정한 사회를 논구한 오늘날의 여러 정치철학자들은 사회적 가치의 분배가 정의로운 유토피아를 다양하게 제시한다. 개중에는 가상세계에서의 '추상적 원칙'만을 제시한 학자가 있는가 하면, 많은 논란을 불러일으킬 수 있는 '구체적 처방'을, 예상되는 비판을 무릅쓰고 용기 있게 시도한 학자도 있다.

오늘날 정치철학의 주요 쟁점 가운데 하나는 분배적 정의의 원칙에 관한 것이다. 현대의 정의이론은 노직 등으로 대표되는 자유지상주의 정의론과 샌델 등의 공동체주의 정의론으로 대별된다. 롤스의 정의론은 자유주의의 범주에 넣기도 하나, 그의 이론 속에는 자유주의의 요소와 함께 평등주의 및 공동체주의적 요소가 아울러 담겨 있다는 차원에서 자유주의적 평등주의(liberal egalitarianism)로 구분되기도 한다.

자유주의와 공동체주의 사상은, 뮬홀과 스위프트가 주장하듯이, 상호 배타적이기보다 보완적 관계에 있다. 현대 정치철학은 공동체주의의 입장을 수용하는 자유주의, 즉 공동체 자유주의(communitarian liberalism)로 수렴되고 있다. 심지어 자유지상주의의 대표적 학자로

(erroneous assumption)을 하고 있다. 즉, 빈곤과 폭력에 노출된 삶과 그것이 제거된 이상적인 삶이라는 잘못된 이분법(false dichotomy)을 제시함으로써, 논쟁에서 명백하게 유리한 그러나 실현되기 어려운 이상적 상황을 주창하는 사람은, 현실적이지만 불만족스러울 수밖에 없는 다른 복지 프로그램을 제시하는 사람을 언제든지 공박할 수 있게 되는 것이다.

분류되는 노직까지, 납득할 수 있는 충분한 해명 없이 자유지상주의를 갑자기 포기하는 듯한 입장을 표명했다.[3)]

앞서 살펴보았듯이, 자유주의 정치 사상의 현대적 변형으로 일컬어지기도 하는 로티, 드워킨, 래즈 등 공동체 자유주의자들은 공동체주의와 자유주의의 변증법적 통합을 시도하고 있다. 그러나 오늘날의 정치철학계의 흐름은, 적어도 이론적 측면에서는, 자유주의에서 공동체주의로 큰 전환이 이루어지고 있다. 현실 정치는 그러나, 특히 미국과 같은 나라의 현실 정치는, 아직도 기본적으로 자유주의에 바탕하고 있다. 그러한 점에서는 비록 문화상대주의라는 비판을 받고 있으나, "구체적인 재화 혹은 가치들이 어떻게 분배되어야 하는지를 알려면 그들 재화가 구체적인 문화 속에서 어떻게 이해되고 있는지를 살펴보아야 한다."고 말한 왈저의 현실주의적 관점에 공감하지 않을 수 없다.

"있어야 할 것"을 추구하는 규범적 이론은 현실을 이상 세계로 이끄는 작용을 한다. 오늘의 정치철학이 지향하는 정의의 원칙이 현실 세계 속에서 하루아침에 구현되기를 기대할 수는 없을지 모른다. 그러나 좀 더 공정한 정의의 원칙이 사회구성원들의 가치 체계 속에 내면화될수록 이상 사회의 구현은 앞당겨질 수 있을 것이다.

---

3) 노직은 1989년의 저술에서 "내가 한때 주창했던 자유지상주의적 입장은 이제 나에게는 매우 부적절한 것처럼 보이는데, 그러한 이유의 한 가지는 그것이 여지로만 남겨 두었던 인간적 고려 사항들과 연대적 협동 활동을 더 정연한 구조 속에 충분히 짜맞출 수 없었다는 데 있다."고 기술하고 있다(Nozick, 1989: 286-287; 박정순, 2009: 48).

3 자유와 평등의 변증법적 조화

인류 역사상 모든 국가는 공정하고 정의로운 사회의 건설을 겨냥해 왔다. 그러나 어떠한 사회 질서가 과연 정의롭고 공정한 것인지 그 구체적 모습(像)을 둘러싸고는 많은 논란이 일고 있다. 서구의 전통은 중세 이후 자유와 평등을 보편적 가치로 추구해 왔다. 그러나 현실 세계 속에서 자유와 평등의 이념은 그 우선성을 둘러싸고 서로 부딪쳐 왔다. 자유로운 삶은 인생이 추구하는 주요 가치 가운데 하나라는 차원에서 결코 저버릴 수 없는 가치다. 평등 또한 인간이 공동체 생활을 유지하면서 살아갈 수밖에 없는 상황에서는 결코 소홀히 할 수 없는 가치다.

자유의 가치는 그러나 공동체 속에서 타인의 자유와 필연적으로 부딪칠 수밖에 없다. 자유의 이름으로 다른 사람의 자유와 권리가 침해되어서는 아니 된다는 차원에서, 나의 자유는 다른 사람의 자유가 시작되는 곳에서 멈추어야 한다. 자유는, 그런 의미에서, 사회성(sociabilité)이라는 한계를 지닐 수밖에 없다. 이러한 관점에서 볼 때 자유는 기본적으로 '평등한 자유(equal liberty)'의 개념을 바탕에 깔고 있다(이종수 외, 1998: 155-156).

평등의 이념 또한 일정한 한계를 지닌다. 공동체적 삶을 아무리 중시한다 하더라도 평등의 이름으로 타인의 소유를 함부로 빼앗아서는 아니 될 것이다.

자유에의 갈망은 평등의 원칙에 의해 억제·보완되어야 하며, 평등의 원칙은 자유의 가치를 훼손하지 않도록 지나치지 않아야 한다. 자유와 평등 이 두 가치는 변증법적 통합을 통해 균형화되어야 한다. 그것이 고대 그리스 시대 이래 추구되어 온 '형평성'의 원칙이다. 그러나 '사물의 적절하고 마땅한 분배'라든가 '각자의 몫은 각자에게로'라는 격률로 표명되는 형평성의 원칙은 지나치게 추상적이다. 과연 어떻게 하는 것이 적절하고 마땅한지, 그리고 각자의 몫이 무엇인지가 구체화되고 특정화되지 않을 경우, 형평성의 원칙은 현실 세계에서 실효성 있는 지침으로 기능하지 못한다.

그보다는 무엇이 '정당화될 수 있는 불평등'이고 어떠한 제도가 '부당한 불평등'을 초래하는지를 따져, 그것을 하나씩 시정해 가는 것이 더욱 현실적일 것이다. 가치 기준은 그러나 시대적 상황에 따라 변하게 마련이다. 고대 그리스 시대 이후 근대에 이르기까지 오랜 세월 동안 '정당화될 수 있는 불평등'으로 간주되었던 노예 제도, 인종 차별 제도, 성차별 제도, 그리고 연령 차별(age discrimination) 제도는 오늘날 부당한 불평등으로 간주된다. 이러한 관점에서, 정의로운 분배 원칙들은 문화 특수적이고 재화 특수적이어야 한다는 왈저의 정의론을 이해할 수 있다.

이상적 사회 질서는 '존재하지 않는 땅'으로서의 유토피아에서 찾아지는 것이 아니라, '지금' 그리고 '여기서' 부당한 불평등을 초래하는 제도들을 하나하나씩 단계적으로 개선해 나갈 때 비로소 눈앞에 펼쳐질 것이다.

제 20 장

공정하고 정의로운 사회, 어떻게 구현할 것인가?

1 공정 사회 설계의 기본 방향

사회적 가치의 배분은 기본적으로 정부 정책과 시장을 통해 이루어진다. 공정한 사회 질서의 구현은 구체적 정책을 통해 가능해진다. 사회적 가치 배분에 영향을 미치는 정책은 직접적 분배 정책(direct distributive policy)과 간접적 분배 정책(indirect distributive policy)으로 나눠볼 수 있다. 직접적 분배 정책은 결과적 평등(equality of outcome or equality of results)을 지향하는 정책으로, 근인(近因, proximate cause) 정책이라고 할 수 있다. 이에 비해 간접적 분배 정책은 절차적 평등(procedural equality) 또는 기회 균등(equality of opportunity)을 추구하는 정책으로, 가치 분배의 '심인(深因, deeper determinants)'과 관련된 정책이라고 할 수 있다.

직접적 분배 정책은 세입 정책과 세출 정책으로 나눠볼 수 있다. 자본주의 국가에서는 특히 조세 정책과 정부 지출(government expenditure) 정책을 통해 경제적 부담(burden)과 편익(benefit)을 사회 구성원들에게 각각 분배한다. 사회 구성원 간의 소득 격차를 줄이기 위한 조세적 수단으로는 누진적 소득세와 상속세 등이 동원되며, 나라에 따라서는 부유세와 같은 특별 세제가 도입되기도 한다. 소득 격차를 줄이기 위한 정부 지출 정책으로는 국민기초생활보장제 등 다양한 사회복지 정책을 들 수 있다.

그러나 앞서 살펴보았듯이, 강력한 재분배 정책을 추구하는 일부 북유럽 국가를 제외하고는 국가 재정을 통한 재분배 효과가 미미한 것으로 나타나고 있다. 빈곤 계층에 대한 정부 지출 정책의 효과는 미미한데 비해, 부유집단은 '조세 형평성', '세수(稅收)의 실효성', '경기 부양' 등 다양한 논리에 기대어 조세 부담을 줄일 수 있는 제도적 장치들이 여기저기 감춰져 있기 때문이다. 오죽하면 미국의 백만장자들이 세금 더 내게 해달라(Tax me more!)는 운동을 전개하겠는가?

간접적 분배 정책은 사회적 가치의 획득과 관련된 절차와 규칙을 정하는 '경쟁 규칙 정책'과, 의식주 및 교육 · 의료 서비스를 제공해주는 '사회적 환경 정책'으로 나눠볼 수 있다. 경쟁 규칙 정책의 목표는 사회적 가치를 다투는 경쟁의 규칙과 제도를 공정하게 만드는 데 있다. 사회적 환경 정책은 사회적 약자집단이 가치 배분 경쟁에서 원천적으로 배제되지 않도록 의식주 및 교육 · 의료와 같은 국민 생활의 기초적 여건을 제공하는 정책을 말한다. 교육 · 의료 정책은 공정한 경쟁의 기본 조건을 갖춰 준다는 의미에서 특히 중요성을 지닌다.

오늘날 우리 사회에서 벌어지고 있는 보편적 복지(universal welfare)와 선별적 복지(selective welfare)를 둘러싼 논쟁에서 보듯이, 국가의 책임으로 제공하고 보장해야 할 서비스의 종류와 수준은 각 사회가 지향하는 이념 성향에 따라 상당한 차이를 나타낸다. 그러나 오늘날 대부분의 나라에서는 '의무 교육'과 '기초 의료'의 제공을 국가의 의무로 규정하고 있다. 그리고 국가가 책임지고 제공해야 하는 공공 서비스의 폭과 깊이가 점점 더 확대되고 있는 것이 현실이다.

사회적 가치 배분의 궁극적 지향점은 최종 산물의 좀 더 평등한 분배일 것이다. 완전한 결과적 평등은 그러나 현실 사회에서 이룰 수 없는 하나의 이상(理想)이다. 그러나 자본주의적 질서 속에서도 고소득층과 저소득층의 심화되는 소득 격차는 '의미 있는 수준'까지 좁혀 나갈 수 있다.

소득 격차의 해소는 직접적인 분배 정책을 통해 효과적으로 달성될 수 있다. 그러나 경쟁 조건을 균등화하는 간접적 수단을 통해서도 소득 격차는 상당히 해소될 수 있다. 경쟁 조건의 균등화는 정치 · 경제 · 사회적 가치의 획득을 둘러싼 경쟁 규칙을 공정하게 만드는 것을 의미한다. 공정한 경쟁 규칙의 마련은 직접적인 분배 구조 개혁과 달리 사회적 갈등을 최소화할 수 있을 뿐만 아니라, 유인 감소에 따른 사회적 생산력 저하의 문제를 해결해 줄 수 있다는 점에서 매력적이다. 미국 사회가 결과적 평등을 추구하기보다 기회 균등을 강조하는 이데올로기를 선택한 것은 이러한 이유에서다.

그러나 기회의 균등만을 강조하고 결과적 평등에 눈감는다면 고소득층과 저소득층의 소득 격차가 '불필요하게' 심화되는 문제점이 발생한다. 그것은 오늘날 미국식 자본주의 체제가 갖는 근본적인 문제점 가운데 하나다. 사회적 경쟁 체제의 유지를 통해 생산력 저하의 문제점에 대처하면서도 고소득층과 저소득층 간의 소득 격차를 줄일 수 있는 분배 구조를 유지하는 이른바 노르딕 복지 모형에 대한 관심이 증대되는 이유가 여기에 있다.

다음에서는 공정 사회 구현의 구체적 수단과 관련된, 경쟁 규칙의 공정화에 초점을 둔 '공개 경쟁(open competition) 제도의 확립', '제도 운영의 투명성 확보' 및 직접적 분배 정책으로서의 조세 및 지출 정책 등에 관한 논의를 전개하고자 한다.

2 공개경쟁 제도의 확립

공정 사회 구현의 핵심적 실천 과제는 무엇보다 공정한 경쟁을 가능하게 하는 제도적 틀을 만드는 데 있다. 19세기 후반 이래 사회과학자들은 다윈(Charles R. Darwin)의 진화론을 사회 발전 메커니즘으로 활용하고자 했다. 즉, 적자생존(適者生存, survival of the fittest)[1] 이론의 핵심 개념인 '경쟁'을 '사회 진화'의 기본 동력으로 인식, 경쟁의 원칙을 제도화함으로써 사회 전체의 지속적인 발전을 도모하고자 한 것이다.

---

1) 환경에 잘 적응하는 생물이나 집단이 살아남는다는 이론적 개념을 말한다. 다윈은 당초 '자연선택(natural selection)'이라는 용어를 사용했으나, 영국의 철학자 스펜서(H. Spencer)가 1864년의 저서 『생물학의 원리(*Principles of Biology*)』에서 처음 '적자생존'이라는 용어를 사용했다.

경쟁 규칙 공정화의 과제는 정치 · 경제 · 사회적 측면으로 나눠 살펴볼 수 있다. 우리나라의 경우 정치적 경쟁은 1990년대 들어 정권 교체가 이루어지고 관권선거가 사라지게 되면서 어느 정도 공정화되었다고 할 수 있다.

그러나 기본적으로 기득권을 옹호하는 경향성을 띠는 행정상의 불공정성은 크게 개선되지 않고 있다. 정부가 계급 중립적 조정자가 되기 위해서는 무엇보다 규칙과 제도가 공정하게 설계되고 관리되어야 한다. 공정한 사회 제도를 만들기 위해서는, 2005년 7월 도입된 부패영향평가 제도처럼, 새 정책이나 제도를 설계할 때는 그것이 각 사회집단과 계층에 미치는 가치 배분 영향을 사전에 분석해 보는 가칭 '형평성 평가제도'를 도입하는 것도 한 방안이 될 수 있다. 우리나라 정부는 부패영향평가 제도의 도입을 통해 2005년부터 2011년까지 5,808개의 제 · 개정 법령에 대한 부패 영향을 평가하여 그 중 1,058(18.2%)개 법령에 대해 2,479건의 부패 유발 요인을 발굴, 소관 기관에 개선을 권고했다(국민권익위원회, 2011: 5). 특정 정책의 가치 배분 영향을 사전에 평가해 보는 '형평성 평가제도'는, 사업의 경제성을 사전에 평가해 보는 '예비타당성조사'[2] 제도 못지않게 큰 정치 · 행정적 의미를 지닐 수 있다.

경제적 경쟁 규칙의 공정화는 주로 공정거래 제도를 통해 구현된다. 물론 경제 활동에 대한 전반적인 규율은 민법과 상법을 통해서도

---

2) 예비타당성조사 제도는 대형 공공투자사업의 정책적 의의와 경제성을 사전에 검토하는 제도를 말한다. 우리나라의 「국가재정법」은 총사업비가 500억 원 이상이고, 국가의 재정 지원 규모가 300억 원 이상인 신규 사업은 예비타당성조사를 받도록 규정하고 있다.

이루어지지만, 공정성은 주로 공정거래법을 통해 확보된다. 우리나라의 경우 정부가 강력한 공정거래 질서 확립 의지를 거듭 밝히고 있음에도 불구하고, 공정거래위원회가 스스로 평가하고 있듯이, 대기업-중소기업 간 불공정 거래 관행이 상존'하고 있을 뿐 아니라, '경쟁을 제한하고 가격을 교란하는 담합 및 독과점 행태' 역시 여전히 지속되고 있다.

시장의 불공정 관행이 근절되지 않는 근본 원인은 정부의 조치가 지나치게 미온적이라는 데서 찾을 수 있다. 대자본의 불공정 행태를 근본적으로 교정하기 위해서는, 기업이 문을 닫을 각오를 하지 않고는 공정거래 질서를 위반할 엄두를 내지 못하도록 엄정한 조치를 취할 필요가 있다. 그리고 '일자리 창출', '국민 경제에의 기여' 등을 명분으로 위반 업체에 대해 상징적인 과태료만을 부과하는 재벌 편향적 풍토를 바꾸기 위해서는 대자본에 의한 관료집단 포획(capture) 통로부터 차단해야 할 것이다.

마침 우리나라에서는 2011년 9월 30일부터 민간기업의 '공정 경쟁 침해' 행위를 신고한 내부고발자도 보호받을 수 있도록 한 「공익신고자 보호법」이 시행되고 있다. 기존의 「부패 방지 및 국민권익위원회의 설치와 운영에 관한 법률」은 '공직자 부패' 관련 행위 신고자만 보호받을 수 있도록 한정하고 있으나, 새로운 법에서는 기업의 불공정 거래 행위 고발도 '공익'의 범주에 포함시킨 것이다. 「공익신고자 보호법」의 시행으로 대기업에 의한 공정 경쟁 침해 행위가 크게 감소될 수 있기를 기대한다.

사회적 차원의 규칙 공정화를 위해서는 먼저 제도 곳곳에 뿌리박혀 있는 기득권 보호 장치부터 허물어야 한다. 사회적 경쟁 규칙의 공정화는 공정한 인사(人事) 절차를 마련하는 데서부터 시작되어야 한다. 인사는 세상일의 근간이 되기 때문이다. 공공 부문의 인사는 사회 전반에 광범한 영향을 미친다는 점에서 특히 공정해야 한다. 국회의 고위 공직자 인사청문 기준이 상황에 따라 달라지고 공기업 사장 추천 기준이 입맛에 따라 바뀐다면 일반 국민들은 얼마나 큰 가치 혼란을 겪을 것인가?

인사 절차의 공정성은 공개경쟁 제도에 의해 확보될 수 있다. 동양 사회에서 수천 년 전부터 시행되어 온 과거(科擧) 제도와 서양 사회에서 19세기 말 도입된 실적제(實績制, merit system)[3]는 공무원을 공개경쟁채용시험(open competitive examination)에 의해 선발하도록 제도화했다. 외교부 장관 자녀 특채 사건에서 보듯이 특별채용 제도는 자칫 방심하면 곧바로 기득권 보호 장치로 전락할 위험성을 지닌다. 특히 기준이 모호한 면접 등에 의한 전형 제도는 공사(公私) 부문을 막론하고 더욱 그러하다. 근년 들어 '입학사정관제' 등 다양한 전형 방식의 도입이 시도되는 대학입시 제도도 그러한 관점에서 본다면 바람직하지 않다고 하겠다.

한국 사회가 지난 세기 경이적인 경제 성장을 이룩하게 된 배경으로는 여러 가지 원인을 들 수 있겠으나, 주된 요인 가운데 하나는 비교적 공정한 경쟁 시스템이 유지된 데서 찾을 수 있다.[4] 우리 사회에서는 그동안 사회경제적 계층 상승 통로로 교육 · 시험 사다리와 시장

3) 개인의 능력이나 실적을 인사임용의 기준으로 삼는 인사행정 제도를 말한다.
4) 김대호, 세종미래포럼 내부 세미나 자료(2011.10.19).

메커니즘이 중요한 역할을 해왔다. 그러나 1990년대 이후 경제적 양극화가 심화되면서 시장의 공정 경쟁 시스템은 거대 자본들에 의해 급격하게 무너지기 시작했다. 교육 · 시험 사다리는 그나마 아직 우리 사회에서 작동되고 있는 계층 간 이동 통로다. 그러나 사회계층 구조가 고착화되면서 이 메커니즘도 점차 무력화됨으로써 적지 않은 우려를 불러일으킨다.

공정한 경쟁 규칙의 확립을 위해서는 또한 그 최후의 보루라 할 수 있는 사법적 공정성이 우선적으로 확보되어야 한다. 최근의 '스폰서 검사' 사건, '벤츠 여검사' 사건 등에서 보듯이, 끊이지 않고 불거져 나오는 사법부의 비리 사건은 사법 절차의 공정성과 신뢰성을 크게 훼손하고 있다. 법조계의 흐트러진 규범을 근본적으로 바로잡기 위해서는 고위 공직자 비리수사처 신설과 같은 특단의 조치도 고려해 보아야 한다. 그리고 공직자들이 일상적으로 맞닥뜨리게 되는 이해 충돌 상황을, 제도적 장치를 통해 사전에 회피시켜 주는 것도 사회적 게임의 공정성 확보에 긍정적인 영향을 미칠 것이다.

우리 사회가 21세기에도 역동적 발전을 유지하기 위해서는 사회 각 부문의 경쟁 시스템이 기득권을 강화하는 방향으로 왜곡 · 변질되지 않도록 사회 구성원 모두가 감시의 눈을 소홀히 해서는 아니 된다.

3 공평한 가치 배분 제도의 구축

앞서 우리는 제도 및 정책의 가치 배분 편향성을 살펴보았다. 제도의 운용 과정을 자세히 들여다보면 일반적인 규칙과 관행도 기득권의 이익에 봉사하는 방향으로 기능하는 것을 볼 수 있다. 예를 들어 원유 수입, 쇠고기 수입 물량을 정부가 각 기업에 할당하는 방식을 생각해 보자. 과거 한때 이들 사업은 이윤이 많이 나는 사업으로 정부가 연간 수입 물량의 한도를 정해 각 기업에 할당하던 시절이 있었다. 정부가 수입 물량을 각 기업에 할당하는 방식은 대개 전년도 수입량을 기준으로 한다. 제도 운영자들이 특별한 의식적 개입이 없이 관행적으로 해오던 이러한 '전년도 기준'도 결국 기득권 집단의 이익에 봉사, 부익부 빈익빈의 결과를 초래하는 것을 우리는 알 수 있다.

이러한 문제점을 해결하기 위해서는 수입 물량의 절반을 모든 참여 기업에 먼저 똑같이 배분한 뒤, 나머지를 전년도 실적을 기준으로 배분하는 방법도 생각해 볼 수 있다. 이러한 분배 시스템은 전년도 실적이 없어 진입(進入) 단계에서부터 배제되어 버리는 신참 기업의 진입 장벽을 무너뜨릴 수 있는 장점도 지닌다. 의미는 다소 다르지만, 실제로 우리나라 공무원의 성과상여금을 지급할 때 이와 유사한 분배 방식을 활용하고 있다.

수입 물량 할당 방식과 같이 사회 전반에 뿌리박혀 있는 계층제적 구조와 관행은 시간이 흐를수록 고소득 계층과 저소득 계층 간 그리고 대기업과 중소기업 간의 격차를 벌려 놓음으로써 사회적 양극화를 심화시킨다. 자본주의 사회에서 경제가 발전할수록 상위집단과 하위집단 간의 소득 격차가 더 벌어지게 되는 근본 원인은 이러한 제도의 가치 배분 편향성에서 찾아볼 수 있다.

제도의 가치 배분 편향성을 시정하는 방안은 공정성 확보에 초점을 두고 발전해 온 스포츠 경기의 규칙이나 신인 선수 선발 제도에서 아이디어를 얻을 수 있다. 예를 들어 자금이 풍부한 명문 스포츠 팀이 경기력이 뛰어난 신인 선수들을 싹쓸이하듯 스카웃하여 모든 경기에서 우승하게 된다면, 그러한 스포츠 경기는 관중의 흥미를 끌 수 없어 흥행에 성공할 수 없을 뿐만 아니라, 스포츠 자체의 발전을 기대할 수도 없다. 신인 선수 선발의 불공정성 문제를 해결하기 위해 개발된 것이 드래프트 시스템(draft system)이다. 일부 아마추어 스포츠 연맹에서는, 직전 시즌에서 꼴찌한 팀이나 선수 숫자가 부족한 팀 등에 선수 선택의 우선권을 부여하는 방식으로 운영한다. 일반적인 드래프트 시스템에서는 신인 선수 선발 첫 라운드에서 전년도 성적의 역순으로 각 팀에 선수 선택권을 부여한다. 그리고 첫 라운드의 선수 선택이 끝나면 그 다음 라운드부터는 앞 라운드의 역순으로 각 팀에 선수 선택권을 부여하게 된다.

'훌륭한 선수'라는 가치재(價値財)를 관련 집단에 공평하게 배분하는 이러한 드래프트 방식은 다양한 사회적 가치의 배분에 적용될 수 있다. 제한적이기는 하나 일부 공공 부문의 인력 배분에서 이러한 드래프트 방식이 시도되고 있다. 한국거래소 등 우리나라의 일부 공기업에서는 임원이나 부서장이 함께 일하고 싶은 직원을 선발할 때 드래프트 시스템을 실제로 활용하고 있다. 물론 이러한 드래프트 시스템을 사회 속의 모든 가치 배분에 적용하기에는 무리가 따를 것이며 현실적으로 불가능할 수도 있다.

롤스는 정의의 제2 원칙을 통해 '정당한 불평등(justifiable inequality)'의 기준을 밝히고 있다. 그는 가난한 사람들에게 더 많은 이익이 돌아가도록 분배된다면, 그와 같은 불평등은 정당화될 수 있다고 주장한다. 이와 같은 분배 원칙이 무한대로 연장된다면 궁극적으로 완전히 평등한 사회가 구현될 수 있을 것이다. 롤스는 기회 균등의 원칙과 차등의 원칙이 부딪칠 때는 기회 균등의 원칙이 우선시되어야 한다고 주장함으로써, 기회 균등을 강조하는 미국의 이데올로기와 타협한다.

좀 더 공평한 사회를 만들기 위해서는 '정당화될 수 없는' 불공정한 분배 방식을 개선하기 위한 지속적 제도 개선 노력이 경주되어야 할 것이다.

4 제도 운영의 투명성 확보

사회적 공정성 확보를 위한 핵심적 선결 요건 가운데 하나는 투명성의 확보다. 공적 영역에서 정당성을 상실한 행정 행위는 대부분 비밀스런 풍토 속에서 은밀하게 이루어지기 때문이다. 특히 행정 과정의 투명성을 제고하기 위해서는 관료 사회에 뿌리 깊은 비밀주의가 타파되어야 한다. '공적 비밀(official secret)'의 개념은 관료제의 특별한 발명품으로, 관료제에 의해 그 무엇보다도 광신적으로 수호된다(The Concept of the 'official secret' is the specific invention of bureaucracy, and nothing is so fanatically defended by the bureaucracy......) (Gerth & Mills, 1958: 233).

비밀주의는 관료제가 공공의 감시로부터 벗어나기 위한 효과적 수단으로 활용된다. 걸핏하면 관료들은 공공 문건 여기저기에 '붉은 테이프(red tape)'[5]를 붙이거나 비밀문건으로 분류하여 일반의 접근을 차단한다. 국민의 대표로 구성된 입법부는 태어날 때부터 왕권으로 상징되는 행정부를 견제하기 위해 만들어졌다. 그러나 관료집단은 국민의 대의기구인 의회에 대해서까지 비밀을 유지하고, 의회의 정보 획득 시도를 갖은 명분을 붙여 무산시키기 일쑤다.[6] 물론 의회 스스로도 예산결산위원회 계수조정소위원회 회의를 '비공개'로 진행하는 등 떳떳치 못한 일을 할 때는 비밀주의를 활용한다. 따라서 행정부가 되었건 입법부가 되었건 사법부가 되었건 공공 부문의 공정성을 확보하고 부패를 방지하기 위해서는 무엇보다 우선적으로 투명성이 제고되어야 한다.

사법부에서는 그동안 판결문을 제대로 공개해 오지 않았다. 1 · 2심 판결문의 경우, 일반 국민은 물론 담당 변호사와 검사에게까지도 공개되지 않아 왔으며, 일부 대법원 사건에 한해 제한적으로 공개되어 온 것이다. 소송 당사자는 왜 무엇 때문에 해당 소송에서 이기고 지게 되었는지를 자세히 알 권리가 있다. 사법 정보에 대한 접근권은 사법부에 의해 주어지는 시혜가 아니라 국민의 당연한 권리 가운데 하나다. 헌법 제109조는 '재판의 심리와 판결은 공개한다'는 재판 공

---

5) 'red tape'는 '관청의 번거로운 절차'를 뜻하는 번문욕례(繁文縟禮)로 번역된다. 이 용어는 공공문서에 붉은 띠를 두르거나 제목을 붉은 글씨로 표시하여 권위를 나타내는 중국의 '홍두문건(紅頭文件)'에서 유래된 것으로 알려지고 있다.

6) 2009년 8월 검찰총장 후보자에 대한 국회 인사청문회를 앞두고 국회의원들이 요구한 후보자 관련 정보 요청에 대해 국세청 등 행정부의 여러 관련 부처는 이런저런 핑계로 자료 제출을 거부했다. 심지어는 국정감사를 위한 의회의 자료 요구에 대해서도 행정부는 관련 자료를 갖고 있지 않다는 등의 이유로 제출하지 않거나 부실한 자료를 제출하는 사례가 적지 않다.

개의 원칙을 천명하고 있다. 그럼에도 불구하고 이 헌법 규정이 사법부에 의해 그동안 무시되어 온 것이다.

판결문의 비공개는 사법 권위주의의 산물이라고 간단히 치부해 버릴 수도 있다. 그러나 관점을 달리해 보면 그것은 사법 불공정성의 온상이 될 수도 있다는 점에서 적지 않은 우려를 불러일으킨다. 미국 · 호주 · 캐나다 등 선진 외국에서와 같이 판결문이 완전하게 공개되고 재판 과정을 찍은 동영상까지 공개된다면, 법원 판결의 공정성 · 편향성 시비는 크게 줄어들 수 있다. 판결문의 완전 공개는 사법 개혁의 출발점이자 핵심적 수단이 되어야 한다.

관료제 내의 비밀주의는 관료집단의 권한 확보 수단이 되기도 하지만 기득권 집단의 영향력이 행사되는 비밀 통로로 활용된다. 결과적으로 사회적 공정성을 해치는 주된 요인이 된다. 따라서 공정 사회의 구현을 위해서는 관료제의 비밀주의를 타파, 관료제 내부 과정에 대한 일반 시민의 접근을 확대할 필요가 있다.

우리나라에서는 국정 운영의 투명성을 확보하기 위해 1996년 공공기관 정보공개 제도를 도입했다. 그러나 이 제도가 시간이 흐르면서 유명무실화되고 있어 우려를 자아내고 있다. 민간단체인 '투명사회를 위한 정보공개센터'에 따르면, 우리나라 중앙행정 부처의 정보 공개 거부 비율이 2006년의 11%에서 2010년 20%로 2배 가까이 늘어났다. 특히 비공개 사유 중 비밀 등 법령을 이유로 한 비공개율은 2006년의 17%에서 2010년 42%로 크게 증가한 것으로 밝혀졌다. 또한 공개된 정보 가운데도 '동문서답형 정보', '쓰레기 정보'가 적지 않은 것으로 나타난 바, 이는 관료들이 정보 공개를 얼마나 꺼리고 얼마나 소홀히 다루는지를 단적으로 나타낸 증거라 할 수 있다.

행정 과정의 공정성 제고를 위해서는 또한 각종 의사결정체에 참여하는 민간위원의 위촉 방식을 좀 더 투명하게 제도화할 필요가 있다. 행정 과정에 참여하는 민간위원들은 해당 기관에 의해 일방적으로 위촉되는 경우가 대부분이다. 그리고 소신에 따라 당해 기관의 방침과 어긋나는 견해를 밝히는 위원들은 차기 위원회 구성에서 배제되게 마련이다. 이와 같은 방식으로 구성되는 위원회의 결정이 결코 공정하리라고 기대할 수 없다. 이러한 방식의 위원회 구성은 의사결정을 공정하게 한다는 점을 국민들에게 내보이기 위한, 그리고 의사결정에 따른 책임을 회피하기 위한 기교에 다름 아니라고 하겠다. 위원회를 통한 의사결정이 공정하게 이루어지기 위해서는 위원 구성 자체가 공정성을 담보할 수 있도록 균형 있게 이루어져야 한다. 민간인 위원을 임명할 때는 언론기관이나 시민단체의 공식적인 추천을 받도록 제도화하는 것이 투명성과 공익성을 제고하는 한 수단이 될 수 있다.

5 조세 및 지출 정책을 통한 재분배 정책의 적극화

무상몰수 · 무상분배 정책을 이념적으로 받아들일 수 없는 자본주의 사회에서는 직접적 분배 정책으로서 조세 정책과 정부 지출 정책, 그리고 간접적 분배 정책으로서 기회 균등 정책을 공정 사회 구현의 주된 수단으로 활용한다. 자본주의 사회에서 심화되는 소득 양극화 현상을 교정하기 위한 직접적 수단으로는 조세 정책과 정부 지출 정책이 주로 활용된다.

정부 지출 정책을 둘러싼 쟁점들은, 앞서 살펴보았듯이, 보편적 복지를 지향할 것인가 선별적 복지를 지향할 것인가를 둘러싸고 주로 전개된다. 보편적 복지는 교육 · 의료 · 주거 등을 사회적 권리(social rights)라는 관점에서 접근, 부자에게나 가난한 사람에게나 소득 수준에 관계없이 동등한 복지 서비스를 제공해야 한다는 정책 지향을 말한다. 이에 반해 선별적 복지는 국가의 도움이 꼭 필요한 가난한 집단만을 겨냥하여 선별적으로 복지 혜택을 제공하는 것을 말한다. 선별적 복지의 주창자들은, 저소득층에게만 국가가 선택적으로 복지 서비스를 제공하는 것이 훨씬 효율적이라고 주장한다.

보수 진영에서는, 복지는 사회 구성원 누구나 요구할 수 있는 '보편적 권리'라는 주장에 동의하지 않는다. 이들은 이른바 '사회적 권리'를, 자연법에 근원을 두는 '자연적 권리(natural rights)'와 대비시킨다. 사회계약(social contract)에 근원을 두는 '사회적 권리'는 시민들의 동의에 의해 승인되는 권리다. 그런 점에서 사회적 권리는 실정법에 의해 '법적 권리(legal rights)'로 확립되기 이전 단계에서 주창되는 권리라 할 수 있다. 오늘날 세계 각국에서 사회적 권리는 법적 권리로 그 영역을 점차 확대해 가고 있다.

교육권, 주거권, 건강권, 적절한 생활 수준을 누릴 권리(right to adequate standard of living)와 같은 사회경제적 권리는 '경제적 · 사회적 · 문화적 권리에 관한 국제 규약(International Covenant on Economic, Social and Cultural Rights: ICESCR)' 등에 의해 인정되고 보호받는다. 특히 ICESCR은 국제적으로 가장 중요한 법적 원천인 바, 이

규약에 가입한 회원국들은 '경제적 · 사회적 · 문화적 권리'를 존중하고 보호할 법적 책무를 지게 되며, 그 규약의 이행을 위해 '적극적 조치(progressive action)'를 취할 것을 요구받는다.

이와 같은 사회적 환경의 변화로 오늘날 많은 국가에서는 의료와 보육 서비스 등을 국가가 보편적으로 제공해야 한다는 논리를 자연스럽게 받아들이고 있다. 우리나라에서는 「국민기초생활보장법」에 의한 수급자 등 '생활이 어려운 자'에 대해서는 국가가 '의료급여'[7]를 실시하고 있다(「의료급여법」 제1조). 그리고 일반 국민에 대해서는 "질병 · 부상에 대한 예방 · 진단 · 치료 · 재활과 출산 · 사망 및 건강 증진에 대하여 보험급여를 실시"하는 공적 의료보험 체제를 채택 · 시행하고 있다(「국민건강보험법」 제1조). 1977년 의료보험 제도 도입 당시에는 전 인구의 9%만이 가입 대상이었으나, 2011년 현재에는 온 국민의 99%가 건강보험의 혜택을 누리고 있다. 그리고 영유아, 즉 6세 미만의 취학 전 아동에 대해서는 국가와 지방자치단체, 그리고 '모든 국민'이 건전하게 보육할 책임을 지고 있음을 「영유아보육법」(제4조)은 명시적으로 선언하고 있다.

그러나 여느 복지 제도에서와 마찬가지로 복지 문제의 쟁점은 국가 재정 부담과 연계된 보장성의 수준에 초점이 두어진다. 나라에 따라 '저부담-저복지' 모형을 채택할 수도 있으며, 유럽 국가들과 같이 '고부담-고복지' 모형을 따를 수도 있을 것이다. OECD의 2009년도 Working Paper(Adema & Ladaique, 2009: 25-6)에 의하면, OECD 국가

---

7) 2001년 이전에는 「의료보호법」에 의해 '의료급여'라는 용어 대신 '의료 보호'라는 용어가 사용되었다.

의 총공공복지 지출(gross public social expenditure) 규모는 GDP 대비 평균 20.6%(2005년 기준)를 기록하고 있는데 비해, 한국은 6.9%로 최하위를 기록하고 있다. 복지 지출 비중이 가장 큰 나라는 스웨덴으로 29.4%를 기록하고 있으며, 그 다음으로 프랑스가 29.2%를 기록하고 있다. 복지 지출 수준이 낮은 나라는 멕시코(7.4%), 터키(13.7%), 미국(15.9%)의 순으로 나타나고 있다. 지출 측면에서 볼 때, 멕시코를 제외한 모든 OECD 국가의 복지 지출 수준은 한국의 2~4배에 달한다. 조세 부담 측면에서 보면 한국의 2009년도 GDP 대비 총세수(total tax revenue as percentage of GDP)는 25.6%[8]로 OECD 평균 34.8%보다 9%포인트 낮다. 이와 같은 통계치는 한국이 '저부담-저복지' 모형을 채택하고 있음을 보여 준다.

기획재정부에 따르면 우리나라의 2012년도 조세부담률은 19.2%, 국민부담률(조세 부담 외에 국민연금 · 건강보험 등 사회보장 부담금 포함)은 25.1%다. 그리고 2012년도 복지예산 규모는 92조 원으로 GDP의 7.8% 수준이다. OECD 국가들에 비해 복지예산 비중과 조세부담률이 현저하게 낮다는 것은 그만큼 복지 수준을 높일 수 있는 여지가 많다는 것을 의미한다.

우리나라의 복지 수준을 높이기 위해서는 우선 세출예산 가운데 복지 지출의 비중을 크게 높일 필요가 있다. 불요불급한 사회간접자본(SOC) 건설을 줄이는 등 세출예산 구조를 변경하면 전체 세수를 늘리지 않고도 복지 수준을 상당한 정도로 높일 수 있다. AFP통신에 의해

8) GDP 대비 총세수 관련 통계치는 발표 기관마다 조금씩 차이를 나타낸다. OECD 자료는 한국의 2009년도 GDP 대비 총세수를 25.6%로 밝히고 있으나, 헤리티지재단(Heritage Foundation)은 26.8%로 추계했다.

'2007년 세계 10대 황당 뉴스'로 뽑힌 바 있는 울진공항 건설 사례[9]는 물론 양양 · 무안 · 김제 · 예천공항 등 지방 공항 건설과 텅 빈 지방 고속화 도로 등이 불요불급한 SOC 건설 사업의 전형에 속한다. 그리고 많은 사회적 논란을 불러일으킨 4대강 정비 사업도 불요불급한 건설 사업으로 보는 사회 구성원들이 적지 않다. 이와 같은 낭비적 · 비효율적 예산 구조의 변경을 통해 복지 재원을 상당한 정도로 확충할 수 있다.

그러나 복지 수준을 획기적으로 제고하기 위해서는 재원의 확대가 불가피하다. 일반적으로 증세는 사회적 합의를 도출하기 어렵기에 정치권에서는 국채 발행을 통한 복지 재원 마련이라는 손쉬운 방법에 많은 유혹을 느낀다. 그러나 국채 발행을 통한 국가 채무 증대는 다음 세대에 막대한 채무를 떠넘긴다는 점에서 결코 바람직하지 않다. 2011년 그리스 등 남유럽 국가들이 맞이한 국가 부도 위기 사태는 이러한 위험성에 대한 경고로 받아들여야 한다.

장기적 관점에서 볼 때 복지 증대를 위한 증세는 불가피하다. 결국 소득 있는 사람이면 누구나 세금을 내야 한다는 국민개세주의(國民皆稅主義) 원칙과 '부자 증세'에서 그 해결책을 찾을 수밖에 없다. 현실적인 정책 수단으로는 고소득층에 대한 최고세율 구간을 더 설정하고

---

9) 1,320억 원의 예산을 들여 지은 울진공항은 승객이 없어 10년간 문을 열지 못하고 있었는데, 정부는 2008년 이를 조종사 양성용 비행훈련원으로 사용하기로 결정한 바 있다.

10) 우리나라 국회는 2011년 12월 31일 본회의에서 소득세 최고 구간을 신설하는 이른바 '부자 증세' 법안을 통과시켰다. 이 법안은 '연소득 3억 원 초과' 소득세 과표구간을 신설해 적용 세율을 기존의 35%에서 38%로 올리는 것을 골자로 하고 있다. 당초 여야 의원 52명이 '과세 표준 2억 원 초과'에 대해 38%의 세율을 적용하기로 한 수정안이 여당인 한나라당의 내부 조율 과정에서 '과세 표준 3억 원 초과'로 변경된 데 대해, 야당인 민주당은 '3억 원 초과' 기준으로는 세수 증대를 목표로 한 부자 증세의 실효성이 없다는 차원에서 반발했다.

세율을 크게 높여야 할 것이다.[10] 또한 중간 소득 이하 계층도 폭넓게 세금을 부담하도록 면세 기준을 낮추는 등 조세 감면 제도를 축소하는 세제 개혁을 해야 한다. 2010년도에 국세청에 소득을 신고한 근로소득자와 사업소득자 2,039만 명 중 41.1%인 839만 명이 과세 기준 미달 등으로 세금을 한푼도 내지 않았다. 우리나라 근로자와 자영업자 10명 중 4명 이상이 소득세를 한푼도 내지 않은 셈이다. 일부 보수 진영에서는 세금을 한푼도 내지 않은 41.1%의 근로자는 국가에 복지 혜택을 요구할 명분이 없다는 극단적 주장까지 편다. 세정(稅政) 당국자들은 흔히 고소득층의 세 부담을 늘리지 않기 위한 명분으로 저소득층에 대한 조세 감면 제도를 맞보기로 내세운다. 그러나 경험적 연구들은 소득세와 법인세 등 직접세의 세율을 인하하거나 낮게 유지하는 것은 고소득층에 더 많은 혜택을 줌으로써 계층 간 양극화를 더욱 심화시킨다는 사실을 밝혀내고 있다.

복지 서비스의 확대와 관련해서는 보편적 복지와 선별적 복지 가운데 어느 편이 소득 재분배에 더 긍정적 효과를 미치는지를 둘러싸고 논쟁이 벌어지기도 한다. 복지 혜택은 그것을 절실하게 필요로 하는 빈곤층에게만 선택적으로 제공되어야 한다고 주장하는 보수 진영에서는 선별적 복지가 소득 양극화에 더 효과적이라고 주장한다. 그러나 진보 진영에서는 보편적 복지가 확대될수록 재분배 효과가 높아진다는 '재분배의 역설(paradox of redistribution)'을 내세운다. '역설'이라는 용어를 굳이 덧붙인 것은 보편적 복지가 소득 재분배에 더 효과적일 것이라는 주장에 대한 회의가 바탕에 놓여 있기 때문이다. 그러나 복지 확대를 위한 재원을 확충하다 보면 부유집단에 훨씬 많은 세

부담이 돌아가는 것은 당연한 이치다. 부유 계층이 '고부담-고복지' 모형에 대해 갖은 논리를 동원하여 반대하는 이유도 여기에 있다.

한 사회의 복지 수준을 선택하기 위해서는 고려해야 할 요소가 적지 않다. 우선 '고부담-고복지' 모형이 과연 바람직하냐 하는 가치 판단의 문제도 그렇게 간단한 것은 아니다. 또한 복지 증진이 유인(誘因, incentive)의 감소를 초래함으로써 사회적 생산력이 저하되는 문제에 대해서도 균형적 판단을 필요로 한다. 그리고 구현하고자 하는 복지 수준을 국가 재정이 감당할 수 있느냐, 재정을 어떻게 확충할 것인가 하는 문제도 쉬운 문제는 아니다. 복지 수준을 둘러싸고 치열하게 벌어지는 복지 포퓰리즘 논쟁이 그것을 나타낸다. 복지 정책은 지속 가능해야 한다. 적자재정을 통해 복지 재원을 마련하는 것은 현 세대의 복지를 위해 아들 · 손자 세대에게 빚을 떠넘기는 것과 같다. 2011년 그리스 등 남유럽 여러 나라가 겪은 국가 부도 위기 사태를 방지하기 위해서는, 독일에서 2009년에 그렇게 했듯이, 정부가 질 수 있는 채무 한도를 설정하는 등 '세대 간 정의'의 원칙을 법제도에 반영할 필요가 있다.

그러나 분명한 것은 인류 사회가 평등을 향해 점진적으로 나아가고 있다는 사실이다. 날로 심화되는 사회적 갈등을 완화하기 위해 소득 재분배 정책이 피할 수 없는 시대적 추세라면 정부는 그것을 위한 좀 더 과감한 조세 및 지출 정책을 추구해야 한다. 그러나 급진적인 분배 구조의 조정은 큰 사회적 갈등을 불러올 수 있다는 관점에서 먼저 사회구성원들의 동의를 얻는 점진적 접근이 바람직하다. 어차피 이상적 사회 질서는 사회 구성원들의 선택 몫이기 때문이다.

6 책임 있는 부를 기대하며

사회 구성원들이 인식하기에 우리 사회의 공정성을 가로막는 최대의 장애는 지도층의 부도덕성과 불공정성이다. 사회적 자원을 많이 점유하고 있는 강자집단의 탐욕은, 2011는 서구 사회를 뜨겁게 달군 '월가를 점령하라(Occupy Wall Street!)'는 시위에서 보듯이, 가난한 사람들의 좌절과 분노를 불러일으킨다. 성숙된 선진 사회에서는 사회지도층이 스스로 부당한 특권을 포기하고 사회적 약자를 배려하는 '노블레스 오블리주(noblesse oblige)'가 강조된다.

미국의 '재정 건전성을 추구하는 애국적 백만장자(Patriotic Millionaire for Fiscal Strength)' 클럽은 2011년 7월 21일 뵈너(John Boehner) 하원의장 등에게 보낸 서한에서 연소득 100만 달러 이상 부유층의 소득세율을 35%에서 최소한 39.6%로 올려줄 것을 촉구했다. 이들 백만장자 139명은 자신들이 2010년 11월부터 부자 증세를 촉구해 왔다고 밝히면서, 그동안 부자 증세를 반대해 온 상하원 의원(주로 공화당 의원) 앞으로 보낸 서한에서 이 같은 요구를 제기했다. 이들은 100만 달러 이하의 소득자들에게는 어떠한 추가적 조세 부담도 요구하지 않는다고 밝히면서, 자신들의 제안은 미국의 경제 성장에 부정적 영향을 미치지 않으면서 적자재정을 축소시킨다는 정책적 근거를 지니고 있다고 주장했다(http://patrioticmillionaires.org/tax_letter. pdf). 현재 미국의 납세자 가운데 연 100만 달러 이상의 소득을 올리는 백만장자는 1%가 채 되지 않는다.

세계에서 두 번째 가는 부자로 알려진 버핏(Warren Buffett) 또한

2011년 8월 14일자 『뉴욕타임스』에 기고한 "부자들을 애지중지하지 말라(Stop Coddling the Super-Rich)"는 글에서 다음과 같이 지적하고 있다.

> "우리의 지도자들은 고통 분담(shared sacrifice)을 요구했다. 그들은 그러나 고통 분담을 요구해 놓고는 나에게 자비를 베풀었다. 거부인 내 친구들에게 어떠한 고통을 각오하고 있었는지를 점검해 보았으나, 그들 역시 그냥 그대로 있었다(left untouched).
>
> 가난한 사람들과 중산층이 아프가니스탄에서 우리를 위해 싸우고, 대부분의 미국인이 겨우겨우 살아가는 동안 큰 부자인 우리는 엄청난 세금 우대(tax breaks)를 받아온 것이다. 투자 매니저로 일하는 일부 우리 동료들은 하루 노동의 대가로 수십억 달러를 벌지만, 그 소득은 '보유 이자(carried interest: 증권 지분 보유로부터 얻는 이자 수익)'로 간주됨으로써 15%의 (낮은) 세율을 적용받고 있다. 또 다른 사람들은 주가지수 선물(stock index futures)을 단 10분간 보유하고 있을 뿐이지만, 마치 장기 투자자인 양, 수익의 60%에 대해 15%의 세율을 적용받는다.
>
> 이러저러한 축복은 워싱턴에 있는 입법자들에 의해 우리에게 쏟아진다. 그들은 마치 점무늬올빼미나 다른 멸종위기종(endangered species)처럼 우리 부자들을 보호하기 위한 강박 관념에 사로잡혀 있다. 고위직에 있는 친구를 갖는다는 것은 더없이 좋은 일이다.
>
> 지난해 나에게 부과된 연방세, 즉 내 소득세와 내가 납부한 지불급여세(payroll tax: 급료 · 임금 등에 대해 과세되는 세금)는 693만 8,744달러였다. 엄청 많은 세금을 낸 것 같지만, 내가 납부한 세금은 내 과세소득(taxable income)의 17.4%에 불과하다. 그 세율은 실제

로 내 사무실에 근무하는 다른 20명의 직원이 납부한 세금의 세율보다 낮다. 그들의 조세 부담은 평균 36%로, 33%에서 41%의 구간에 걸쳐 있다."

미국 사회에서 '부자들의 사회적 책임'을 강조하는 분위기가 최근 들어 폭넓게 확산되고 있다. '공정 경제 연대(United for a Fair Economy)'는 미국 사회의 경제적 불평등에 대한 공공의 관심을 불러일으키기 위해 1994년 창립된 전국적인 민간 기구다. 이 단체는 2004년 「나 혼자 이룬 것은 아니다: 개인적 부와 성공의 바탕을 이룬 사회의 공헌(I Didn' t Do It Alone: Society' s Contribution to Individual Wealth and Success)」이라는 보고서를 펴냈다.

콜린스 등(Collins et al., 2004)이 작성한 이 보고서는 로텐버그(Martin Rothenberg)와 코헨(Ben Cohen), 그리고 버핏(Warren Buffett) 등 성공한 기업가들의 말을 빌려 자수성가(self-made success)의 신화가 그릇된 것임을 밝히고자 한다. 이 보고서에 등장한 많은 사람은 미국에서 자수성가한 전형적인 기업가들이다. 그러나 그들 가운데 어느 누구도 자신의 사업적 성공이 그들 자신의 능력만으로 이루어진 것이 아니며 다른 많은 사회적 혜택을 입어 그렇게 된 것으로 믿고 있다. 공립학교 교육, 연구 및 중소기업에 대한 정부 투자, 근로자들의 헌신, 강력한 법체계와 재정 시스템 등의 혜택을 입어 사업적 성공을 이룩했기 때문에 그 몫을 이제 사회에 환원해야 한다는 것이 그들의 인식이다.

로텐버그는 가옥 페인트공과 판매점 점원의 아들로 태어나 천만장자가 된 소프트웨어 기업가다. '시라큐스 언어 체계 및 성문음(聲門音) 연구소(Syracuse Language Systems and Glottal Enterprises)'의 설립자인 그는 다음과 같이 밝히고 있다.

"나의 부(富)는 내 노력의 대가만으로 이루어진 것은 아니다. 그것은 미국의 강력한 경제 시스템과 많은 공공 투자를 통해 얻은 것이다. 나는 훌륭한 공립학교 교육을 받았으며 무료로 도서관과 박물관을 이용했는데 그 비용은 미국의 다른 시민들이 지불한 것이다. 나는 제대군인원호법(GI Bill)의 지원으로 대학에 진학할 수 있었으며, 정부의 장학 제도 덕택으로 대학원에서 컴퓨터와 언어학 연구를 할 수 있었다. 그리고 시라큐스대학에서 25년간 가르치는 동안, 나의 연구는 수많은 정부 보조금 지원을 받았다."

또한 벤처 자본가이자 젠자임(Genzyme) 회사의 전 CFO(chief financial officer)인 셰르블롬(Jim Sherblom)은 다음과 같이 지적한다.

"부(富)는 도로, 교통기관, 시장 등 모든 공공재와 공공 투자를 활용하여 창출된다. 우리 모두는 선조들의 업적을 활용하고 있으며(We are all standing on the shoulders of all that came before us), 또한 후손들을 위해 사회를 만들어가고 있다. 우리는 그 사회의 일부로서 (사회에 대한) 책무를 지고 있다."

버크셔 해서웨이(Berkshire Hathaway)의 CEO인 버핏 또한 이 보고서에서 "내가 쌓은 부의 상당 부분은 사회의 덕택 때문이라고 생각한다."고 밝히고 있다.

2008년 출판된 『불공정한 보상: 부자들은 우리들의 공동 유산을 어떻게 탈취했으며 우리는 왜 그것을 회수해야 하는가(*Unjust Deserts – How the Rich Are Taking Our Common Inheritance and Why We Should Take It Back*)』라는 책에서 저자들은 더 공격적인 논리를 펴고 있다(Alperovitz & Daly, 2008). 저자들은 부패한 정치, 공유되지 않은 국부(national wealth), 통제되지 않은 탐욕이 결합되어 경제적 불평등과 번영이라는 망상을 낳게 되었다고 주장하면서, 부자들이 거둔 성공의 큰 몫은 사회 전체의 소유인 '상속된 지식(inherited knowledge)'에서 기인된 것이라고 주장한다. 그들은 결국 오늘날 자본주의 사회에서 부유층이 누리고 있는 부는 사회 일반이 '도둑맞은 부(stolen wealth)'라는 것이다. 이와 같은 관점에서 볼 때, 오늘날 월가의 금융 자본가들이 누리고 있는 막대한 부는, 금융 시장에서 얻은 이득은 개인화(personalize)하고, 그 비용은 사회화(socialize)한 결과라고 볼 수 있다. 부실 은행을 살리기 위해 투입된 천문학적인 공적 자금은 그 부담이 궁극적으로 시민 일반에게 돌아가게 된다는 측면에서 비용의 사회화라고 할 수 있다.

'가진 자의 사회적 책임'을 강조하는 미국의 일부 부자들은, 이러한 논거에서, 개인적 성공의 과실을 온전히 개인 몫으로 돌리는 것은 부당하며 상당 부분을 사회의 몫으로 환원시켜야 한다는 주장을 펴는 것이다. 상위 1%의 부유층이 전체 국부의 35%를 차지하고, 상위 20%가 85%의 국부를 차지하고 있는 미국과 같은 심각한 불평등 구조 속에서, '책임 있는 부(responsible wealth)'를 주창하는 일부 부유집단이

'나에게 더 많은 세금을 부과하라(Tax me more!)' 는 운동을 펼치는 미국 사회는 그만큼 건강한 사회라고 할 수 있다. 이들 부유층이 비록 그들에게 닥쳐올지도 모를 위기를 사전에 예방하기 위한 '계몽적 이기심' 때문에 그러한 주장을 편다 하더라도, 그들은 오늘날 자본주의 사회의 진정한 '노블레스 오블리주'라 불러 손색이 없을 것이다.

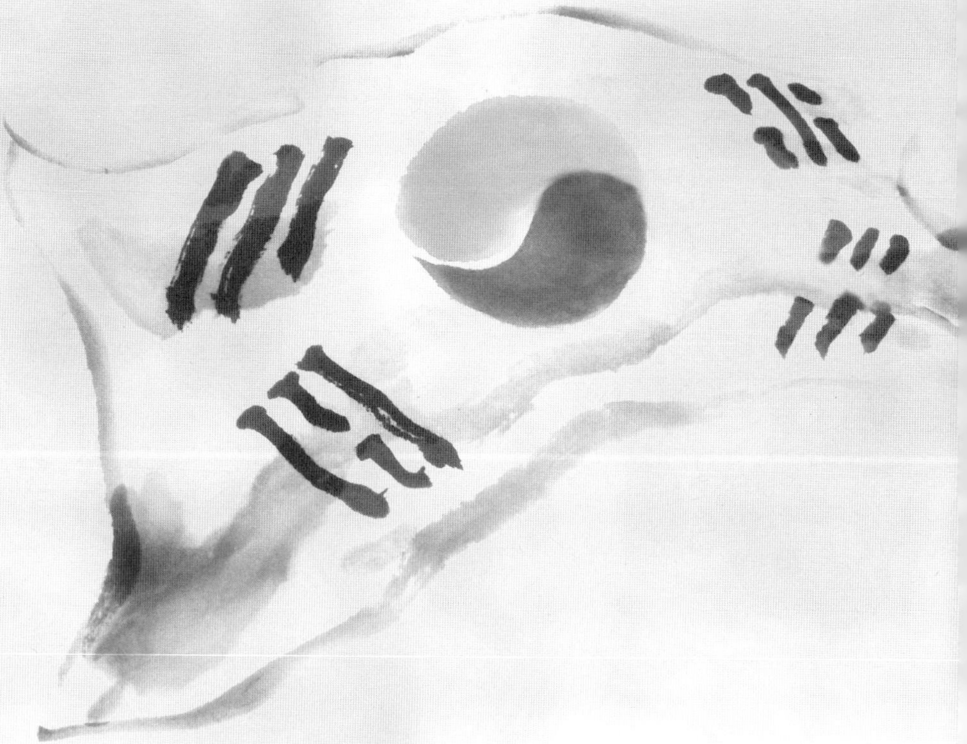

제 6 부

평등을 향한 진보는 인류 사회의 운명인가?

제 21 장
『인간불평등기원론』의 재음미

"강한 자는 자신의 힘을 타인의 소유에 대한 (강탈) 권리로 여기게 되고, 불우한 자들도 마찬가지로 자신의 감람(坎壈)한 처지를 (약탈) 권한으로 여기게 됨으로써, 평등의 파괴는 끔찍한 무질서를 초래하게 되었다 (Thus, as the most powerful or the most miserable considered their might or misery as a kind of right to the possessions of others, equivalent, in their opinion, to that of property, the destruction of equality was attended by the most terrible disorders)." — Discourse on Inequality

공정한 사회 질서를 논구하는 오늘날의 정치철학은 고대 그리스의 윤리학과 근대 계몽주의 사상에 그 지적 뿌리를 두고 있다. 계몽주의 사상가 가운데는 특히 불평등한 사회 제도를 인간 사회의 모든 악의 근원으로 규정, 그 타파를 주창한 루소(Jean-Jacques Rousseau, 1712-

1778)가 큰 영향을 미쳤다. 그의 『인간불평등기원론(*Discours sur l' origine et les fondements de l' inégalité parmi les hommes)*』[1)]은 양극화 현상이 날로 심화되는 오늘날의 자본주의 질서를 이해하는 데 깊은 통찰력을 제공한다. 그러한 점에서 그의 주장을 통해 오늘날의 불평등 구조를 되새겨본다는 것은 의미 있는 작업이 될 것이다.

루소는 이 책에서 인간은 본래 평등하게 태어났으나 사회를 구성하게 되면서 불평등이 생기고 그것이 제도화되었다고 주장한다. 그에 의하면, 자연 상태에서의 인간은 먹을 것이 풍부한 자연 속에서 누구를 구속하지도 누구로부터 구속받지도 않았으며, 자유롭고 평등하게 살았다. 그러나 인간의 수가 늘어나고 자연 재해가 닥치며 다른 동물들과 먹이 다툼을 벌이게 되면서, 인간은 생존을 위해 불가피하게 사회공동체를 형성하게 되었다는 것이다.

루소에 의하면, 사회공동체 속에서 각 개인은 상대화되고 개인의 가치가 '존재'에서 '소유'의 개념으로 바뀌게 되면서 인간 사회에 불평등의 씨앗이 뿌려졌다. 힘이 세거나 재주 있는 사람들이 남보다 많은 것을 차지하게 되고 남보다 더 많은 권력을 소유하게 된 것이다. 루소는 인간 사회의 불평등의 기원이, 그리고 그로 인한 인류 사회의 끔찍한 해악과 무질서가 바로 이러한 '소유'에서 연유되었다고 주장한다.

그는 『인간불평등기원론』 제2부 첫머리에서 다음과 같이 기술하고 있다. 어떤 사람이 땅에 울타리를 두르고 "이 땅은 내 것이다"라고 외

---

1) 『인간불평등기원론』은 당초 디종 아카데미(Dijon Academy)가 기획한 현상 논문에 응모하기 위해 저술된 것이다. 루소는 후일 『고백록(*Confessions*)』에서 자신은 이 작품이 수상하지 못하리라는 점을 미리 확신했고, 아카데미 상은 이런 종류의 글을 위해 마련된 것이 아니라는 점도 알고 있었다고 술회했다(Gagnebin & Raymond, 1964: vol.1, 388-389).

치게 되면 사람들이 단순하여 그 말을 믿을 것으로 생각한 사람이 문명 사회의 실질적인 창시자라는 것이다.[2] 그러나 또 다른 사람이 나서서 말뚝을 뽑아버리고 토지의 경계로 파놓은 도랑을 메우면서 동료들을 향해 "저런 협잡꾼의 말을 듣지 마시오. 과일은 모두의 소유이고 땅은 그 누구의 소유도 아니라는 사실을 잊는다면 당신들은 파멸할 것이오"라고 외친 사람이 있다면, 그는 "얼마나 많은 범죄, 전쟁, 살인으로부터 그리고 얼마나 많은 참사와 불행으로부터 인류를 구제해 주었을 것인가?"라고 반문한다(Rousseau, 1754: the second part). 루소는 여기서 인간 사회의 소유 제도를 근원적으로 부정하는 극단적 생각을 드러낸 것이다.

루소에 의하면, 소유와 상속에 의해 인간 사회에 불평등과 빈곤이 싹트게 되었다는 것이다. 그는 가난한 사람들은, 따라서 먹고 살 것을 부자에게서 얻거나 빼앗지 않으면 아니 되게 되었으며, 나아가 사람들 사이에 지배와 굴종 그리고 폭력과 약탈이 발생하기 시작했다. 이러한 상황에서 부자들은 기존의 노예를 부려 이웃들을 정복하고 예속시킴으로써 새로운 노예를 얻으려는 생각밖에 하지 않게 되었다는 것이다.[3] 결국 사회적 강자에 의한 강탈과 가난한 자의 약탈, 그리고 이들 양자의 억제할 수 없는 욕망(unbridled passions)이 자연적 연민이나 정의의 목소리를 잠재우면서 인간들을 탐욕과 야망 그리고 악덕에 빠

2) 인류학자들은 오늘날까지 수렵생활을 하는 종족의 남성들은 비교적 평등주의자들이라고 한다. 인류 역사의 99%에 달하는 기간 동안 인간은 수렵생활을 해온 바, 이러한 수렵생활 기간 동안 인간은 비교적 평등하게 살았다는 것이다. 인간집단에 계층이 생겨난 것은 정착농업이 시작되면서부터인데, 정착농업은 신석기 기대에 와서야 시작되었고, 겨우 1만 년 전의 일이다(Nye, Jr., 2008: 36).

3) 오늘날의 자본주의 사회에서도 이러한 속성이 그대로 나타난다고 하겠다.

지게 만들었다는 것이다. 이리하여 강한 자의 권력과 최초 점유자의 소유 자격 사이에는 끊임없이 분쟁이 일어났으며, 그것은 투쟁과 유혈 참사에 의해 종식될 수밖에 없었다고 루소는 기술한다.

정치를 사회적 삶의 핵심적 결정 요인으로 파악한 루소는 부자들이 이러한 무질서 상황을 종식시키고 자신의 재산을 지키기 위한 수단으로 정부를 만들게 되었다는 것이다. 그는 즉 부자와 권력자들은 정치제도를 활용하여 타인의 재산에 대한 '교묘한 탈취'를 '당연한 권리'로 바꿔 놓았으며 그들의 특권을 제도적으로 강화했다고 주장한다.

루소는 부자들의 기득권 공고화 과정을 다음과 같이 묘사한다. 인간 사회에 무질서와 혼란이 초래되면서 약삭빠른 사람들은 묘안을 찾아냈다. 자신들에게 유리하지만 남들은 잘 알아차리지 못할 조건으로 계약을 맺어나갔다. 그렇게 하여 사회는 점차 안정되어 갔으나, 유리한 조건을 차지한 사람들과 그렇지 못한 사람들 사이에 불평등이 제도적으로 자리잡게 되었다. 인간 사회의 불평등은 이렇게 고비마다 인위적으로 제도화되면서 고착되어 왔다는 것이다.

루소는 또한 부자들이 다음과 같은 그럴듯한 명분을 내세워 국가제도의 정립을 주창하게 되었다고 한다.

> "약자를 억압에서 보호하고 야심가를 저지하며, 각자가 자신에게 속한 소유물을 안전하게 확보할 수 있도록 보장해 주기 위해 동맹합시다. 정의와 평화의 규칙을 정합시다. 그것은 모든 사람들이 준수해야 하며, 강자와 약자 모두가 평등하게 서로의 의무에 따르게 하는, 말하자면 운명의 변덕을 보상하려는 규칙입니다. 요컨대 우리 자신

을 적대시하는 우리의 힘의 방향을 돌려, 현명한 법률에 따라 우리를 다스리고, 사회의 모든 성원을 보호하고 방위하며, 공동의 적을 물리치고, 영원히 우리를 화합시키는 하나의 최고 권력에 집중시킵시다!"(Rousseau, 1754: the second part).

루소는 이러한 과정을 거쳐 성립된 정치 체제가 인류 사회의 불평등을 정당화, 제도화, 영구화한다고 주장한다. 그는 정부가 군주제, 귀족제, 민주제 등 어떤 형태를 채택하고 있든 간에 그것은 부자의 지배를 강화하고 빈자의 의무를 증대시키는 방향으로 기능한다고 주장한다. 루소에 의하면, 결국 국가라는 제도가 등장하면서 불평등은 견고한 모습을 갖추게 되어 누구도 더 이상 거역하거나 도전할 수 없는 것으로 인식하기에 이르렀다는 것이다.

루소는 또한 인간 사회의 불평등을 자연법에 어긋나는 것으로 규정한다. 자연법을 어떻게 규정하든, 어린애가 노인에게 명령하고 바보가 현명한 사람을 이끌며 대다수의 사람이 생필품의 결핍으로 굶주리는데 극소수의 특권층이 넘쳐나는 재산으로 배불리 포식하는 것은 명백히 자연의 법칙에 위배된다는 것이다.

루소는 "당신은 주체할 수 없을 만큼 많이 갖고 있지만 그것이 없어 굶주리고 있는 당신의 형제들이 얼마나 많은지 아는가?"고 반문한다. 루소는 대다수의 사람이 결핍의 고통을 받고 있는 것은 몇몇 소수의 세력가와 부자가 권세와 부의 절정을 누리기 때문이라고 주장하면서,[4] 불평등한 사회 현실에 대해 적개심까지 드러내고 있다. 자녀 다

4) "우리가 99%다!(We are the 99%!)" 라고 부르짖은 뉴욕 주코티 공원(Zucotti Park) 시위대의 주

섯을 낳는 대로 모두 고아원에 보내야 했을 만큼 경제적으로 불우했던 루소는 한 귀족 부인에게 보낸 편지에서 다음과 같이 지적했다. "내 자식들의 빵을 내 계급에서 도둑질해 간 것은 바로 당신네 부자들 계급입니다"(Rousseau, 2007: 209).

루소는 이러한 제도적 불평등을 타파하기 위해서는 혁명이 필요하다는 극단적 주장까지 편다. 그에 따르면 국가란 본래 국민들의 '일반의사'에 의해 존립한다. 따라서 민중이 원하지 않는 제도는 순리에 맞지 않는 것이므로 타파될 수 있고 또 그렇게 되어야 하며, 불합리한 기존 질서는 언제든지 무너뜨릴 수 있다는 것이다. 루소는 노예가 된 인민이 쇠사슬에 묶여 누리는 안식을 끊임없이 찬양하며 "비참하기 그지없는 노예 상태를 평화라고 부르는 것(miserrimam servitutem pacem appellant)"[5]을 잘 알고 있다고 말함으로써, 혁명을 암시하는 선동도 서슴지 않았다.[6]

인간 사회의 불평등의 기원을 '소유'에서 찾으면서 정치 체제가 이러한 불평등을 제도화·영속화시키고 있다는 루소의 통찰력은, 비록 그 논리의 치우침에도 불구하고, 오늘날의 탐욕스런 자본주의 체제의 본질을 이해하는 데 설득력 있는 관점을 제공해 준다.

장이 루소의 이러한 관점과 맞닿아 있다. 2011년 가을 주코티 공원에서 시발되어 순식간에 전 세계 여러 도시로 확산된 '점령하라!(Occupy!)'는 시위는, 1% 자본가들의 탐욕을 규탄하고 심화된 사회적 불평등에 반대하는 구호들을 내세웠다.

5) 타키투스(Tacitus)의 『역사(*Historiae*)』 1, IV, 17장에서 인용됨.

6) 실제로 루소의 사상은 프랑스혁명의 밑거름이 된 것으로 많은 역사가가 적시하고 있다.

제 22 장

평등을 향한 인류 사회의 진보

19세기 프랑스의 정치사상가 토크빌(Alexis de Tocqueville, 1805-1859)은 인류 사회의 발전 방향에 관해 다음과 같이 예언했다. "평등을 향한 점진적 진보는 운명지어진 것이다. 그는 대표 저서 『미국의 민주주의(*Democracy in America*)』에서 서구 사회의 점증하는 사회적 조건의 평등화(rising equality of social conditions) 경향에 주목하면서 이같이 말했다. 토크빌은 비록 평등의 원리가 획일화나 무절제한 방종으로 빠져서는 안 된다는 점을 강조했으나, 민주주의의 본질을 자유와 평등의 균형 상태로 파악한 그는 평등한 민주주의 사회의 도래를 피할 수 없는 역사적 흐름으로 파악했다.

토크빌이 19세기에 관찰한 미국 사회의 모습은 물론 오늘날과 많은 차이를 보인다. 식민지 시절부터 유럽과 달리 소토지 소유 제도 등 평등한 사회 · 경제적 기반을 확립한 미국 사회는 그의 눈에 놀라울 만큼 평등한 사회로 비쳤다. 실제로 그는 미국인들의 생활 상태의 전반적인 평등만큼 그를 놀라게 한 것은 없었다고 『미국의 민주주의』 서론에서 기술하고 있다. 그는 또한 미국 국민들 사이의 (소득의) 평등이 사회 제도와 법률뿐만 아니라 관습에까지 영향을 미치고 있음을 확인하고, 이러한 평등이 미국 민주주의의 정치적 특성을 규정한 것으로 분석했다.

미국의 민주주의에 대한 토크빌의 이러한 분석은 재산의 균형이 곧 정치 권력의 균형을 결정한다는 아리스토텔레스와 몽테스키외(Baron de Montesquieu, 1689-1755)의 생각에 기반하고 있다. 토크빌보다 13년 늦게 태어난 마르크스(Karl Heinrich Marx, 1818-1883) 또한 "하부구조가 상부구조를 결정한다"는 명제를 제시했다. 인간 사회를 경제적 기반으로서의 시민 사회와 상부구조로서의 정치 사회로 구분한 마르크스는 한 사회의 경제적 기반이 법적 · 정치적 · 이념적 상부구조를 만든다고 주장한 것이다. 그러나 현실 속의 상 · 하부구조는 일방적으로 영향을 미친다기보다는 상호 영향을 주고받는다고 보아야 할 것이다.

정치와 경제 간의 관계에 초점을 두어 우리는 근대 민주주의 제도의 발전 단계를 세 단계로 나누어 볼 수 있다. 15~19세기의 제한선거(restricted suffrage, beschränktes Wahlrecht)[1] 시기를 민주주의 1.0시대로 규정할 수 있으며, 20세기의 보통선거(universal suffrage) 시기를 민

1) 제한선거는 재산 · 납세 · 교육 · 성별 · 종교 등을 기준으로 하여 선거권을 제약하는 제도를 말한다. 근대 초기까지는 주로 경제력과 성별 등에 기반하여 선거권을 제약하는 제한선거 제도가 시행되었으나, 오늘날에는 선거권에 차등을 두지 않고 모든 성인 남녀에게 투표권을 부여하는 보통선거 제도가 널리 시행되고 있다.

주주의 2.0시대로, 그리고 직접민주주의(direct democracy)[2] 방식이 확산되고 SNS(Social Network Service) 등 사회적 소통 방식의 혁명적 변화가 일어난 21세기를 민주주의 3.0시대로 부를 수 있다.

근대 초기 민주주의(first modern democracy) 시대에는 경제력과 성별 등을 기준으로 하여 선거권을 제약하는 제한선거 제도가 시행되었다. 재산을 기준으로 하는 제한선거 제도는 1430년 영국에서 최초로 도입되었으며, 이후 각국에서 이 제도를 채택했다. 1776년 독립선언을 발표한 미국의 초기 선거법도 "선거권은 백인, 남성, 21세 이상, 재산 소유자, 납세 능력이 있는 자에게만 부여된다"고 선거권의 제한을 명시적으로 규정하고 있다. 이와같이 일정한 재산을 소유한 성인 남성에게만 선거권이 부여되던 제한선거의 시기를 우리는 민주주의 1.0시대로 규정할 수 있다. 부르주아 민주주의로도 불리는 민주주의 1.0시대에는 경제적 기반이 정치 권력의 형성에 절대적 영향을 미쳤다. 앞서 살펴본 바, "하부구조가 상부구조를 결정한다"는 마르크스적 관점은 정치 권력의 형성 · 유지에 경제력이 절대적 영향을 미친 근대 초기 민주주의 사회의 정치-경제 관계를 설명하는 데 유용하다고 할 것이다.

제한선거 제도는 19세기 중반 이후 정치적 평등을 요구하는 시민과 노동자 계급의 요구가 거세지면서, 재산 · 납세 · 교육 · 성별 · 종교

2) 직접민주주의는 국민이 그들의 대표자로 하여금 국가 의사를 결정토록 하는 대의민주주의 방식과는 달리, 국민이 집단적 방식을 통해 직접 정치적 사안을 결정하는 '순수민주주의(pure democracy)' 방식을 가리키는 말이다. 2011년 서울시가 초중등 학생들에 대한 무상급식 정책을 시민의 대표자로 구성된 시의회에서 결정하지 않고 주민투표를 통해 결정한 것은 직접민주주의 방식에 해당된다고 볼 수 있다.

등을 이유로 선거권을 제한하지 않는 보통선거 제도로 바뀌었다. 보통선거 제도는 1898년 뉴질랜드에서 최초로 도입되었으며 뒤이어 오스트레일리아(1902년), 핀란드(1906년) 등으로 확산되었다.[3] 미국의 경우에는 1920년, 영국에서는 1928년에 보통선거 제도가 도입되었다. 가난한 사람이든 부유한 사람이든 똑같이 한 표의 투표권을 행사하는 오늘날의 보통선거 제도에서 적어도 정치적 가치는 모든 구성원에게 평등하게 분배되어 있다. 정치 제도의 발전 과정에서 보통선거 제도의 도입은 혁명적 변화라고 할 수 있다.

합리적으로 추론할 경우, 정치적 가치 배분에서의 평등은 곧바로 경제적 평등으로 이어져야 한다. 정치는 사회적 가치의 배분 기능을 수행할 뿐만 아니라, 일체의 제도적 틀을 만드는 권능을 지니고 있기 때문이다. 그러나 현실은 그렇게 변화되지 않았다. 대의정치 제도의 복잡한 메커니즘이 정치적 평등과 경제적 분배 방식의 직접적인 연계를 방해하는 작용을 하기 때문이다. 다시 말하자면, 보통선거 시기에는 대중의 참정권이 널리 보장되었으나 동시에 사회의 계서구조를 통한 자본의 정치적 · 사회적 · 경제적 지배도 강화되어 대중이 스스로의 권리를 충분히 행사하지 못하는 한계를 지녔다. 참정권의 형식적 평등화는 이루어졌으나 현실적으로는 오히려 대중이 무력화되고 자본의 지배가 강화된 시기가 바로 민주주의 2.0시대라고 할 수 있다.

정치적 평등과 경제적 평등의 괴리에 대해 학자들은 다양한 방식으로 설명한다. 엥겔스(Frederich Engels)는 대의정치 체제에서 자본가 계급이 '보통선거의 매개를 통해' 영향력을 직접적으로 행사할 수 있

---

3) 중동의 카타르는 2011년 초 실시된 지방선거에서 처음으로 여성에게 투표권을 허용했다.

음을 지적한다(Engels, 1908: 209-210). 그는 또한 민주공화국 체제에서 자본가 계급은 한편으로는 정치적 관료의 부패를 통해, 그리고 다른 한편으로는 정부와 은행가 및 증권거래소와의 동맹(alliance)을 통해 간접적으로 그들의 영향력을 행사한다고 한다. 오늘날의 자본주의 사회에서 흔히 찾아볼 수 있는, 대자본에 의한 관료의 포획(capture) 현상을 그 전형적인 예로 들 수 있다. 어떻든 20세기의 대의정치 체제에서는 경제력이 정치 권력에 영향을 미칠 수 있는 통로가 다양했다.

한편 쉐보르스키(Przeworski, 1979)는 노동자 계급이 어느 나라에서나 수적으로 결코 다수파가 될 수 없다고 주장하면서, 따라서 노동자 계급은 다수파에게 받아들여질 수 있도록 타협할 수밖에 없다고 지적한다. 쉐보르스키와 윌러스타인(Przeworski & Wallerstein, 1982)은 위기로부터 성장을 지속시키는 자본주의 체제의 능력과, 노동자에게 좀 더 높은 임금을 제공하는 자본주의의 성공은 노동자 계급이 자본주의 체제를 전복하지 않고 체제 내에서의 개혁을 선택하는 가장 중요한 이유라고 주장한다.

어떻든 정치-경제 간 관계의 '변화 추세'에 초점을 맞추어 대의정치 체제의 특징을 살펴보면, 한 걸음 먼저 절대 평등의 가치를 구현한 정치의 영역은 경제 부문에 대한 영향력을 점점 더 확대해 가고 있다고 하겠다. 이른바 상부구조의 하부구조에 대한 영향력 확대는 1930년대 수정자본주의의 대두, 북유럽 복지국가 모델의 등장과 확산, 그리고 세계 각국에서 지속적으로 확대되고 있는 복지 정책 등에서 그 증거를 확인할 수 있다. 민주주의 2.0시대에는 이와같이 하부구조에 대한 상부구조의 영향력이 점차 확대되었으나, 아직도 상부구조에 대한 하부구조의 영향력은 상당한 수준으로 유지되고 있다고 하겠다. 자본에 의한 언론 매체의 장악과 계서제적 사회구조를 통한 대중 조작 등 경제력이 정치 권력에 영향을 미칠 수 있는 수단은 다양하다고 하겠다. 민주주의 2.0시대는, 다른 말로 표현하자면, 상부구조와 하부구조가 부조화된(inconsistent) 균형을 이루어 상호 영향을 미치는, 즉 정치적 민주주의 제도와 자본주의 제도가 불안정하게 결합되어 있는 시기라고 할 수 있다.

앞서 필자는 사회적 소통 방식의 큰 변화가 초래되고 직접민주정치 방식이 활성화된 21세기적 정치 상황을 민주주의 3.0시대로 규정했다. 민주주의 3.0시대의 가장 큰 특징은 사회적 소통 방식의 혁명적 변화와 심화된 평등 의식이다. 기존의 사회적 소통 방식이 당국자 또는 권위자(authority)에 의해 생산된 정치 · 사회적 정보가 계서제 구조를 따라 하향적으로 이루어지는 일방적 소통 방식이었다면, web 2.0[4]과 SNS 환경에서 이루어지는 소통은 정보의 생산자와 소비자가 대등한 관계를 유지하는 쌍방향적 소통 방식이다. 오늘날 많은 사람이 컴퓨터, 휴대전화는 물론 Myface, Facebook, Linkedin, KakaoTalk 등의 웹사이트를 통해 점점 더 네트워크화된 세상에서 살고 있다. 이와같이 밀접화된 정보의 네트워크는 지식정보화 사회에서 파워를 실어 나르는 통로가 된다. 사회적 소통 방식의 변화는 특히 공공 정보의 전달 경로와 독과점 언론을 통한 여론의 형성과 조작 과정에 혁명적 변화를 초래하게 되었다. 이른바 대중이 정치적 · 사회적 결정의 주도권을

---

4) 'web 2.0'은 데이터의 독점이 없는, 즉 누구든 정보를 생산 · 배포 · 공유할 수 있는 인터넷 환경을 말한다.

장악한, 진정한 의미의 대중민주주의(大衆民主主義, mass democracy)[5] 시대가 도래하게 된 것이다. 오늘날 보통의 시민들은 인류 역사상 그 어느 때보다 더 많은 정치적 · 사회적 정보를 갖고 있다. 이러한 집단 지성 시대에는 경제적 가치의 좀 더 평등한 배분이 가속적으로 추구될 수밖에 없다. 사회 구성원들의 가치관 속에 녹아 있는 정치적 평등 의식은 궁극적으로 경제적 평등 의식으로 귀결될 수밖에 없기 때문이다.

마무리하자면, 사회적 소통 방식이 일방통행에서 쌍방향으로 진화하며 대의정치 제도가 직접민주 방식으로 전환될수록 평등을 향한 인류사회의 발걸음은 빨라질 수밖에 없다. 본래 민주주의 정치 체제는 정치 · 사회적 계급이 소거된 '절대 평등'을 근본적 가치로 삼는다. 그에 반해 자본주의적 분배 질서는 승자 독식의 정글 법칙에 기반하고 있다. 이와 같은 관점에서 볼 때 민주주의 정치 체제와 자본주의적 분배 질서는 본질적으로 양립하기 힘든 제도다.

지난 수세기 동안 민주주의 제도와 자본주의적 질서가 불안정한 균형을 유지해 올 수 있었던 것은 대의정치 체제라는 사회적 고안물 때문이다. 대의정치 체제는 계서화된 사회적 권위 구조를 통해 대중의 조작이 용이한 체제다. 그러나 사회적 소통 방식이 쌍방향으로 바뀌

---

5) 대중민주주의(mass democracy)는 '대중을 정치의 주체로 한 민주주의'로 정의될 수 있다. 제한선거 시기에는 부르주아와 지주층이 참정권을 독점했으며, 보통선거 시기에는 일반 대중의 참정권이 널리 보장되었지만 사회의 계서구조를 통한 자본의 정치적 · 사회적 · 경제적 지배도 강화되어 대중이 스스로의 권리를 충분히 행사하지 못하는 한계를 지녔다. 대중민주주의는 민주주의 2.0시대에 자본가집단에 의해 조작되고 무력화된 대중에 의한 형식적 민주주의를 지칭하는 용어로도 사용되었으나, 이 책에서는 민주주의 3.0시대에 자신의 권리를 각성한 대중이 정치적 의사결정을 주도하는 상황을 가리키는 용어로 재규정하여 사용하고자 한다.

고 직접민주주의 방식이 확산되고 있는 21세기적 정치 상황에서는 사회적 계서구조를 활용한 대중의 조작이 근본적으로 어려워질 수밖에 없다. 따라서 이와 같은 대중민주주의 시대에는 경제적 평등에 대한 구성원들의 요구가 점점 더 중대될 수밖에 없다.

제 23 장

민주주의 3.0시대에 분출하는 99%의 욕구

2011년은 민주주의 3.0시대의 본격적 개막을 알리는 세계사적 여러 사건이 다발적으로 발생한 해로 역사에 기록될 것이다. 아랍의 여러 국가와 유럽의 여러 도시, 그리고 미국 월가 등에서 다양한 양태로 폭발한 대규모 저항 운동은 SNS 등 사회적 미디어를 주된 소통 수단으로 사용했다는 점에서, 그리고 빈부 격차 해소 등 경제적 평등을 강력하게 요구했다는 점에서 민주주의 3.0시대의 전형적 변혁 운동으로 규정될 수 있다.

2010년 연말 튀니지에서 시발된 아랍의 봄(Arab Spring)은 튀니지 · 이집트 · 리비아 등지에서 23~41년간 지속되어 온 장기 독재정권을 무너뜨렸으며, 시리아 · 예멘 등지에서 수많은 사상자를 발생시킨 유혈 시위를 촉발했다. 2010년 12월 부아지지(Mohamed Bouazizi)라는 한 튀니지 청년 노점상의 분신 사건으로 촉발된 재스민 혁명은 2011년 1월에는 벤 알리(Zine al-Abidine Ben Ali) 튀니지 대통령의 23년간에 걸친 철권 통치를 무너뜨렸다. 2월에는 호스니 무바라크(Muhammad Ḥusnī Sayyid Mubārak) 이집트 대통령의 30년간에 걸친 장기 통치가 막을 내렸으며, 10월에는 무아마르 가다피(Muammar Gaddafi) 리비아 대통령의 41년간에 걸친 독재 통치가 종식되었다. 또한 2012년 2월에는 33년간 장기 집권한 압둘라 살레(Ali Abdullah Saleh) 예멘 대통령이 퇴진했다. 그리고 29년간 집권한 아버지로부터 권력을 승계받아 11년째 집권하고 있는 바샤르 알-아사드(Bashar al-Assad) 시리아 대통령은 2011년 연초 이래 지속된 대규모 유혈 시위를 통해 강력한 퇴진 요구를 받고 있다.

정치적 · 경제적 민주화를 요구하는 아랍의 봄은 그 밖에도 바레인, 알제리, 이라크, 요르단, 모로코, 오만, 쿠웨이트, 레바논, 사우디아라비아, 모리타니, 수단 등 여러 아랍 국가를 넘어 아시아 국가들에까지 확산되었다. 이와 같은 아랍 혁명의 물결은 독재 정권 타도와 민주화를 구호로 내세우나, 그 근저에는 일자리 마련과 불평등 해소라는 경제적 요구가 놓여 있으며, 또한 새로운 소통 수단으로서 사회적 미디어가 절대적 위력을 발휘했다는 공통점을 지닌다.

2011년 여름에는 또한 영국, 그리스, 스페인, 이탈리아 등 유럽의 여러 나라에서 청년 실업과 공공복지 축소에 항의하는 크고 작은 시위가 발생했다. 특히 8월에는 신자유주의적 경제 질서가 가져다 준 경제적 곤경과 양극화의 심화에 항의하는 청년들의 폭동이 런던에서 발생해 버밍엄, 리버풀, 맨체스터, 브리스톨 등 영국의 여러 도시로 확산되었다.

영국의 빈부 격차는 대처 수상 집권 이후 추진된 신자유주의적 경제 개혁으로 인해 유럽의 최고 수준으로 악화되었으며, 16~24세 사이의 청년 실업률은 21.3%로 사상 최고를 기록한 것으로 보도되고 있다. 그리스의 실업률 또한 고강도 긴축 정책 속에 16%로 높아졌으며, 특히 15~24세의 청년 실업률은 40.1%에 달하는 것으로 보도되고 있다. 한편 스페인의 실업률은 21%로 세계 최고 수준이며, 특히 청년 실업률은 45.7%로 청년 2명당 1명이 실업자인 것으로 알려지고 있다. 유로존 3위의 경제대국인 이탈리아의 경제 사정도 어렵기는 마찬가지로 청년 실업률이 30%에 이르는 것으로 보도되고 있다.[1)]

『노동의 종말(*The End of Work*)』로 유명한 리프킨(Jeremy Rifkin)은 한 지역사회의 실업률이 30%를 넘어서면 필연적으로 폭동이 일어난다고 한다. 수많은 젊은이가 고도화된 산업구조 속에서 구조적 실업자로 전락하는 경제 상황 속에서는 폭동이 일어나지 않는 것이 오히려 이상하다고 할 것이다.

2011년 가을에는 미국 월가에서 발화된 시위가 순식간에 전 세계로 확산된, 인류 역사상 유례가 없는 상황이 전개되었다. 당초 탐욕스런 금융자본을 규탄하고 심화되는 빈부 격차의 시정을 요구하면서 시작된 월가의 시위는 채 1개월도 지나지 않아 전 세계 80개국의 1,500여 도시로 들불처럼 번졌다. 단일한 지도부도, 통일된 요구 사항도 없이 백가쟁명(百家爭鳴) 식으로 전개된 시위의 효과에 대해 회의하는

1) 물론 한국의 청년 실업률도 심각한 상황에 놓여 있다. 한국개발연구원(KDI)의 한 연구는 실업률 조사 방식을 기존의 정부 방식에서 국제노동기구(ILO)의 표준 설문 방식으로 바꾸었더니, 청년층의 잠재실업률이 기존의 4.8%에서 21.2%로 4배 이상의 차이를 보였다고 밝혔다.

시각도 없지 않으나, 긴 역사의 흐름에서 볼 때 2011년 월가의 시위는 민주주의 3.0시대의 새로운 밑돌을 놓은 사건으로 역사에 기록될 수 있을 것이다.

미국의 2012년 대통령 후보 가운데 한 사람이었던 롬니(Willard Mitt Romney) 전 매사추세츠 주지사가 지적하듯이, "우리는 99%다!(We are the 99%!)"라는 구호를 내세우는 월가의 시위는 분명 계급 투쟁의 요소를 띠었다.[2] 미국은 상위 1%의 부유층이 전체 국부의 35%를, 20%가 85%를 차지하고 있는 불평등 사회다. 이렇게 경제적 불평등도가 심한 사회에서 99%의 각성을 촉구하는 구호는 비록 경제적 분배 질서를 당장 바꿀 수는 없겠으나, 기존 시스템의 정당성에 대한 사회 구성원들의 회의를 증폭시킴으로써 좀 더 평등하고 공정한 민주주의 3.0 사회로 나아가는 계기를 마련해 줄 수 있을 것이다.

오바마(Barack Obama) 미국 대통령은 2012년의 새해 국정연설(State of the Union address)에서 정부의 역할은 번창하고 공정한 사회를 이룩하는 것이라고 주장하면서, '경제적 공정성(economic fairness)'을 주요 국정 목표로 내세웠다.

2) 2012년 미국 대통령선거의 유력 후보자 가운데 한 사람이었던 롬니 매사추세츠 주 전 지사(공화당)는 뉴욕 월가의 시위대가 위험한 계급전쟁(class warfare)을 벌이고 있다고 비판했다.

에필로그

인류 사회의 역사는 권력, 부, 명예와 같은 사회적 가치(social values)의 쟁취를 둘러싸고 국가 간, 집단 간, 개인 간 다툼이 끊임없이 전개되어 온 투쟁의 역사다. 역사상의 무수한 사상가들은 사회적 가치를 공정하게 배분할 수 있는 이상적 원리를 찾아 고심해 왔다.

사회적 가치의 배분은 기본적으로 정부(government)와 시장(market)에 의해 이루어진다. 정부는 정부 정책을 통해 사회적 가치를 권위 있게 배분한다. 이에 반해 시장에서는 자유롭고 평등한 시장 참여자들에 의해 상품과 서비스의 교환이 자발적으로 이루어진다. 시장주의자들은 시장에 의한 가치 배분이 효율적 · 합리적일뿐만 아니라 평등의 원리도 충족시킴으로써 도덕적으로도 정당화된다고 주장한다. 그들은 자유시장은 모든 사람에게 경쟁의 기회를 개방함으로써 평등의 조건을 충족시키는 바, 정부가 강압적 권위를 통해 평등을 인위적으로 추구하게 되면 자유가 파괴되고 종국적으로 평등마저 파괴된다는 논리로 시장에 대한 정부 간섭의 배제를 주창한다.

그러나 20세기 초 사회경제적 불평등의 심화와 같은 시장의 결함과 병폐가 드러나게 되면서 거대한 복지국가가 시장을 대체하는 새로운 국정관리 양식이 대두되었다. 다시 말하면 시장실패를 보정하기 위한 '보이는 손(visible hand)'으로서 정부개입의 필요성이 제기된 것이다.

그러나 1970-80년대에 불어닥친 전 세계적 경기 불황과 각국이 맞닥뜨린 재정위기는 다시 정부를 퇴위(退位)시키고 시장을 등극시키는 역전의 계기를 마련하게 되었다. 시장이 정부를 대체할 수 있다고까지 주장하는 시장근본주의자들은 심지어 시장의 실패까지 시장에 맡겨 해결해야 한다고 주장하면서(Wolf, 1988), '큰 시장-작은 정부'를 지향하는 다양한 감축관리(cutback management) 처방을 내놓았다.

정부와 시장의 관계는 21세기 들어 다시 그 역할의 우선순위가 뒤바뀌는 극적인 반전의 계기를 맞게 된다. 특히 2008년 세계 경제를 파국으로 몰고 간 월가(Wall Street)의 금융 시스템 붕괴는 자유자본주의의 본산인 미국과 영국에서조차 정부가 시장을 더 적극적으로 규제해야 한다는 '정부의 귀환(the return of the state)'이 공공연하게 회자(膾炙)되게 만들었다.[1] 한편 자본주의 전도사들의 부흥회로 불리는 다보스 포럼(Davos Forum: World Economic Forum)의 2012년도 회의에서는 이 포럼의 창설자이자 집행위원장인 슈바브(Klaus Schwab)가 "현재의

1) 「인디펜던트(*The Independent*)」는 2008년 9월 17일자 기사에서 "월가의 붕괴는 자유시장 자본주의의 고삐를 죌 필요가 있다는 넓게 확산된 인식을 더욱 확고하게 만들었다. 1932년(대공황 시기)에 있어서와 마찬가지로 2008년의 진자(振子)는 더 많은 정부규제와 간섭을 향해 되돌아가고 있다(The debacle on Wall Street has cemented a widespread view that free-market capitalism needs reining in. As in 1932, the pendulum in 2008 is shifting back towards greater regulation and intervention.)"고 보도하였다. 또한 「파이낸셜타이스(Financial Times)」는 동년 8월 21일 '정부의 귀환: 정부는 어떻게 경제생활의 한복판으로 돌아오게 되었나(The return of the state: How government is back at the heart of economic life)'라는 제목의 칼럼을 게재했다.

자본주의 방식은 이제 더 이상 유효하지 않다(Capitalism, in its current form, no longer fits the world around us)"고 현 자본주의 체제의 종말을 선언했다. 대부분의 참석자는 승자독식의 시장자본주의(market capitalism)적 분배 방식이 그 역사적 수명을 다했다고 지적하면서, '경제적 공정성(economic fairness)'의 확립을 위해 정부가 더 적극적인 역할을 떠맡아야 한다고 주장했다.

정부-시장 관계에서 정부 쪽으로 기운 21세기의 추(錘, pendulum)는 이제는 되돌이킬 수 없는 비가역 변화(非可逆變化, irreversible change)를 일으킨 것으로 보인다. 왜냐하면 사회적 의사결정에서 직접 민주적 방식의 확산은 99%의 각성한 대중들로 하여금 보다 평등하고 공정한 사회경제적 질서를 추구토록 할 것이기 때문이다.

정부의 본질적 기능 가운데 하나는 사회적 제도를 만들고 관리하는 것이다. 사회적 제도는 가치 배분의 원칙이 안정적으로 구조화된 것이다. 공정한 사회경제적 질서를 구축하는 데 정부의 역할이 중요한 이유가 여기에 있다.

정부는 과연 사회적 규칙을 공정하게 설계하고 관리하는 중립적 조정자로서의 역할을 다 하고 있는가? 자유민주주의 체제를 옹호하는 다원주의 국가론자들은 국가를 사회 내에 존재하는 다양한 집단의 이익 갈등을 중재하는 '공정한 심판관(fair referee)' 또는 '공정한 조정자(impartial arbiter)'로 인식한다. 이에 반해 마르크스주의자들은 사회적 제도를, 역사 발전의 일정 시점에서 헤게모니를 장악한 지배집단 또는 지배집단 연합이 자신들의 이익을 수호·증진하기 위해 만든 계급 지배의 수단으로 인식한다.

정부가 공정한 조정자로서의 역할을 제대로 수행하지 못하게 되는 원인은 여러 곳에서 찾을 수 있다. 기득권 친화적인 제도의 특성에서 그 원인을 찾을 수도 있으며, 제도를 관리하는 정치 · 행정 체제 구성원들의 '공정성'에 대한 낮은 인식 수준에 그 탓을 돌릴 수도 있을 것이다. 어느 사회에서나 정도의 차이는 있을지언정, 사회적 제도는 기득권을 옹호하는 방향으로 작동하는 속성을 지닌다. 행정기관이 일상적인 정책 결정의 기준으로 삼는 '전년도 기준'은, 분배의 관점에서 보면 부익부 빈익빈을 강화하는 메커니즘으로 작동한다.

그리고 비록 국회의 입법 과정에서 공정성을 지향하는 법률이 제정된다 하더라도 행정부에서 시행령과 규칙, 그리고 내규와 지침을 만드는 과정에서 기득권을 강화하는 방향으로 내용이 왜곡되기 일쑤다. 또한 법안의 개정 과정에서 덧붙여지는 여러 단서 조항은 궁극적으로 그 제도의 주인인 지배집단의 기득권을 강화하는 장치로 활용된다.

오늘날 대부분의 자본주의 국가에서는 공정한 분배를 구현하기 위한 다양한 정책을 펴고 있다. 그러나 강력한 재분배정책을 시행하는 일부 북유럽 국가를 제외하고는 소득 분배 효과가 미미한 것으로 나타나고 있다. 페이지(Benjamin I. Page)는 『누가 정부로부터 무엇을 얻는가(Who gets What from Government)』라는 저서에서 미국 정부는 조세정책, 복지 프로그램, 정부지출 정책, 정부 규제 등을 통해 다양한 소득 재분배 정책을 추구해 오고 있으나, 미국 사회에는 여전히 심각한 경제적 불평등이 지속되고 있으며, 정부의 정책들은 총체적으로 보아 소득 분배 상황을 더 악화시키고 있다고 지적한다. 그는 가난한 사람들을 돕기 위해 설계된 정부의 여러 정책은 부자들을 위한 다른 정책들에 의해 그 효과가 상쇄됨으로써 재분배 효과를 거두지 못하고 있다고 주장한다(Page, 1983: 1).

세계적 부호 버핏(Warren Buffett)은 2011년 8월 14일자 뉴욕타임스에 기고한 "부자들을 애지중지하지 말라(Stop Coddling the Super-Rich)"는 칼럼에서, 워싱턴의 입법자들은 마치 멸종위기종(endangered species)처럼 부자들을 보호하기 위한 강박 관념에 사로잡혀 있다고 지적했다. 그는 자신이 2010년도에 적용받은 소득세율 17.4%는 자기 회사직원들의 평균 소득세율 36%보다 현저하게 낮았다고 밝힌 바 있다. 자본주의 사회에서는 소득분배 개선 수단으로 조세 제도를 주로 활용한다. 대부분의 정부는 세제를 개편할 때마다 조세의 공평화를 명분으로 내세운다. 그러나 현실이 그렇지 않다는 것을 버핏은 생생하게 증언하고 있는 것이다.

'대한민국은 공정한가?'라는 주제를 다룬 이 책에서 필자는 공정사회의 구현을 위해서는 무엇보다도 사회적 게임의 규칙이 공정하게 설계되고 관리되어야 한다는 입장에서, 우리 사회와 정부에 편재(遍在)된 불공정한 제도와 관행을 비판적 관점에서 살펴보고 그것을 바로잡을 방안을 모색해 보았다.

2012년 현재 세계는 정치 · 경제 시스템의 근본적 변혁의 계기를 맞고 있다. 필자는 앞장에서 사회적 소통 방식의 혁명적 변화가 초래되고 직접민주주의 정치 방식이 활성화된 21세기적 정치 상황을 민주주의 3.0시대로 규정하였다. 이는 곧 대중이 정치적 · 사회적 의사결정의 주도권을 장악한 집단 지성의 시대라고 할 수 있다. 대중민주주의 시대에는 사회적 가치의 좀 더 평등한 배분이 가속적으로 추구될 수밖에 없다. 구성원들의 가치관 속에 녹아 있는 정치적 평등 의식은 궁극적으로 여러 사회적 가치 배분에서의 평등 의식으로 귀결될 수밖에 없기 때문이다.

2011년은 민주주의 3.0시대의 본격적 개막을 알리는 여러 사건이 다발적으로 발생한 해다. 아랍의 여러 국가와 유럽의 여러 도시 그리고 미국 월가 등에서 다양한 양태로 폭발한 대규모 저항 운동은 SNS 등 사회적 미디어를 주된 소통 수단으로 사용했다는 점에서, 그리고 빈부 격차 해소 등 경제적 평등을 강력하게 요구했다는 점에서 민주주의 3.0 시대의 전형적인 변혁 운동으로 규정될 수 있다. 소수 자본가들의 탐욕과 심화된 사회경제적 불평등을 규탄하는 월가의 '점령하라!(Occupy!)'는 시위는 이와 같은 변혁 운동의 구체적 표현이라고 할 수 있다.

'절대 평등'을 근본적 가치로 삼는 민주주의 정치 체제와 승자독식의 정글 법칙에 기반하는 자본주의적 분배 질서는 본질적으로 양립하기 힘든 제도다. 지난 수세기 동안 불안정한 조화를 유지해 온 민주주의 제도와 자본주의적 질서는 민주주의 3.0시대를 맞아 진정한 정합(congruence)을 이룰 수 있는 새로운 정치·경제적 모델을 모색하고 있다. 오늘날 여러 정치사상가들이 제안하는 새로운 사회 시스템은 평등과 배려의 가치를 공통적으로 지향하고 있다.

정부의 본질적 기능 가운데 하나는 사회적 제도를 만들고 관리하는 것이다. 사회적 제도는 가치 배분의 원칙이 안정적으로 구조화된 것이다. 공정한 사회경제적 질서를 구축하는 데 정부의 역할이 그만큼 중요한 것이다. 정치·행정 체제는 그 자체가 사회적 가치를 권위 있게 배분하는 시스템이다. '대한민국은 공정한가?'라는 주제를 다룬 이 책에서 공정성 확보를 위한 정부의 역할을 구체적으로 살펴 본 이유가 여기에 있다.

오늘날 우리 사회는 중진국 함정에 빠져 들었다고 우려하는 목소리가 높다. 우리 사회가 '중진국 함정'을 벗어나 새로운 도약을 하기 위해서는 사회적 게임의 공정성을 확보하고 나아가 최종 산물의 좀 더 평등한 분배에도 더한 관심을 기울여야 한다. 사회적 게임의 공정성을 확보하고 경제적 가치의 더 평등한 분배를 위해서는 제도를 만들고 관리하는 정부의 역할이 중요하다. 우리 사회에서 점차 그 모습을 드러내고 있는, 불공정한 제도 구축의 시도들이 굳어지기 이전에 그 방향을 되돌려놓아야 한다.

자본주의적 질서 속에서 완전한 결과적 평등을 구현한다는 것은, 현실 사회에서는 쉽게 이룰 수 없는 하나의 이상(理想)에 불과할 수도 있다. 그러나 자본주의적 질서 속에서도 계층간의 심화되는 소득 격차는, 조세 제도와 정부지출 정책 등을 통해 '의미 있는 수준'까지 좁혀 나갈 수 있을 것이다.

미국과 같은 자본주의 사회에서는 그러나 많은 사회적 갈등을 불러일으키는 직접적 분배 수단보다는, 간접적으로 가치획득을 위한 경쟁조건을 공평화하기 위한 기회 균등의 원칙이 강조된다. 물론 일부 논자들은 기회 균등의 강조가 저소득층의 체제 도전을 억제하기 위한, 가진 자들의 이데올로기 조작에 다름 아니라고 도외시하기도 하나, 어떻든 분배의 형평성은 경쟁 조건의 공평화와 같은 기회의 균등화를 통해 제고될 수 있다. 따라서 정부는 무엇보다 정치 · 경제 · 사회적 가치의 획득을 둘러싼 경쟁 규칙을 공정하게 만드는 일에 더 많은 노력을 기울여야 할 것이다. 공정한 경쟁 규칙은 특히 사회계층 간의 점증하는 갈등을 줄이고, 로마 공화정에서 보듯이, 평민 사회에 내재하는 풍부한 에너지를 사회 공동체 발전의 에너지로 승화시키는 데 크게 기여할 수 있을 것이다.

더불어 함께 사는 진정한 공동체를 구현하기 위해서는 무엇보다 우선적으로 공정한 경쟁규칙을 마련하는 데 온 사회가 힘을 기울여야 할 것이며, 아울러 심화되는 계층 간의 소득 격차를 실질적으로 줄이기 위한 노력도 병행되어야 할 것이다.

참고 문헌

공정거래위원회 (2010). '공정한 사회'를 뒷받침하는 시장질서 확립. 공정거래위원회 2011년도 업무계획.

______ (2000-2009). 각년도 공정거래위원회 업무계획.

국민권익위원회 부패방지국 (2011). 부패방지법 제정 후 10년간의 부패방지정책 성과와 개선 방향(내부 자료).

구영록 외 (2001). 「정치학개론」. 서울: 박영사.

김광웅 (1991). 「한국의 관료제 연구」. 서울: 대영문화사.

______ (1987). 국가 관료의 정책 이해. 한국정치학회 편. 「현대 한국 정치와 국가」. 서울: 법문사.

김동건 (1988). 「현대재정학: 공공경제의 이론과 정책」. 서울: 박영사.

김명 (1995). 「국가학」. 서울: 박영사.

김미영 (2006). 「현대 공동체주의: 매킨타이어, 왈저, 바버」. 파주: 한국학술정보(주).

김성건 (2011). 아시아 세기의 도래와 아시아적 가치. 「아시아연구」 14(1): 71-95.

김수현 (2010). 심화, 고착화되고 있는 소득 양극화: 국내 소득 양극화의 추이 분석. 새사연(2010.12.7).

김태길 (1986). 「윤리학」. 서울: 박영사.

김태은 (2009). 제도의 변화와 지속 요인에 관한 연구: 법조인력양성제도를 중심으로. 「한국행정학보」 43(2): 45-72.

김항규 (2009). 「행정철학」(4정판). 서울: 대영문화사.

라영재 · 김형성 (2008). 국무총리 제도 변화의 신제도주의적 분석. 한국행정학회 「동계학술대회 자료집」.

박명호 (2011). 우리나라 국민들의 납세 의식 추이. 한국조세연구원. 「공정사회와 조세정책」 세미나 자료집.

박정순 (2009). 자유주의 정의론의 철학적 오디세이: 롤즈 정의론의 변모와 그 해석 논쟁. 황경식 · 박정순 외. 「롤즈의 정의론과 그 이후」. 서울: 철학과현실사.

______ (1993). 자유주의 대 공동체주의 논쟁의 방법론적 쟁점. 「철학연구」 33: 33-63.

손칠성 (2007). 자유주의와 공동체주의의 주요 논쟁점에 대한 검토. 「동서사상」 3: 17-32.

안성호 (1988). 정의의 개념과 규범들. 관악행정학회 편. 「행정과 가치」. 서울: 법문사.

원윤희 (2011). 공정사회 실현을 위한 조세정책 방향. 경제 · 인문사회연구회. 제5회 국정과제 세미나 발표 자료집. 「공정한 사회 구현을 위한 전략과 과제」.

원종학 · 성명재 (2007). 「소득분배 격차 확대의 원인과 정책대응 방향」. 한국조세연구원.

유윤하 (2009). 경제 성장과 제도. 「제도와 경제」 3(1): 5-45.

윤상우 (2005). 『동아시아 발전의 사회학』. 서울: 나남출판.
윤진수 (2002). 법관의 윤리. 서울대학교 법과대학 편. 「법률가의 윤리와 책임」. 서울: 박영사.
윤태범 (2005). 공무원 윤리 확보를 위한 직무상 이해충돌 회피에 관한 연구: 미국, 일본, 한국의 비교를 중심으로. 「한국인사행정학보」 4(2): 111-142.
이경만 (2011). (젊은 사장이 꼭 알아야 할) 「거래의 7가지 함정」. 서울: 21세기북스.
이민화 (2010). 대기업과 중소기업 간 공정거래 확립이 혁신경제의 시작. 「신동아」 통권 613호: 262-269.
이승환 (2004). 학술기획: 자유주의-공동체주의 논쟁과 한국적 현실, in http://soback.kornet.net/%7Edaldong/ethics/f30.htm
이종수 (2011). 경제성장 과정에서의 정부 역할 분석을 위한 개념 틀의 모색. 한성대학교. 「사회과학논집」 26(1): 1-24.
______ (2011). 부패방지법 제정의 의미와 부패방지 제도의 발전 방향. 국민권익위원회. 부패방지법 제정 후 10년간의 성과를 살펴보는 반부패 심포지엄 발표 논문.
______ (2010). 「새 미래의 행정」. 서울: 대영문화사.
______ (2009). 「행정학사전」. 서울: 대영문화사.
______ (2008). 우리나라 역대 행정부의 정책체제의 특징에 관한 고찰. 한국행정사학회. 「한국행정사학지」 제23호: 77-103.
______ (1988). 행정가치 개념의 분석. 관악행정학회 편. 「행정과 가치」. 서울: 법문사.
이종수 외 (2012, 2008, 1998). 「새행정학」. 서울: 대영문화사.

이종은 (2010).「정치와 윤리: 정치권력의 도덕적 정당성에 대한 탐구」. 서울: 책세상.

이창희 (2006). 아시아적 가치와 경제 성장의 정치적 동학: 분석 필요성과 가능성. 대한정치학회.「대한정치학회보」 4(1): 71-93.

임도빈 (2008).「글로벌 공공윤리」. 서울: 법문사.

장인성 (2009). 소득격차의 확대와 재분배 정책의 효과. 국회예산정책처.「경제현안분석」 제48호.

장지원 (2010).「한국 공공부문의 부패실태 추이분석」. KIPA 연구보고서 2010-14-1.

정원섭 (2008).「롤즈의 공적 이성과 입헌민주주의」. 서울: 철학과지성사.

정인흥 (1985).「서구정치사상사」. 서울: 박영사.

정재호 (2011). 공정한 사회와 우리나라 조세정책 방향. 한국조세연구원.「공정사회와 조세정책」 세미나 자료집.

정태헌 (2011). 한국의 근대 조세 100년사와 국가, 민주화, 조세 공평의 과제.「역사비평」 봄호(통권 94호).

지식경제부 (2010).「대 · 중소기업 동반성장 추진대책 자료집」.

차하순 (1983).「형평의 연구」. 서울: 일조각.

최병조 (2002). 로마법상 법률가의 윤리. 서울대학교 법과대학 편.「법률가의 윤리와 책임」. 서울: 박영사.

최정표 (2011). 공정한 사회와 공정거래정책. 경제 · 인문사회연구회 공동학술대회 발표 자료집.「공정한 사회: 새로운 패러다임」.

최협 (2001). 동아시아 발전모형의 문화적 해석: 동아시아의 경제 성장과 유교. 부산대학교 국제지역문제연구소.「국제지역문제연구」 19(2): 215-234.

하연섭 (2006). 신제도주의의 이론적 진화와 정책연구. 「행정논총」 44(2): 217-246.

______ (2003). 「제도분석: 이론과 쟁점」. 서울: 다산출판사.

______ (2002). 신제도주의의 최근 경향: 이론적 자기혁신과 수렴. 「한국행정학보」 36(4): 339-360.

현오석 (2011). 공정한 사회 구현을 위한 비전 및 추진 전략. 경제 · 인문사회연구회. 제5회 국정과제 세미나 발표 자료집. 「공정한 사회 구현을 위한 전략과 과제」.

홍성우 (2005). 「자유주의와 공동체주의 윤리학」. 서울: 선학사.

황경식 (1991). 「사회 정의의 철학적 기초」. 서울: 문학과지성사.

황경식 · 박정순 외 (2009). 「롤스의 정의론과 그 이후」. 서울: 철학과현실사.

Acemoglu, Daron (2006). A Simple Model of Inefficient Institutions. *Scandinavian Journal of Economics,* 108(4), December: 515-546.

Acemoglu, D., S. Johnson & J. Robinson (2005). The Rise of Europe: Atlantic Trade, Institutional Change, and Economic Growth. *The American Economic Review*, 95(3). 546-579.

Ackerman, Bruce A. (1980). *Social Justice in the Liberal State*. New Haven, CT.: Yale University Press.

Adams, James Truslow (1931). *The Epic of America*. Boston: Little, Brown, and Company.

Adema, William & Maxime Ladaique (2009). How Expensive is the Welfare State?: Gross and Net Indicators in the *OECD Social Expenditure Database(SOCX)*. *OECD Social, Employment and*

Migration Working Papers. No. 92, OECD Publishing, in http://dx.doi.org/ 10.1787/220615515052

Alperovitz, Gar & Lew Daly (2008). *Unjust Deserts: How the Rich Are Taking Our Common Inheritance and Why We Should Take It Back.* New York: New Press.

Angermann, E.(1976). Das Auseinandertreten von 'Staat' und 'Gesellschaft' im Denken des 18. Jahrhunderts, in E.-W. Böckenförde (ed.). *Staat und Gesellschaft.* Darmstadt: Wissenschaftliche Buchgesellschaft.

Aoki, Masahiko (2011). Endogenizing Institutions and Institutional Changes, in http://www.google.co.kr/url?sa=t&source=web&cd=1&ved=0CC4QFjAA&url=http%3A%2F%2Fciteseerx.ist.psu.edu%2Fviewdoc%2Fdownload%3Fdoi%3D10.1.1.84.237%26rep%3Drep1%26type%3Dpdf&rct=j&q=institutional%20change&ei=7yaATb-KMILJcdvtuOUG&usg=AFQjCNFGjmDaTJopCc_K0T7fQXbq_Z8gJw&cad=rjt.

Aristotle (1962). *Nichomachean Ethics*, Trans, with Introduction, and Notes, by Martin Ostwald. N.Y.: Bobbs-Merrill.

_______ (1946). *The Politics of Aristotle.* Trans, with Introduction, Notes, and Appendixes, by Ernest Barker. N.Y.: Oxford University Press.

Arthur, John & William H. Shaw (1978). *Justice and Economic Distribution.* Englewood Cliffs: Prentice-Hall Inc.

Asiaweek (1994). *The Asian Way.* March 2: 22-25.

Barcalow, Emmett (2004). *Justice, Equality, and Right: An Introduction to Social and Political Philosophy.* Toronto: Wadsworth.

Bedau, Hugo A. (1967). Equalitarianism and the Idea of Equality, in J. R. Pennock & J. W. Chapman(eds.). *Equality: Nomos 9.* New York: Atherton Press.

Bell, Daniel (1972). On Meritocracy and Equality. *Public Interest,* 29.

Benn, Stanley I. & Richard Stanley Peters (1969). *Social Principles and the Democratic State.* London: George Allen & Unwin Ltd.

Bentham, Jeremy (1996). An Introduction to the Principles of Morals and Legislation, in James Henderson Burns & Herbert Lionel Adolphus Hart (eds.) with a New Introduction by F. Rosen. *The Collected Works of Jeremy Bentham.* N.Y.: Oxford University Press.

Bowie, Norman E. (1971). *Distributive Justice.* Amherest: The University of Massachusetts Press.

Brown, Henry Phelps (1988), *Egalitarianism and the Generation of Inequality.* Oxford: Clarendon.

Buchannan, Allen E. (1989). Assessing the Communitarian Critique of Liberalism. *Ethics,* 99(4).

Chang, Ha-Joon (2006). 「국가의 역할」. 이종태 · 황해선 옮김. 서울: 도서출판 부키. *Globalization, Economic Development, and the Role of the State.* London: Zed Books. 2003.

Collins, Chuck, Mike Lapham, & Scott Klinger (2004). *I Didn't Do It Alone: Society's Contribution to Individual Wealth and Success.* United for a Fair Economy, in http://www.faireconomy.org/files/

pdf/notalonereportfinal.pdf

Dann, Otto (1975). Gleichheit. in *Geschichtliche Grundbegriffe,* ed. by V. O. Brunner, W. Conze, R. Koselleck, Stuttgart: Klett-Cotta.

d'Holbach, Paul Henri Dietrich (1776). *La Morale universelle, ou les Devoirs de l' homme fondés sur la nature, Théorie de la morale,* II, Amsterdam: Rey.

Donovan, Josephine (1996). Attention to Suffering: Sympathy as a Basis for the Ethical Treatment of Animals, in Josephine Donovan & Carol Adams (eds.). *Beyond Animal Rights: A Feminist Caring Ethic for the Treatment of Animals.* New York: Continuum.

Dworkin, Ronald (1985). Liberalism, in *A Matter of Principle.* Oxford: Oxford University Press.

______ (1983). In Defense of Equality. *Social Philosophy and Policy,* 1(1): 24-40.

______ (1981a). What is Equality? Part I: Equality of Welfare. *Philosophy & Public Affairs,* 10: 185-246.

______ (1981b). What is Equality? Part II: Equality of Resoruces. *Philosophy & Public Affairs,* 10: 283-345.

______ (1977). *Taking Rights Socially.* London: Duckworth.

Easton, David (1965). *A Framework for Political Analysis,* Chicago: The University of Chicago Press.

Eliott, Gregory C. & Barbara F. Meeker (1986). Achieving Fairness in the Face of Competing Concerns: The Different Effects of Individual and Group Characteristics. *Journal of Personality and Social*

Psychology, 50.

Emerson, Ralph W. (1968). The Fortune of the Republic, in Misellanies, vol. 11 of *Works of Emerson*, Edward W. Emerson (ed.). New York: Houghton, Mifflin, 1904; reissued New York: AMS Press.

Engels, Friedrich (1908). *The Origin of the Family Private Property and the State*. translated by Ernest Untermann. Chicago: Charles H. Kerr & Company. the first German edition of which was published October 1884 in Hottingen-Zurich, in http://www.gutenberg.org/files/33111/33111-h/33111-h.htm

Engster, Daniel (2007). *The Heart of Justice: Care Ethics and Political Theory*. Oxford University Press.

Etzioni-Halevy, Eva (1983). *Bureaucracy and Democracy: A Political Dilemma*. London: Routledge & Kegan Paul.

Exdell, John (1977). Distributive Justice: Nozick on property rights. *Ethics*, 87.

Flathman, Richard E. (1973). *Concepts in Social & Political Philosophy*. New York: Macmillan Publishing Co., Inc.

Fox, Robin (1994). Moral Sense and Utopian Sensibility. *Criminal Justice Ethics*, 13.

Frederickson, H. George (1989). *Finding the public in public administration*. Department of Public Administration, University of Kansas.

Gagnebin, Bernard & Marcel Raymond (eds.) (1964). *Jean-Jacques Rousseau, Oeuvres Complétes*. Paris: Gallimard.

Gaventa, J. (1980). *Power and Powerlessness: Quiescence and Rebellion in an Appalachian Valley.* Urbana: University of Illinois Press.

Gerth, Hans H. & C. Wright Mills (1958). *From Max Weber: Essays in Sociology.* New York: Oxford University Press.

Gilligan, Carol (1986). Reply. *Signs.* 11(1), Autumn: 324-333.

______ (1982). *In a Different Voice.* Cambridge, MA: Harvard University Press.

Gutmann, Amy (1985). Communitarian Critics of Liberalism. *Philosophy and Public Affairs,* 14(3): 308-322.

Hall, Robert E. & Charles I. Jones (1999). Why Do Some Countries Produce So Much More Output per Worker than Others? *Quarterly Journal of Economics,* 114(1): 83-116.

Hejka-Ekins, April (1998). Conflict of Interest, in Jay M. Shafritz(ed.). *International Encycolpedia of Public Policy and Administration,* 481-485. Boulder: Westviw Press.

Harrison Lawrence E. & Samuel Phillips Huntington(2001). *Culture Matters.* New York: Basic Books.

Held, Virginia (2006). *The Ethics of Care: Personal, Political, and Global.* Oxford University Press.

______ (1984). *Rights and Goods: Justifying Social Action.* Chicago, IL: University of Chicago Press.

Hochschild, Jennifer L. (1981). *What's Fair?: American Believes About Distributive Justice.* Cambridge: Harvard University Press.

Isaac, Jeffrey (1989). Book Review: Whose Justice? Which Rationality? *Political Theory*, 17(4): 663-701.

Jhering, Rudolf von (1907). *Geist des römischen Rechts auf den verschiedenen Stufen seiner Entwicklung*, Teil 1(Scientia Verlag Aalen: 10, unveränderte Auflage, 1968=Unveränderter Neudruck der 6. (letzten veränderten) Auflage Leipzig, 1.

Kaletsky, Anatole (2011). 「자본주의 4.0: 신자유주의를 대체할 새로운 경제 패러다임」. 위선주 옮김. 서울: 컬처앤스토리. *Capitalism 4.0: The Birth of a New Economy*. Bloomsbury Publishing. 2010.

Kennedy, John F.(1964). *Profiles in Courage*. New York: Harper & Row, Publishers, Inc.

Kittay, Eva Feder (2001). A Feminist Public Ethic of Care Meets the New Communitarian Family Policy, *Ethics*, 111(April): 523-547.

______ (1999). *Love's Labor: Essays on Women, Equality, and Dependency*. New York: Routledge.

Knack, S. & P. Keefer (1995). Institutions and Economic Performance: Cross-Country Tests Using Alternative Institutional Measures. *Economics and Politics*, 7. 207-227.

Knight, Jack (1992). *Institutions and social conflict*. N.Y.: Cambridge University Press.

Krasner, Stephen D. (1988). Sovereignty: An Institutional Perspective. *Comparative Political Studies*, 21(1): 66-94.

Krugman, Paul (2012). *End This Depression Now!* New York: W. W. Norton & Company.

______ (2007). *The Conscience of a Liberal.* New York: W. W. Norton & Company.

Kukathas, Chandran & Phillip Pettit (1990). *Rawls: A Theory of Justice and its Critics.* Stanford: Stanford University Press.

Kymlicka, Will (2006). 「현대 정치철학의 이해」. 장동진 외 옮김. 서울: 동명사. *Contemporary Political Philosophy: An Introduction.* 2002.

______ (1992). *Justice in Political Philosophy*(vol.1). Cambridge University Press.

______ (1990). Two Theories of Justice, *Inquiry*, 33(1): 99-119.

Locke, John (1976). *The Second Treatise of Government.* ed. by J. W. Gough. Oxford: Basil Blackwell.

Lucas, J. L. (1983). Equality, in Richard E. Flathman. *Concepts in Social & Political Philosophy.* New York: Macmillan Publishing Co., Inc.

Luke, Brian (1996). Justice, Caring, and Animal Liberation, in Josephine Donovan & Carol Adams (eds.). *Beyond Animal Rights: A Feminist Caring Ethic for the Treatment of Animals.* New York: Continuum.

MacIntyre, Alasdair (1981). *After Virtue.* London: Duckworth.

MacPherson, Crawford B. (1973). *Democratic Theory in Retrieval.* Oxford: Clarendon Press.

Marx, Karl (1970). The Eighteenth Brumaire of Louis Bonaparte. *MESW.*

______ (1969). The German Ideology, in K. Marx & F. Engels, *Selected Works* (in 3 volumes). vol. 1.

Mauro, P. (1995). Corruption and Growth. *The Quarterly Journal of*

Economics, 110(3). 681-712.

Marx, Karl & Friedrich Engels (1969). Manifesto of Communist Party, in K. Marx & F. Engels, *Selected Works* (in 3 volumes). vol. 1.

Mejía, Daniel & Marc St-Pierre (2008). Unequal opportunities and human capital formation. *Journal of Development Economics,* 86(2): 395-413.

Mill, John S. (1973). On Liberty, in Richard Wollheim (ed.). *John Stuart Mill. Three Essays.* Oxford University Press.

______ (1957). *Utilitarianism.* Liberal Arts Press. (first published in 1863).

______ (2009). *Representative Government.* eBooks@Adelaide (first published in 1861).

Mulhall, Stephen & Adam Swift (2001). 「자유주의와 공동체주의」. 김해성 · 조영달 옮김. 서울: 한울 아카데미. *Liberals and Communitarians.* Blackwell Publishers Ltd. 1992.

Nielson, Kai (1978). Class and Justice, in John Arthur & William H. Smith, *Justice and Economic Distribution.* Englewood Cliffs, N.J.: Prentice-Hall Inc.

Noddings, Nel (1984). *Caring: A Feminine Approach to Ethics and Moral Education.* Berkeley, CA: University of California Press.

North, Douglass C. (2005). *Understanding the Process of Institutional Change.* Princeton University Press.

______ (1994). Economic Performance through Time. *The American Economic Review,* 84(3): 359-368.

______ (1993). The New Institutional Economics and Development. http://qed.econ.queensu.ca/pub/faculty/lloyd-ellis/econ835/readings/north.pdf.(검색일: 2011. 4. 30.).

______. 1991. Institutions. *Journal of Economic Perspectives*, 5(1). 97-112.

______. 1990. *Institutions, institutional change and economic performance*. Cambridge University Press.

North, Douglass C. & Barry R. Weingast (1989). Constitutions and Commitment: The Evolution of Institutional Governing Public Choice in Seventeenth-Century England. *The Journal of Economic History*, 49(4): 803-832.

North, Douglass C. & Robert Thomas (1973). *The Rise of the Western World: A New Economic History*. Cambridge University Press.

Nozick, Robert (1989). *The Examined Life: Philosophical Meditations*. New York: Simon and Schuster.

______ (1974). *Anarchy, State and Utopia*. N.Y.: Basic Books.

Nye, Jr., Joseph S. (2008).「조지프 나이의 리더십 에센셜」. 김원석 옮김. 서울: 교보문고. *The Powers to Lead*. Oxford University Press. 2008.

OECD (2003). *Managing Conflict of Interest in the Public Service: OECD Guidelines and Overview*. Paris: OECD.

Offe, Claus & Volker Ronge (1982). Theses on the Theory of the State, in Anthony Giddens & David Held(eds.). *Classes, Power, and Conflict*. Berkeley: University of California Press.

Oppenheim, Felix (1981). *Political Concepts: A Reconstruction.* Chicago: University of Chicago.

Orren, Karen & Stephen Skowronek (2004). *The Search for American Political Development.* Cambridge: Cambridge University Press.

______ (1994). Beyond the Iconography of Order: Notes for New Institutionalism, in Lawrence C. Dodd & Calvin Jillson (eds.). *The Dynamics of American Politics: Approaches and Interpretations.* Boulder, Co: Westview.

Ostrom, Elinor (2008). Developing a Method for Analyzing Institutional Change, in Sandra Batie & Nicholas Mercuro(eds.). *Assessing the Evolution and Impact of Alternative Institutional Structures.* London: Routledge Press.

Page, Benjamin I. (1983). *Who Gets What from Government.* Berkeley: University of California Press.

Parekh, Bhikhu (2000). *Rethinking Multiculturalism: Cultural Diversity and Political Theory.* London: Macmillan Press.

Perelman, Charles (1963). *The Idea of Justice and the Problem of Argument,* tr., John Petrie. London: Routledge and Kegan Paul.

Pierson, Paul (2000). Increasing Returns, Path Dependence, and the Study of Politics. *American Political Science Review,* 94(2): 251-267.

Posen, Adam (1998). Do Better Institutions Make Better Policy? *International Finance,* 1(1): 173-205.

Przeworski, Adam (2004). The Last Instance: Are Institutions the Primary Cause of Economic Development? *European Journal of*

Sociology, 45(2): 165-188.

______ (1979). *Economic Conditions of Class Compromise*. University of Chicago, Mimeo.

Przeworski, Adam & Immanuel Wallerstein (1982). The structure of class conflict in democratic capitalist societies. *American Political Science Review*, 75: 215-238.

Rawls, John (1985). Justice as Fairness: Political, Not Metaphysical. *Philosophy and Public Affairs*, vol.14: 223-251.

______ (1971). *A Theory of Justice*. Harvard University Press.

Raz, Joseph (1986). *The Morality of Freedom*. Oxford: Oxford University Press.

Rescher, Nicholas (1966). *Distributive Justice*. New York: Bobbs-Merrill Company.

Rodrik, Dani, Arvind Subramanian, & Francesco Trebbi (2002). Institutions Rule: The Primacy of Institutions over Geography and Integration in Economic Development. *NBER Working Paper*, 9305. Cambridge, MA: National Bureau of Economic Research.

Rorty, Richard (1989). *Contingency, Irony and Solidarity*. Cambridge: Cambridge University Press.

Rousseau, Jean-Jacques (2007). 「인간불평등기원론」. 주경복 · 고봉만 옮김. 서울: 책세상. *Discours sur l' origine et les fondements de l' inégalité parmi les hommes*. Amsterdam: Chez Marc-Michel Rey. 1755.

______ (1754). *A Discourse on a Subject Proposed by the Academy of Dijon: What is the Origin of Inequality among Men, and Is It*

Authorised by Natural Law? Translated by G. D. H. Cole, public domain Rendered into HTML and text by Jon Roland of the Constitution Society, in http://www.constitution.org/jjr/ ineq.htm

Rubinchik, Anna & Ruqu Wang (2008). A note on redistributive fairness and economic reform. *Journal of Development Economics*, 86(2): 447-452.

Sahakian, William S. (1974). *Ethics.* New York: Barnes & Noble Books.

Sandel, Michael J. (2010a). 「정의란 무엇인가」. 이창신 옮김. 서울: 김영사. *Justice: What's the Right Thing to Do?.* London: Penguin. 2009.

______ (2010b). 「왜 도덕인가?」. 안진환 · 이수경 옮김. 서울: 한국경제신문. *Public Philosophy: Essays on Morality in Politics.* Harvard University Press. 2005.

______ (2008). 「공동체주의와 공공성」(다산 기념 철학강좌 9). 김선욱 외 옮김. 서울: 철학과현실사. *Liberalism and Its Critics.* New York University Press. 1984.

______ (1982). *Liberalism and the Limits of Justice.* Cambridge: Cambridge University Press.

Scanlon, Thomas M. (1978). Rights, Goals and Fairness, in Stuart Hampshire (ed.). *Public and Private Morality.* Cambridge: Cambridge University Press.

Sen, Ashoke K. (1992). *Inequality Reexamined.* Oxford University Press.

Shepsle, Kenneth A. (1986). Institutional equilibrium and equilibrium institutions. in H. Weisenberg. *Political Science: the science of politics.* New York: Agathon Press.

Sidgwick, Henry (1966). *The Methods of Ethics* (7th ed.). New York: Dover Publications.

Stanford Encyclopedia of Philosophy (2007), in http://plato.stanford.edu/entries/equality/

Steinmo, Sven (2001). The New Institutionalism, in Barry Clark & Joe Foweraker (eds.). *The Encyclopedia of Democratic Thought.* London: Routlege.

Streeck, Wolfgang & Kathleen Thelen (2005). Introduction: Institutional Change in Advanced Political Economies, in W. Streeck & K. Thelen (eds.). *Beyond Continuity: Institutional Change in Advanced Political Economies,* 1-39. Oxford: Oxford University Press.

Tam, Henry Benedict (1998). *Communitarianism: a New Agenda for Politics and Citizenship.* New York University Press.

Thelen, Kathleen (2004). *How Institutions Evolve: The Political Economy of Skills in Germany, Britain, the United States, and Japan.* NY.: Cambridge University Press.

Thelen, Kathleen & Sven Steinmo (1992). Historical Institutionalism in Comparative Politics, in S. Steinmo, K. Thelen, & F. Longstreth (eds.). *Structuring Politics: Historical Institutionalism in Comparative Analysis.* Cambridge: Cambridge University Press.

Tilly, Charles (ed.) (1975). *The Formation of National States in Western Europe.* Princeton, N. J.: Princeton University Press.

Tocqueville, Alexis de (1969). *Democracy in America.* tr. George

Lawrence, ed. J. P. Mayer. New York: Doubleday.

Törnblom, Kiell Yngve & D. R. Jonsson (1985). Subrules of Equality and Contribution Principles: Their Perceived Fairness in Distribution and Redistribution. *Social Psychology Quarterly*, 48: 249-261.

Tronto, Joan (1998). An Ethic of Care. *Generations*, 22(3), fall: 15-21.

_____ (1993). *Moral Boundaries: A Political Argument for an Ethic of Care*. New York: Routledge.

Vlastos, Gregory (1962). Justice and Equality, in R. B. Brandt (ed.). *Social Justice*. N. J.: Englewood Cliffs.

Walzer, Michael (2009). 「마이클 왈저: 정치철학 에세이」. 최흥주 옮김. 서울: 모티브북. *Thinking Politically: Essays in Political Theory*. Yale University Press. 2007.

______ (1983). *Spheres of Justice: A Defense of Pluralism and Equality*. N.Y.: Basic Books.

Warren, Karen (2000). *Ecofeminist Philosophy: A Western Perspective on What It Is and Why It Matters*. Lanham, MD: Rowman and Littlefield.

Weingast, Barry R. (2005). The Constitutional Dilemma of Economic Liberty. *The Journal of Economic Perspectives*, 19(3): 89-108.

Westen, Peter (1990). *Speaking Equality*. Princeton: Princeton University Press.

Williamson, Oliver E. (1975). *Markets and hierarchies, analysis and antitrust implications: A study in the economics of internal organization*. New York: Free Press.

Wolf, Jr. Charles(1988). *Markets or Governments: Choosing between Imperfect Alternatives*. Cambridge, MA: MIT Press.

Zakaria, Fareed (2008). *The Post-American World*. New York: W. W. Norton & Company.

Zhang, Lei (2008). Political economy of income distribution dynamics. *Journal of Development Economics*, 87(1): 119-139.

http://en.wikipedia.org/wiki/Procedural_justice

http://plato.stanford.edu/entries/justice-distributive/#Scope

http://plato.stanford.edu/entries/equality/

http://www.cyberspacei.com/jesusi/inlight/philosophy/idealogy/liberalism.htm

찾아보기

ㄱ

ㄴ

ㄷ

ㄹ

ㅁ

ㅂ

ㅅ

ㅇ

ㅈ

ㅊ

ㅋ

ㅌ

저자 약력

이종수(李鍾受)

서울대학교에서 학사, 석사, 박사학위 취득
UC. Berkeley Research Associate
日本 中央大學校 政策文化硏究所 招聘硏究員
한국행정학회 회장, 서울행정학회 회장, 한국행정사연구회 회장 역임
한국정치학회 이사
행정고시, 사법고시, 외무고시 출제위원
한성대학교 행정학과 교수(현)
(사) 팍스코리아나연구소 소장(현)
경제정의실천시민연합 상임집행위원장 역임(정부개혁위원장, 시민권익센터 대표 역임)
경찰청 과거사진상규명위원회 위원장 역임
서울경찰청 인권위원회 위원장(현)

[저서 및 역서]

『한국 행정의 이해』(대영문화사, 2013)
『새행정개혁론』(대영문화사, 2013)
『새 행정윤리』(대영문화사, 2012)
『새 미래의 행정』 (대영문화사, 2010)
『행정학사전』 (대영문화사, 2009. 개정판)
『행정학 외래어사전』 (한성대학교출판부, 2009)
『새행정학』 (대영문화사, 2012. 6정판)
『새인사행정론』 (대영문화사, 2011. 전정7판)
『정부혁신의 미래 비전』 (한국행정연구원, 2006).
『정부혁신의 메커니즘과 전략』 (대영문화사, 2005)
『일본의 행정개혁』 (역서, 도서출판 한울, 2002)
『한국행정론』 (대영문화사, 1998)
『지방자치 이렇게 해야 한다』 (한겨레신문사, 1995)
『행정과 가치』 (법문사, 1988)

대한민국은 공정한가?

펴낸날 / 제1판 제1쇄 2013년 1월 5일

지은이 / 이종수

펴낸이 / 임춘환

펴낸곳 / 도서출판 대영문화사

주소 / 서울 용산구 청파동 1가 178-2 ㉾ 140-869

등록 / 1975년 12월 26일 제3-16호

전화 / (02)716-3883, (02)714-3062

FAX / (02)703-3839

홈페이지 / http://www.dymbook.co.kr

ISBN 978-89-7644-426-4

[값 15,000원]